SUSANNE GÖTZE ANNIKA JOERES

Durstiges Land

Wie wir leben, wenn das Wasser knapp wird

dtv

INHALT

Vorwort: Sechs Reisen in die Wasserkrise der Zukunft

Wenn wir neue Planeten im Weltraum entdecken, stellt sich als Erstes die Frage: Gibt es dort Wasser? Ohne Wasser ist kein Leben möglich, nirgendwo. Deshalb sollte auch für unsere Erde die Frage beantwortet werden, ob dieses lebenswichtige Gut künftig noch ausreichend vorhanden sein wird. Und wie wir mit seiner Verknappung leben können. Unsere sechs Geschichten spielen in der nahen Zukunft, die viele von uns noch erleben werden. Dieses Buch nimmt Sie, liebe Leserinnen und Leser, mit auf die Reise in bevorstehende Wasserkrisen. Es ist eine Reise der besonderen Art: Das ›Durstige Land‹ erscheint im Sommer 2023 – und wir als Gesellschaft entscheiden darüber, welches Ende wir in den 2040er-Jahren erleben werden. Richtig, Sie, wir alle entscheiden darüber. Und nach der Lektüre werden Sie verstehen, warum diese Entscheidung so überlebenswichtig und essenziell ist.

Wir überlassen es Ihnen, ob Sie die Dystopie für wahrscheinlich halten oder doch lieber eine transformierte, aber noch halbwegs lebenswerte Welt wählen. Diese Entscheidung ist keine fiktive – so wie in diesen Geschichten. Diese Entscheidung treffen Sie jeden Tag. Wie wir konsumieren und wie wir in demokratischen Wahlen entscheiden, wird unsere zukünftige Lebensweise bestimmen.

Vielleicht wundern Sie sich gerade, warum wir dafür aus der Zukunftsperspektive erzählen und damit eine Fiktion entwerfen. Doch die Gründe sind naheliegend: Wenn es um die Klimakrise geht, sprechen wir über eine künftige Welt, die nächsten Generationen und darüber, was wir heute tun können, um die Folgen für morgen einzudämmen. Die Fakten kennen wir. Wer Klimaschutz verhindert und wie wir uns auf eine heißere Welt vorbereiten, haben wir in unseren Büchern ›Die Klimaschmutzlobby‹ (2020) und ›Klima außer Kontrolle‹ (2022) gezeigt. Doch häufig fehlt uns die Fähigkeit, uns wirklich vorzustellen, was Klimaszenarien und Prognosen für unser Leben tatsächlich bedeuten.

Als Journalistinnen sind wir zudem täglich mit wissenschaftlichen Studien, Berichten und Aussagen konfrontiert, die in letzter Konsequenz häufig unvorstellbare Brüche mit unserer heutigen Normalität bedeuten. Allein der 6. Sachstandsbericht des Weltklimarates beschreibt eine neue Welt, die wenig mit unserem gegenwärtigen Leben zu tun hat. Die wenigsten können sich ausmalen, was die zahlreichen Diagramme und Zahlenkolonnen aus der Forschung bedeuten. Den Alltag, wie wir ihn heute kennen, wird es – egal ob unter einem optimistischen oder dramatischen Szenario – so nicht mehr geben. Vor der Arbeit an diesem Buch haben wir uns deshalb gefragt: Wie können wir die Zukunft anschaulich beschreiben, wie werden aus abstrakten Szenarien und Graphen glaubhafte Geschichten?

Für die sechs folgenden Erzählungen haben wir wissenschaftliche Prognosen, Klimaszenarien, Trends und Beobachtungen in die fiktive Lebenswelt unserer Protagonistinnen und Protagonisten übertragen. Dieses Buch fokussiert sich dabei auf einen Aspekt der Klimakrise, der bisher zu Unrecht viel zu kurz kam: die Wasserkrise.

Die Vorstellung, dass wir alles im Griff haben, ist eine Illusion – und dazu noch eine gefährliche. Denn Wasser ist keine Ressource, die wir beliebig herstellen können. Wasser verbrauchen wir. Wir können es nur sparen, recyclen, umleiten, filtern oder aufwendig entsalzen – aber wir können Wasser nicht im Labor oder einer Fabrik produzieren. Wir können es auch nicht aus anderen Ländern in großen Mengen einkaufen, schon gar nicht, wenn das existenzielle Gut auch in den Nachbarstaaten knapp wird.

Unsere sechs Geschichten zeigen eindrücklich, was uns erwartet, wenn wir die Warnungen der Wissenschaft ignorieren und weiter ein Lebens- und Wirtschaftsmodell aufrechterhalten, das die Natur und damit zwangsläufig uns selbst zerstört. Wir erzählen Geschichten auf neue Weise: Wir entwerfen jeweils zwei Versionen, einen *Worst Case* und einen *Best Case*. Im Worst Case gehen wir vom Schlimmsten aus: Das Wasser fehlt, und der Gesellschaft ist es nicht gelungen, die knappe Ressource fair zu verteilen und sinnvoll zu nutzen, etwa in der Landwirtschaft oder im Tourismus. Im Best Case ist das Wasser immer noch knapp – aber in diesem Fall wurden Möglichkeiten gefunden für eine gerechte Verteilung, und Maßnahmen ergriffen, um die Wasserbestände zum Wohle aller zu schonen.

Natürlich gibt es allein im Weltklimabericht eine ganze Menge solcher Szenarien, sie sind meist eine Mischung aus sozioökonomischen Annahmen und einem prognostizierten Verlauf der CO_2-Konzentration in der Atmosphäre. Sie bedingen sich gegenseitig: So haben gesellschaftliche Entwicklungen – etwa politische Reformen oder auch Nichtstun – direkte Auswirkungen darauf, wie stark der Gehalt von Treibhausgasen in der Atmosphäre steigt. Gleichzeitig haben die Verläufe der CO_2-Kurve aber auch Folgen für die Gesellschaften – zum Beispiel dramatische wirtschaftliche Einbußen durch Extremwetter und folglich politische Instabilität. Der Bericht versammelt Hunderte solcher Beispiele, häufig heißt es dann formal: »X passiert sehr wahrscheinlich, wenn Y und Z eintreten.« Solche konkreten Wahrscheinlichkeiten können und wollen wir in diesem Buch nicht im Einzelnen betrachten. Wir wollen vielmehr größere Zusammenhänge zeigen und sie in unsere Lebenswirklichkeit holen. Daher beschränken wir uns auf eine beschwerliche, harte und ungerechte Zukunft und eine lebenswerte, innovative Zukunft – und zeigen damit die Extrembereiche.

Aus der Perspektive von Paula, Feti, Georg, Miriam, Romain und Alina können Sie miterleben, wie sich existenzielle Wassernot anfühlt – und was das für den Alltag, unseren Wohlstand und den Zusammenhalt der Gesellschaft bedeutet. Unsere Protagonisten erleben zwei mögliche Welten in den 2040er-Jahren. Sie müssen erfahren, wie gnadenlos und hart die Wasserkrise eine Gesellschaft trifft, in der keine Vorkehrungen getroffen wurden: in der die Ressource vornehmlich Wohlhabenden zugutekommt, die Flüsse zu stinkenden Rinnsalen zusammenschrumpfen, die Wälder brennen, die Äcker vertrocknen und Entsalzungsanlagen das Meerwasser vergiften.

Doch wir belassen es nicht bei der Dystopie, sondern gehen noch ein Stück weiter. Wir entwerfen zusätzlich eine radikal andere, positive Version unserer Zukunft. Denn warum sollten wir uns immer nur eine schlechte, nicht lebenswerte Welt vorstellen? Haben wir so wenig Vertrauen in die menschliche Vernunft, in Veränderungswillen und Gemeinschaftssinn?

Wir trauen uns eine bessere Zukunft zu. Unsere Hauptfiguren können daher auch einen Alltag erleben, in dem

Wasser gerecht verteilt ist, in dem Flüsse renaturiert sind und auf Äckern Bäume wachsen, die das Wasser im Boden halten. Wir wollen beide Szenarien – Dystopie wie auch Utopie. Wir haben für alle Kapitel Expertinnen und Experten aus den Bereichen Hydrologie, Chemie, Agrarwissenschaften interviewt und sie den Text anschließend kritisch überprüfen lassen, wir haben Kläranlagen, Industriehäfen und Wälder besucht, Klimaberichte geprüft und können darum mit Gewissheit sagen: All das, was Sie in diesem Buch lesen, kann zur Realität werden.

Eine Welt, die sich durchschnittlich um mehr als zwei Grad erwärmt, ist eine Welt voller Extreme. Und sie schickt bereits heute Vorboten der Zukunft, wie die oben schon erwähnten ausgetrockneten Flüsse, sinkenden Grundwasserspiegel und brennenden Wälder. In der Schweiz und in Österreich schmelzen die Gletscher, und es fällt immer weniger Schnee, was sich gravierend auf die Wasserversorgung und den Wintersporttourismus auswirkt. So wird die Liste der Klimaschäden jedes Jahr länger.

Das alles passiert schon jetzt: bei einer derzeit um durchschnittlich 1,2 Grad erhitzten Welt. Niemand muss weit in die Zukunft denken, um dramatische Entwicklungen zu beschreiben. Etwa, dass bereits jetzt die Pegel von vielen Grundwassermessstellen rapide sinken. Dass im Sommer 2022 erstmals Menschen ihre Gärten nicht bewässern durften, sich Algen in Trinkwasserreservoirs ausbreiten konnten und Wälder vor Großstädten wie Zunder brannten. Oder dass manchmal mehr giftiges, mit Chemikalien durchsetztes Klärwasser die Flüsse hinabläuft als reines Flusswasser und aktuell tatsächlich im Verkehrsministerium überlegt wird, riesige Staudämme in den Rhein zu bauen, um künftige Schifffahrt dauerhaft zu ermöglichen. Oder dass Entsalzungsanlagen giftige Schlacke ins Meer ableiten. Erstaunt hat uns aber auch, wie produktiv Vertical Farming in Städten sein kann, wie praktisch hauseigene Grauwasser-Recycling-Anlagen sind, wie vorteilhaft sich ein wilder, unkanalisierter Lauf von Flüssen auswirkt, wie Auenlandschaften und renaturierte Skigebiete die Region stärken können, und dass ein »No trade«-Szenario – bei dem also nur noch sehr wenig importiert wird – von vielen Forschenden als potenziell möglich angesehen wird.

Bei den Worst-Case-Szenarien fiel es uns leicht, eine Welt zu beschreiben, die uns sehr wahrscheinlich droht, wenn wir nicht umsteuern. Sie liest sich wie eine dringende Warnung, nun politisch zu handeln. Denn im Jahr 2023, in dem dieses Buch erscheint, ist noch keineswegs entschieden, wie unsere Geschichte ausgeht, die wir gemeinsam auf diesem Planeten erleben. Deutschland, Österreich und die Schweiz stehen wie viele Länder bei der Klima- und Wasserkrise gerade an einem Scheidepunkt: Noch könnten dramatische Folgen eingedämmt werden – wenn schnell politisch umgesteuert wird. Noch ist vieles möglich. Und wie das aussehen kann, erfahren Sie in den Best-Case-Szenarien.

Genau das wollen wir erreichen: Sie mitzunehmen in diese Welt von morgen, die Klimakrise spürbar zu machen. Und als Journalistinnen sind wir nicht nur am Problem, sondern auch an Lösungen interessiert. Unterstützt wurden unsere Recherchen von vielen engagierten Wissenschaftlern, die daran arbeiten, das Schlimmste zu verhindern. Leider finden sie politisch oft wenig Gehör, und ihre Warnungen werden häufig von Industrien und wenig progressiv ausgerichteten Parteien übertönt. Benötigen wir, wie so oft, erst Katastrophen, um zu handeln?

Wir entdeckten schnell, dass die Best-Case-Versionen uns

viel stärker forderten – aber auch viel mehr Freude beim Schreiben machten. Denn nicht nur wir, sondern die meisten sind an düstere Prognosen gewöhnt. Nahezu jeder Mensch kann ein paar schreckliche Folgen der Klimakrise aufzählen, aber wie viele können benennen, wie positiv und lebenswert eine geschützte Welt aussehen könnte? Dabei gibt es durchaus noch Hoffnung. Zunächst einmal natürlich darauf, dass wir mit einer weitreichenden Senkung unserer Emissionen die künftigen Dürren und Wassernöte noch entschärfen helfen. Denn Klimaschutz bleibt der wichtigste Hebel, um enorme Trockenheit und Starkregen zu vermeiden oder abzumildern.

Auch unsere Interviewpartner wurden nicht müde, darauf zu verweisen, dass sie selbst noch an einen glimpflichen Ausgang der Geschichte glauben – allerdings nur, wenn beim Klima- und Wasserschutz entschieden gehandelt wird. Deshalb spielt auch in den Best-Case-Szenarien die Klimakrise eine Rolle: Denn selbst wenn alle Länder der Welt ab morgen keine einzige Tonne CO_2 mehr ausstoßen würden, würden der Klimawandel und seine Folgen uns beschäftigen. Wir orientieren uns an den derzeit wahrscheinlichen Szenarien aus der Klimaforschung, die eher auf eine Erwärmung von zwei bis drei Grad hindeuten. Laut der Plattform Climate Action Tracker befinden wir uns mit der aktuellen Klimaschutzpolitik auf dem Weg hin zu 2,7 Grad durchschnittliche globale Erwärmung. Selbst im optimistischen Fall, dass alle derzeit bei der UN eingereichten Klimaziele der Staaten eingehalten werden, sind es noch 2,4 Grad.

Für die Recherche sprachen wir mit Expertinnen aus verschiedenen Forschungsbereichen. Dabei fiel uns eines auf: Während die Klimawissenschaften Prominente in ihren Reihen zählen, sind Hydrologen – noch – die stillen Helden der Klimakrise. Ihr Wissen könnte in den nächsten Jahrzehnten wichtig für unser Überleben werden: Ebenso wie die Wissenschaftler in der Klimaforschung verfolgen sie seit Jahren mit Sorge die steigenden Temperaturen, Dürren und Starkregenereignisse. Sie wissen, wie es um unsere Wasservorräte bestellt ist, wo das kühle Nass entlangfließt, wie wir es schützen und nachhaltig nutzen können. Dass sie bislang weitestgehend unbemerkt von der Öffentlichkeit forschen, zeigt, wie sehr das Thema noch vernachlässigt ist. Wir hoffen, mit diesem Buch die Aufmerksamkeit auch für sie und ihre Erkenntnisse zu erhöhen.

Warum die Klimakrise eine Wasserkrise ist

Denn noch immer unterschätzen die meisten, wie sehr Deutschland von Dürren betroffen sein wird. Lange hieß es: Deutschland hat genug Wasser. Die Schweiz und Österreich sind wasserreiche Länder. Solche Aussagen sind ein gefährlicher Irrtum.

Wassermangel herrscht bereits in vielen Regionen, doch Wissenschaftler prognostizieren, dass es europäische Länder besonders hart treffen wird. Zwar nimmt der Niederschlag durch die höhere Verdunstung weltweit zu – doch noch stärker die Verdunstung selbst, und auch darum wird es laut Klimaforschern in Europa über lange Zeiten trockener werden. Das liegt daran, dass sie persistentere Wetterlagen erwarten, etwa langanhaltende Trockenwetterlagen, die sich wochen- oder sogar monatelang über große Teile des Kontinents erstrecken und dann zu ausgeprägten Dürren führen.

Klimaszenarien für Südeuropa zeichnen eine überaus düstere, ja dystopische Zukunft: So könnten Teile des Mittelmeerraums verwüsten, auch Entsalzungsanlagen könnten dann kaum mehr die Wassermengen garantieren, die für Landwirtschaft, Industrie und Tourismus nötig wären. Bereits heute leiden dort Millionen Menschen unter extremem Wassermangel, schreibt unter anderem der IPCC-Autor und Klimaforscher Wolfgang Cramer in seinen Studien. In der natürlich ohnehin trockenen Region seien die Folgen der Klimakrise schon sehr deutlich spürbar. Auch für den Süden ungewöhnlich trockene und heiße Sommer in Verbindung mit steigendem Wasserverbrauch verschärfen die Lage zusehends. In Frankreich etwa mussten im Sommer 2022 mehr als 500 Kommunen mit Tanklastern beliefert werden, weil die örtlichen Quellen versiegten. Viele Haushalte konnten im Frühjahr wenige Monate zuvor nicht mehr das Leitungswasser trinken, weil es aus ungesicherten und damit potenziell gesundheitsschädlichen Quellen stammte. Die beispiellose Winterdürre ließ die Pinienwälder schon im März brennen, auch das war nach Aussagen vieler Feuerwehrleute zuvor kaum vorgekommen.

Für Nordeuropa waren die Szenarien lange nicht so eindeutig. Bis vor wenigen Jahren hielt man es noch für wahrscheinlich, dass es in Deutschland feuchter werden könnte. Laut dem Hydrologen Fred Hattermann vom Potsdam-Institut für Klimafolgenforschung (PIK) ging man lange von der Möglichkeit einer Klimaentwicklung aus, die Nordeuropa eher feuchtere Wetterlagen bringen würde. Das habe sich aber nicht bestätigt. »Vielmehr können wir mittlerweile recht sicher sein, dass Deutschland künftig mit überaus trockenen Sommern rechnen muss«, so Hattermann.

Recht eindeutig sind auch Satellitendaten der US-amerikanischen Raumfahrtbehörde NASA, die Wasserhaushalte weltweit vermisst – und das seit mehr als 20 Jahren. Demnach schrumpfen die Wasservorräte in Deutschland jedes

Jahr um unvorstellbare 2,5 Gigatonnen. »Damit gehört das Land zu den Regionen mit dem höchsten Wasserverlust weltweit«, sagte Jay Famiglietti, der Direktor des Global Institute for Water Security, im Jahr 2022. Die Verluste in den vergangenen zwei Jahrzehnten seien so hoch wie der Inhalt des gesamten Bodensees.

Viele dieser weitreichenden Folgen beschreiben wir in diesem Buch. Sie sind so komplex wie die Klimakrise selbst. Immer aber geht es darum, ob wir ausreichend Wasser zum Trinken und Bewässern haben und ob seine Qualität hoch genug ist, um unsere Gesundheit nicht zu gefährden.

Schon zu oft hat der Mensch diese existenzielle Bedeutung von Wasser ignoriert. Er greift schon seit Jahrhunderten in den natürlichen Wasserhaushalt ein. Die Folgen treffen ihn dadurch härter, die Anpassung wird schwieriger: Es wurden Moore ausgetrocknet, Flüsse begradigt, Auen zerstört und von Flussbetten abgeschnitten, Grundwasserreserven aufgezehrt, Äcker mit Drainagen trocken gehalten, Flüsse in Deichen gestaut und in Kanäle gepresst. Diese Liste ließe sich noch fortführen.

Viele dieser einst gefeierten Zivilisationsfortschritte oder technischen Hoffnungsträger führen längerfristig zu Wassermangel statt zu einer gesicherten Versorgung. Es zeugt von einer gewissen menschlichen Selbstüberschätzung, die Ressource beherrschen zu wollen.

In Zeiten des Wassermangels verschärfen diese Eingriffe die Krise. Süßwasser wird zu künstlichem Schnee verpulvert, mit hohem Energieaufwand versuchen Ingenieure und Ingenieurinnen, fehlendes Süßwasser durch entsalztes Meerwasser zu ersetzen, und weil Flüsse nicht mehr schiffbar sind, versuchen sie, diese zu vertiefen oder mit Windrädern Wassertröpfchen auf Felder zu bringen.

Natürlich können einige technische Lösungen helfen, da sind sich die Forscherinnen einig. So sind standardisierte Grauwasser-Recycling-Systeme für Wohnhäuser ebenso sinnvoll wie Tröpfchenbewässerung in der Landwirtschaft. Doch ohne eine Teilrenaturierung von Flüssen, Auen und anderen Feuchtgebieten oder einen Umbau des Waldes wird sich die Wasserkrise noch weiter zuspitzen, Landschaften werden vertrocknen und Grundwasserspiegel weiter absinken. Denn wir sind von der Natur abhängig, sie speichert für uns das Wasser, und dank ihrer Böden produzieren wir Lebensmittel. Daher können einzelne Innovationen strukturelles Umdenken nicht ersetzen. Nur wenn wir größer denken und die Gesetze des natürlichen Wasserkreislaufes anerkennen, können wir die Klima- und Wasserkrise bewältigen.

Den Kreislauf des Wassers, das als Niederschlag herabfällt, so das Grundwasser hebt, die Flüsse füllt und schließlich über die Verdunstung wieder in die Atmosphäre gelangt und erneut zu Regen oder Schnee wird, müssen wir begünstigen, anstatt ihn zu bremsen. Ihn wieder zu beleben wird unsere große gemeinsame Aufgabe sein. Vielleicht, so hoffen wir, können die Lebenswelten von Paula, Feti, Georg, Miriam, Romain und Alina dabei eine anschauliche Hilfe sein.

PAULA UND DIE STADT

»Neben den potenziellen Veränderungen durch den Klimawandel stellen die Folgen des Braunkohletagebaus (…) in der Lausitz große Herausforderungen dar. Erhebliche Auswirkungen auf den ohnehin angespannten Wasserhaushalt der Spree sind zu erwarten, sofern nicht aktiv gegengesteuert wird.«

Masterplan Wasser, Berlin 2021

Worst Case

An einem heißen Sommertag um 8 Uhr morgens drückt Paula erschöpft die schwere Metalltür nach außen. Mit ihr fallen auch die Bässe von Jimi Tenors ›Take Me Baby‹ aus dem stickigen Clubraum ins morgendliche Berlin. Sie holt tief Luft, lässt die Tür hinter sich zufallen und lehnt sich an die gusseiserne Balustrade der Terrasse. Die besten Oldie-DJs fangen in dem Laden erst gegen 5 Uhr morgens an aufzulegen. Sonnenstrahlen fallen auf Paulas ungekämmtes rotes Haar, sie blickt benommen in die Ferne, ein Kopfschmerz hämmert gegen ihre rechte Schläfe, als ob er rauswollte aus dem Schädel. Alles an ihr ist merkwürdig taub, Füße, Knie, Ohren. Sie hat zehn Stunden durchgetanzt. Über ihr rauscht schon der Berufsverkehr die graue Betonbrücke entlang, Richtung Mitte, in die schicken Büroetagen. Klar, es ist Montagmorgen. Der Club am Spreeufer ist ein alter, abgerockter Schuppen und hatte, direkt an der riesigen Autobrücke gelegen, schon immer eine Underground-Romantik, aber seit ein paar Jahren ist er so richtig angesagt, seine Lage macht ihn zu einem Magneten für abgehalfterte Pseudokünstler, Systemsprenger, Hippies und alle, die keinen Bock auf geleckte Innenstadtlokale haben. Von der Terrasse aus blickt man direkt auf das einst umkämpfte Ufer der Spree, wo sich früher Immobilienhaie der »Mediaspree« um die besten Standorte gestritten haben. Heute ist dieses »Ufer« nur noch der Übergang zum ehemaligen Flussbett der Spree. Der Standort ist weniger beliebt, seit der Fluss einer Kloake gleicht.

Von der Balustrade des Clubs aus blickt man nun direkt in ein Meer aus Modder und Müll. Irgendwo in der Mitte fließt noch so was wie ein Rinnsal. Das »Spreechen«, wie die Berliner den Rest des Flusses nun liebevoll nennen. Am Brückenpfeiler gegenüber haben Obdachlose ihre Verschläge aus Holz und Zeltresten ins Flussbett reingebaut, eine Art Landgewinnung, denkt Paula mit zusammengekniffenen Augen, die Sonne blendet. Links von ihr glitzert der Fernsehturm, von Weitem sieht sie die Oberbaumbrücke. Sie kippt einen großen Schluck aus der Mateflasche runter, mit der in der Hand sie seit Stunden getanzt hat. Die Brühe ist mittlerweile lauwarm. Eigentlich Verschwendung, denkt sie, erst alles ausschwitzen und dann nachfüllen. Am besten, man bewegt sich gar nicht mehr.

Sie sieht, wie einer der Obdachlosen zur Mitte des Spreebetts läuft. Igitt, der wird doch nicht, denkt sie. Doch, er wird. Tatsächlich. Er wäscht sich die Hände darin. Die Jauche stinkt bis hierher, denkt sie und verzieht angewidert das Gesicht. Es ist ein Mann mit dunkler Hautfarbe, ob durch die Sonne oder aufgrund seines natürlichen Hauttyps, lässt sich schwer sagen. Um die Tausenden in Berlin gestrandeten Menschen kümmert sich schon längst niemand mehr. Es redet einfach keiner drüber. Sie sind Teil des Stadtbildes geworden. Irgendwann hat die Verwaltung aufgegeben, ihnen Wohnungen anzubieten, die Flüchtlingsunterkünfte sind ein Witz angesichts der Zahl an Menschen, die jeden Monat hier aufschlagen. Die vielen Zeltburgen bleiben mittlerweile einfach stehen, selbst für eine Räumung hat die Stadt keine Kapazitäten mehr. Und am nächsten Tag würden sie ohnehin wieder an einem anderen Ort aufgebaut werden. Durch die Wasserkrise in der Stadt und die Dauerdürre in Europa ist einiges aus den Fugen geraten, die Behörden kommen nicht mehr hinterher. Die meisten Beamten sind damit beschäftigt, das Leben in der Metropole überhaupt noch irgendwie aufrechtzuerhalten. Unternehmen und Bürger, die es sich leisten können, ziehen weg. »Berlin-Flucht« titeln die Boulevardblätter oder »Wasser-Exodus«. Einige Hipster mauern sich in Gated Communities oder abgeschotteten Villenvierteln ein.

In normalen Bezirken findet man jetzt immerhin eine erschwingliche Wohnung, denkt Paula und hat immer noch den Jauchen-Mann im Blick.

Der fängt plötzlich an zu winken. Meint er sie? Sie blickt sich um, niemand da außer ihr. Aus dem Club dröhnen gedämpfte Bässe. Auch ihre Nachtbekanntschaft da drinnen scheint sie nicht zu vermissen, oder sie hat schon jemand anderen gefunden.

Der Mann winkt wieder. Er ist jetzt auf ihrer Seite des Flussbetts, hat das Rinnsal durchquert und kommt direkt auf sie zu. »Ey du!«, schreit er. »Hast du ein bisschen …« Den Rest versteht sie nicht. Er läuft schneller und brüllt: »Water!« Ah, ob er was von meinem Wasser haben kann, wird ihr klar, und sie schaut auf ihre Mateflasche, in der noch ein trüber Rest plätschert. »Ja klar, kannst du fangen?« Sie wirft ihm die Flasche zu, sie landet zwischen den Plastiktüten und dem Müll im Flussbett. Er hebt sie blitzartig auf, schraubt den Deckel ab, trinkt gierig. Sein Gesicht ist dunkelbraun gebrannt, die Haare verfilzt, der Bart wuchert in alle Richtungen. Nur seine Augen blitzen, das Weiße leuchtet aus den dunklen Höhlen heraus. »Sorry, das ist alles, was ich habe«, sagt sie. Er winkt ab. »Woher kommst du?«, fragt sie auf Englisch. »Aus Granada, Spanien!«, brüllt er hoch. Sie nickt mitleidig. Was für eine Scheiße.

Als Paula noch sehr klein war, haben ihre Eltern immer von den Flüchtlingen aus Afrika erzählt, vor denen sie Angst hätten. Denn »irgendwann kommen die alle hierher«. »Die« sind allerdings nie gekommen, weil die Grenzen irgendwann besser gesichert waren, als die Berliner Mauer es gewesen ist. Dafür kamen immer mehr Menschen aus Südeuropa: Bauern, Winzer, Architekten, Ingenieure, Restaurantbesitzer, Handwerker – niemand will und kann mehr in dieser europäischen Sahara leben. Die ganzen teuren Feriensiedlungen, futsch. Auch ihre Eltern hatten vor Jahrzehnten in ein kleines Studio am Meer investiert. Der Traum vom Eigenheim unter Palmen auf Ibiza. In so einer weiß getünchten Wohnsiedlung in Santa Eulalia, 35 Quadratmeter, amerikanische Küche, Minidusche, aber immerhin mit Klimaanlage. Nur 200 Meter zum Strand. Die Klimaanlage hat aber am Ende auch niemandem etwas gebracht. Paulas Eltern hatten den Kredit von stolzen 200 000 Euro noch nicht mal zur Hälfte abbezahlt, als die Betriebskosten so stark in die Höhe schossen, dass das ganze Unterfangen zu einem Minusgeschäft wurde. Die Wasserpreise stiegen ins Astronomische, einmal duschen kostete je nach Dauer bald 10 bis 20 Euro. Selbst die eilig errichteten Meeresentsalzungsanlagen an Ibizas Küste konnten eine großflächige Verwüstung nicht mehr stoppen. Das Wasser war nicht nur teuer, sondern vor allem knapp, insbesondere für die Bewässerung von Gärten oder Feldern. Alles verdorrte, es gab kaum mehr Grün auf der Insel. Urlaub wollte dort bei tagelangen Hitzewellen von über 50 Grad bald niemand mehr machen. Der Swimmingpool blieb leer, der Garten vor dem Wohnkomplex vertrocknete, die Insel musste fast alle Lebensmittel importieren. Die Hotelhochburgen an den Stränden konnten kaum mehr mit ausreichend Wasser versorgt werden. Schließlich brach der Tourismus ganz ein. Das war das Ende. Von Ibiza – aber auch von dem erträumten Ersparten fürs Rentenalter, vermieten und so. *Stranded assets,* haha.

Vielleicht wird Berlin auch mal so entvölkert sein wie Südspanien, denkt Paula. Was heute nach einer Übertreibung von reißerischen Boulevardblättern klingt, ist meist am nächsten Morgen bereits Realität. Schon lange redet die Politik deshalb nicht mehr über Prognosen, erst recht nicht über Projektionen. Mit Letzteren simulierte man früher verschiedene Klimaszenarien unter Annahmen von mehr oder weniger Klimaschutz. Heute schreibt niemand mehr darüber, wann noch mal ein oder zwei Grad dazukommen oder was das dann bedeuten könnte.

Es geht nur noch darum, dass jeder irgendwie seinen Arsch rettet und nicht so endet wie der arme Schlucker da, denkt Paula. Der wird wahrscheinlich in ein paar Jahren an Niereninsuffizienz oder irgendwelchen Parasiten zugrunde gehen. Waschen geht ja auch nicht, und wenn, dann nur in der Pampe da. Sie wendet sich ab. Man kann eigentlich nur wegschauen, sonst dreht man durch. Sie fühlt, wie sich langsam die Depri-Stimmung einschleicht, ein unangenehmer Nebeneffekt von »Wet«, der neuen Partydroge, synthetisiert von irgendwelchen Nerds in Mecklenburger Labors.

Sie beschließt, nach Hause zu fahren. Schließlich geht die »Rushhour« in ihrem Bezirk nur von 9 bis 12 Uhr mittags. So nennen die Leute mittlerweile die kurze Zeit am Morgen, in der noch Wasser aus dem Hahn kommt. Erst am Abend ab 18 Uhr gibt es danach wieder etwas. Sie erinnert sich noch gut, wie ihre Eltern sich das erste Mal darüber beschwerten, dass Wasser rationiert wird. Das war Mitte der 2020er-Jahre. Erst durften die Blumen im Garten nicht mehr gegossen werden, Gartensprengverbot. Dann wurden in Brandenburg härtere Restriktionen eingeführt: Da war vielerorts nach 105 Litern pro Tag und Person Schluss. Das war immerhin unter dem damaligen Durchschnitt von 120 Litern, aber dennoch verdammt viel im Vergleich zu heute. Allerdings drehte man damals noch niemandem den Hahn einfach zu, sondern drohte nur mit Bußgeldern. Lächerlich, denkt sie. Heute können sich nur noch Superreiche Gärten leisten. Der Rest hat Schotter oder gelbe Rasenstücke im Vorgarten. Die meisten Straßenbäume sind nur noch kahle Stummel. Wasserpreise machen mittlerweile ein Fünftel der Miete aus, seit der Energiekrise Anfang der 2020er-Jahre sind die Kosten für den Betrieb von Kläranlagen, Brunnen und Pumpen immens gestiegen. Und dazu kommt auch noch das teure entsalzte Wasser aus der Ostsee. Das wird inzwischen wie Gold gehandelt, die Regierung will die Investitionskosten wieder reinholen.

Vor allem große Unternehmen konnten trotzdem noch viel zu lange aus dem Vollen schöpfen. Erst nach jahrelangen Rechtstreits erhöhte man die Gebühren für Wasserentnahmen etwa aus Flüssen und Seen. Die Gewässer wurden immer leerer. Die fossile Industrie heizte nicht nur den Klimawandel ungebremst an, sondern saugte aus der Region auch noch die letzten Wasserressourcen. Das Braunkohlekraftwerk, die Ölraffinerie, das Stahlwerk, aber auch die Autofabrik des großen E-Auto-Herstellers Muscle sorgten mit erfolgreichem Lobbying dafür, dass die Politik lange wegsah. Richtig prekär wurde es, als Muscle bereits Anfang der 2020er-Jahre bei Fürstenwalde begann, selbst nach Wasser zu suchen. Angeblich nur, um »die Datengrundlage zum in der Region verfügbaren Wasser zu verbessern«. Und schließlich bohrte das Unternehmen eigene Brunnen. Das wurde geduldet. Fahrlässig, denkt Paula. Die Landesregierung wollte den Investor nach schwierigen Pandemiejahren und der Energiekrise einfach nicht vergraulen. Damit gaben die Behörden aber erstmals die Hoheit über die Wasserreserven auf. Das war der Beginn der Teilprivatisierung des Wassers.

Die meisten Bürgerinnen merkten davon wenig, bis es irgendwann knapp wurde. So knapp, dass plötzlich der Wirtschaftsstandort in Gefahr war. Unternehmen überlegten, wegen der hohen Wasserpreise abzuwandern, Gärten und Parks konnten nicht mehr bewässert werden, Schwimmbäder schlossen. Auch die Wasserwerke sahen lange weg. Paula hat in einer Reportage über die Geschichte der Wasserkrise gelesen, dass eine Sprecherin des städtischen Wasserversorgers auf die Forderung nach dem Bau einer Entsalzungsanlage an der Ostsee für die Berliner noch 2023 erklärte, dass man gut aufgestellt sei, die Idee halte sie deswegen für »übertrieben«. Damals schlugen

Fachleute und Politiker den Bau einer solchen Anlage an der Küste erstmals vor.

Lange haben die regionalen Wasserbetriebe gebetsmühlenartig wiederholt, dass Berlin ein fast geschlossener Kreislauf sei und man sich deshalb keine Sorgen zu machen brauche. Rund drei Viertel des Wassers gewannen sie damals aus Uferfiltration und den Rest aus Grundwasserquellen. Man war stolz auf die Uferfiltration, wollte die Technik sogar in andere Länder exportieren. Sie war für damalige Verhältnisse recht nachhaltig: In der Nähe von Seen und Flüssen entnahmen die Wasserbetriebe über ufernahe Brunnen Wasser, das zuvor durch die Erde ins Grundwasser gesickert war. Durch den Sickerungsprozess wurde es vorgereinigt. Gleichzeitig gaben die Wasserbetriebe ihr gereinigtes Abwasser wieder in die Seen und Flüsse ab – so entstand ein Kreislauf.

Deshalb fühlte sich die Stadt lange sicher. Während Brandenburg und anderen ländlichen Gebieten schon Ende der 2020er-Jahre das Wasser ausging, hielt die Hauptstadt erstaunlich lange durch. Doch dann kamen in den 2030er-Jahren mehrere Probleme zusammen, woraufhin das System kollabierte: wenig Regen, viel Verdunstung und die Tagebau-Altlasten der Lausitz.

Zuerst regnete es nicht nur im Sommer, sondern auch im Winter über mehrere Jahre viel zu wenig. Die Speicher füllten sich nicht mehr auf. Im Sommer häuften sich wochenlange Hitzewellen, die Verdunstungsraten waren außergewöhnlich hoch, und die Spree kam kaum noch in Bewegung. Die Folgen waren dramatisch: Das Wasser stand, der Sauerstoffgehalt darin sank massiv, Fische und Pflanzen starben, die Wasserwerke kamen mit der Aufbereitung nicht hinterher, und schließlich konnte man die Trinkwasserqualität nicht mehr gewährleisten.

Auch der Zufluss der Spree war lächerlich gering geworden, seit die Tagebaue in der Lausitz 2035 final dichtgemacht hatten. Paula erinnert sich noch an die pathetischen Abschiedsfeiern, übertragen von Lokalsendern. Die Kohlelöcher lagen 150 Kilometer südlich von Berlin, dort gingen über 120 Jahre Braunkohletradition zu Ende. Doch damit hatte sich das Kohleproblem längst nicht erledigt. Das Geschäft mit dem Klimakiller war mit der Zeit unrentabel geworden, die Förderung ausgereizt. Die Kohle hinterließ kahle Mondlandschaften so groß wie Kleinstädte, selbst auf Satellitenaufnahmen sah man die riesigen gelben Flecken. Damit die Kohle über 100 Jahre lang hatte abgebaut werden können, hatten die Betreiber das Grundwasser aus den Tagebauen abgepumpt. Dieses sogenannte Grubenwasser war dann über die Spree nach Berlin gekommen. Je größer die Kohlelöcher, desto mehr Wasser war Richtung Hauptstadt geflossen. Der Spreewald war dadurch größer geworden, hatte sich zu einem riesigen Feuchtgebiet ausgewachsen. Teile trockneten dann aber nach dem Ende der Kohle recht schnell aus. Das Sümpfungs- oder Grubenwasser aus den Tagebauen war allerdings auch mit Stoffen kontaminiert gewesen, etwa mit Sulfaten. Die hatten umständlich rausgefiltert werden müssen, um Trinkwasserqualität zu gewährleisten – in der Natur, wie etwa im Spreewald, lagerten sie sich dauerhaft ab. Paula hatte noch als Studentin Proben von dem belasteten Wasser genommen und im Labor ausgewertet, später hatte sie sogar an einer Studie mitgewirkt, die ausrechnete, wie teuer die aufwendige Reinigung des Wassers war – und dass dies nicht die Kohleunternehmen, sondern die Steuerzahlerinnen tragen mussten.

Weil die Kohle-Zaren in gewisser Weise das Geschick der Wasserversorgung in der Hand gehabt hatten, hatte es bereits in den 2020er-Jahren eine Vereinbarung zwischen ihnen und der Hauptstadt gegeben. Es sollten mindestens acht Kubikmeter pro Sekunde nach Berlin fließen – das sind über 50 Badewannenfüllungen. Doch bereits Mitte der 2020er-Jahre kam in den Dürresommern nur noch ein Drittel dieser zugesicherten Mindestmenge in Berlin an. Der Grund war nicht nur, dass aus den Tagebaulöchern immer weniger Wasser abgepumpt werden konnte. Die Kohlebetreiber zweigten sich nun außerdem selbst Wasser von der Spree ab, um die ehemaligen Kohlelöcher mit Spreewasser zu füllen. Das nannten sie dann Renaturierung. Man wollte zusammen mit den anliegenden Gemeinden Badeseen mit netten Stränden, Ausflugslokalen und Fünfsternehotels anlegen. Allerdings füllten sich die Tagebauseen nur ein, zwei Winter, danach sank der Pegel wieder dauerhaft. In den Sommern floss nicht nur zu wenig frisches Wasser aus der Spree zu, die Kohleexperten hatten auch die Verdunstungsrate durch die hohen Lufttemperaturen unterschätzt. Die Tagebauseen waren riesig, einen hatten sie ironischerweise den »Ostsee« genannt, er maß 19 Quadratkilometer.

Doch je größer die Fläche, desto mehr wertvolles Süßwasser stieg bei Hitze in die Wolken auf – und regnete dann irgendwo anders wieder ab. Das nützte aber der trockenen Region nicht, sie blutete dadurch nur noch mehr aus. Das Wasser verdunstete also 150 Kilometer vor Berlin, anstatt in der Spree zu den Brunnen der Hauptstadt zu fließen.

Alle waren von der Wasserkrise überrascht, obwohl schon früh klar gewesen war, dass künftig die Mindestwasserabflüsse – also ausreichende Wassertiefen und Fließgeschwindigkeiten, damit Fische und Pflanzen überleben – deutlich unterschritten werden würden. Und zwar so sehr, dass »nicht mehr alle Nutzeransprüche ausreichend erfüllt werden können«, das hatte Paula in einem Bericht aus dem Jahr 2022 gelesen, als sie im Onlinearchiv der Wasserwerke gestöbert hatte. Dort stand zwar auch, dass es noch eine Vielzahl von Unsicherheiten gebe, auch wegen der Klimaprojektionen. So richtig wollte wohl keiner glauben, dass es so dicke kommen könnte, hatte sie gedacht, als sie die

Zeilen las. Aber immerhin gab es damals noch eine Auswahl an Zukünften. In den Weltklimaberichten konnte man zwischen den repräsentativen Konzentrationspfaden (RCPs) wählen, die das Ausmaß des Temperaturanstiegs bis Ende des Jahrhunderts beschrieben: Vom leichten Klimawandel (RCP1.9) bis zum galoppierenden Klimawandel (RCP8.5) war noch alles möglich. Damals galt man aber schnell als Alarmistin oder Panikmacher, wenn man RCP8.5 in Betracht zog – und demnach auch als unseriös.

Noch dramatischer wurde die Lage in den Folgejahren, als auch noch das Grundwasserniveau sank. Das machte zwar nur rund ein Drittel der Berliner Versorgung aus – aber weil die Spree zu wenig Wasser führte, leerten sich auch die unterirdischen Reserven. Hinzu kam, dass die Menschen wegen der starken Hitze mehr tranken, sich abkühlen wollten, Parks und Gärten bewässert werden mussten – bis auch das nicht mehr möglich war. Zudem zogen immer mehr Menschen aus Brandenburg und anderen Teilen Deutschlands und Europas nach Berlin. Manche hatten Glück und fanden Arbeit. Andere endeten wie der Mann aus Granada unter der Brücke. Mittlerweile versuchen viele Menschen, wegen dieser Zustände weiter nach Norden zu ziehen. Paula hat jedoch nicht vor zu gehen.

Sie drängelt sich wieder zurück durch den gesamten Club und die tanzende Meute, erreicht schließlich den Ausgang und läuft Richtung S-Bahnhof Treptower Park. Dort ist es mittlerweile recht unheimlich, vor allem nachts. Als sie das letzte Mal mit Freunden dort war, um zu picknicken (das war vor ungefähr zehn Jahren), waren die Wiesen bereits gelb und ausgeblichen, und aus den Blumenbeeten ragten nur noch ein paar braune Gerippe ehemaliger Rosensträucher hervor. Damals gab es noch ein paar der Buden, die Eis und Bier verkauften. Heute geht da niemand mehr picknicken. Jetzt leben da Geflüchtete aus Südeuropa in riesigen Zeltstädten. Die meisten Stadtbäume im Park sind abgestorben, viele wurden für Feuerholz gefällt. Vor ein paar Jahren gab es noch mal einen richtig harten Winter, seitdem steht da kaum mehr irgendwas, das Blätter hat. Die Stadt hat seit Ende der 2030er-Jahre einfach kein Budget mehr, solche Grünanlagen zu pflegen, obwohl sie während der heißen Sommerwochen eine echte Erleichterung wären.

Paula nimmt die Ringbahn Richtung Neukölln, schaut lustlos auf die Digitalanzeigen am Bahnhof. Das Wetter und einige Schlagzeilen werden eingeblendet. »Ostsee-Berlin-Pipeline – Berliner Wirtschaftsminister unter Korruptionsverdacht«. Wie unfähig kann man sein, denkt sie und seufzt innerlich. Über ein Jahrzehnt hatten sie an der Entsalzungsanlage und an der Wasserpipeline von Lubmin nach Berlin gebaut, ständig hatten die Vorstände des Baukonsortiums gewechselt, Millionen verschwanden, Manager tauchten ab, und nun das. Die Entsalzungsanlage ist mittlerweile immerhin im Testbetrieb, vor der Küste liegen zudem zwei Schiffe mit mobilen Entsalzungsanlagen, die der Staat von einem britischen Unternehmen angemietet hat. Dieses hatte sich bereits in den 2020er-Jahren auf die Technik spezialisiert, als abzusehen war, dass Wasser knapp werden würde. Es musste recht schnell gehen, weil sich die Wasserkrise in der Hauptstadt und im Norden Deutschlands zusehends verschlechtert hatte.

Mit dieser Übergangslösung und dem Bau einer Anlage an Land profilierte sich die neue Superkoalition aus fünf Parteien. Doch niemand weiß, ob sich das Megaprojekt rentiert, ständig gibt es technische Probleme, schon die Schiffe kosten ein Vermögen pro Tag, vor allem weil sie zusätzlich mobile Atomreaktoren an Bord haben. So sind sie autonom und können die riesigen Energiemengen für die Entsalzung des Wassers produzieren.

Etwas in Paula will dorthin, endlich mal wieder »in the field« arbeiten, raus aus dem bürokratischen Alltag. Das wäre eine gute Gelegenheit, grübelt sie, als die S-Bahn in die Rechtskurve geht. Erst vergangene Woche hat ihr eine Quelle aus einem Umweltverband gesteckt, dass dort eine Menge schieflaufen soll. Seit sie im Umweltbundesamt eine Stelle angenommen hat, schreiben ihr ständig die alten Kolleginnen, immer mit einem Tipp oder guten Ratschlägen. Sie haben große Hoffnungen, dass sie in dem Amt jetzt was bewegen kann. Allerdings ist sie ja nur Referentin für Gewässerschutz – viel Macht hat sie da nicht.

Paula schaltet ihre Smartwatch wieder an, sie hat sich angewöhnt, beim Feiern eine Auszeit zu nehmen, raus aus dem News-Wahn für wenige Stunden. Als sie ihr Interface hochfährt, ploppt eine Nachricht nach der anderen auf, verpasste Videocalls, Shortmessages – was ist da los? Mindestens zwei Nummern, die sie nicht kennt. Die haben sicher zehnmal versucht, sie zu erreichen. Sie öffnet eine Videomessage und sieht ein paar tote Fische an einem Ufer, gelblichen Schaum, die Kamera wackelt schrecklich, dann kippt sie, der Filmende scheint vor irgendwas wegzulaufen, einen Ton hat das Video nicht. Paula spielt den Clip wieder und wieder ab. Wer schickt ihr so was?

Plötzlich blinkt das Interface. Eine der unbekannten Nummern ruft schon wieder an. Sie zögert kurz, geht dann aber ran. »Hallo, spricht da Paula Hartmann?«, flüstert jemand. Sie zögert: »Wer ist da? Woher haben Sie meine Nummer?« – »Das spielt jetzt keine Rolle, ich weiß, dass ich Ihnen vertrauen kann. Ich habe Ihnen ein paar Videos geschickt. Bitte tun Sie etwas, helfen Sie uns, die Wahrheit ans Licht zu bringen …« Es knackt in der Leitung. »Wer sind Sie, und was wollen Sie?« Paula ist vom pathetischen Unterton des Anrufers genervt. Sie hat diese Weltuntergangsheinis so satt. »Bitte hören Sie mir zu, Sie müssen sofort nach Lubmin kommen, ich schicke Ihnen die Geodaten, und bringen Sie ein Salinometer … Ey, lassen Sie mich, verdammte …« Es knackt abermals, raschelt, dann bricht die Verbindung ab.

Die S-Bahn hält in Neukölln. Paula steigt aus, nimmt die Treppe runter zur Karl-Marx-Straße, vorbei am Markt, den Ruinen des ehemaligen türkischen Supermarkts Eurogida, gebückte alte Leute betteln, ein Typ mit Rastalocken rempelt sie an. Aber besser frühmorgens durch diese Straßen laufen als abends oder nachts, denkt sie. Angst hat sie eigentlich nie, obwohl sie das vielleicht manchmal sollte. Die soziale Spaltung der Stadt hat sich im Laufe der Jahre verschärft, die Reichen haben sich in Gated Communities mit fetten Überwachungssystemen eingebunkert. Öffentliche Gelder sind knapp geworden, da bundesweit irrsinnig viel Geld in teure Schadenbeseitigung von Dürren, Überschwemmungen und Stürmen geflossen ist. Gleichzeitig sind die Einnahmen zurückgegangen, weil die deutsche Wirtschaft nicht schnell genug auf die neuen Bedingungen reagiert hat: Die Abhängigkeiten von weltweiten Lieferketten fielen einer Menge Betriebe auf die Füße, da diese immer wieder durch Pandemien, Sanktionen, Wasser- und andere Ressourcenkonflikte unterbrochen wurden. Außerdem haben andere Länder Deutschland im Bereich neuer Technologien längst überholt, Europa insgesamt ist gegenüber China und Asien zurückgefallen – auch weil der Kontinent hart von den Klimafolgen wie Dürren und Wasserknappheit getroffen wurde, sich schlecht vorbereitet hatte und an diese Extremwetter im Gegensatz zu anderen Ländern schlicht nicht gewöhnt war. In ihrer Not privatisierten die Kommunen alle öffentlichen Dienste, Schulen und Ämter verwahrlosten, Kulturzentren wurden geschlossen. In manchen Bezirken am Stadtrand stieg die Kriminalität, sie wurden zu polizeilosen Zonen erklärt; wer da wohnte, tat das auf eigenes Risiko.

Der Anruf von dem Unbekannten klingt in Paula nach, irgendwie beunruhigend, vielleicht ist sie aber auch einfach fertig und muss erst mal schlafen. Die Kopfschmerzen wachsen sich langsam zu einer fetten Migräne aus. Die kommen immer wieder, seit es diese endlosen heißen Sommerwochen gibt. Sie trinkt einfach viel zu wenig.

Zwei Tage später sitzt Paula am Steuer eines vollgeladenen E-Autos und fährt Richtung Ostsee. Der Anrufer hat sich nicht mehr gemeldet, ist vollkommen abgetaucht. Aber seine Worte kleben in ihrem Kopf fest, haben ihr keine Ruhe gelassen. Sie hat sich schließlich drei Tage freigenommen, dieser Schreibtischjob ist nichts für sie, schon nach sechs Monaten ist sie davon gelangweilt. Aber ohne ihn könnte sie ihre Eltern nicht unterstützen, und die brauchen Hilfe, seit sie ihr Haus auf Ibiza verloren haben, die Renten eingefroren wurden und die Inflation ihre Einkünfte unter die Armutsgrenze geschrumpft hat.

Früher war sie mit ihren Kollegen von »Watercrisis now« ständig unterwegs gewesen. Zusammen mit Alex, Luise und Kevin hatte sie für Gemeinschaftsgärten illegal Wasserleitungen angezapft, Recyclinganlagen für Grauwasser gebaut und in abgeschnittenen Dörfern installiert. Was waren das für Zeiten, als sie zusammen noch Grundstücke besetzten, um mühsam alte Sümpfe wiederzuvernässen, Bäume und Sträucher pflanzten, Regenwasserauffanganlagen bauten – und alles immer an der frischen Luft, immer draußen, die wenigen Habseligkeiten passten in einen Rucksack, und am Abend kochten sie im Bauwagen zusammen vegane Gemüsesuppen. »Mission to Marsh« nannten sie das – und die Aktionsform funktionierte, weil viele endlich etwas tun wollten, es leid waren, immer nur zu demonstrieren oder wegen Sachbeschädigung und Sabotage in Untersuchungshaft zu sitzen.

Damals hatte sie noch das Gefühl, etwas zu bewegen. Jetzt fühlt sie sich innerlich ausgebrannt, depressiv, nur in den Clubs am Spreeufer mit ein wenig »Wet« im Blut sieht die Welt nicht ganz so düster aus, wie sie eigentlich ist. Die Ohnmacht, die Hitze, ihre verschuldeten Eltern.

Endlich hat sie die Stadtgrenze hinter sich. Der Bärenskulptur auf dem Mittelstreifen wurde der Kopf abgehauen, gerade die Außenbezirke hat die Polizei wie gesagt schon lange aufgegeben. In den alten Raststätten vor der Stadt haben sich weitere Flüchtende einquartiert, auch verarmte Berliner sind darunter. Sie fährt an ihnen vorbei, Richtung Norden.

Bis Lubmin sind es mindestens zweieinhalb Stunden, schon kurz hinter Berlin fängt das Elend Brandenburgs an. An Paula ziehen die Geisterwälder vorbei, aus dem Augenwinkel sieht sie die verkohlten Kiefernstämme. Die stehen wie ein stummes Mahnmal der Klimakrise vor der Stadt. Die Feuer hatten sich die letzten Sommer immer näher an die Hauptstadt herangefressen, die Dürren haben das gesamte Bundesland in einen Dauernotstand versetzt. Es fing 2018 an, als Paula noch ein Kleinkind war und ihre Eltern das Haus auf Ibiza kauften. Die Brände haben sie ihre ganze Jugend hinweg begleitet, Sommer ohne Feuer waren erholsame Ausnahmen.

Mittlerweile sind die Brandenburger Landschaften weitgehend zerstört, die Felder von Erosion zerfressen, zwischen den kranken Wäldern reihen sich die Monokulturen aneinander, sie wachsen nur wegen des neuen Superdüngers »Climate-Hero«. Der soll angeblich krebserregend sein, obwohl das bislang alle abstreiten. Paula ist lange nicht mehr durch das Bundesland gefahren, warum auch, wenn die Zustände hier noch schlimmer sind als in Berlin. Die Dürre hat die Böden zerstört, das Leben aus den Hainen, Wiesen und Wäldern gesaugt. Gesunde Pflanzen und Bäume gibt es nur noch auf wenigen Flecken, und wo es grün ist, stehen eingezäunte Luxushotels oder liegen Golfplätze.

Ihr Interface vibriert, sie schaltet auf Lautsprecher. »Hallo, Paula, hier ist Karl. Warum hast du mir nicht Bescheid gesagt, dass du an die Ostsee fährst?« – »Warum hätte ich das tun sollen?« Paulas Stimme klingt gleichgültig, ihre Augen starren unbeirrt auf die stark befahrene Autobahn. »Ich dachte, wir können das zusammen durchziehen«, tönt die Stimme vorwurfsvoll aus dem Lautsprecher. »Woher weißt du davon?«, fragt sie routiniert. »Ein Bekannter hat mir davon erzählt. Es geht gerade das Gerücht um, dass der Typ, der gefilmt hat, verschwunden ist. Sei also bitte vorsichtig.« Karl räuspert sich, er klingt ernsthaft besorgt. »Du kannst ja nachkommen, wenn du Bock hast, ich übernachte in Lubmin im ›Haus Störtebeker‹, Adresse schick ich dir. Bis dann.« Sie legt auf, hofft aber, dass er kommen wird. Vielleicht tut er das ja gerade, wenn sie ihn cool wegdrückt.

Als die Sonne ins Meer gleitet, sitzt sie am Strand von Lubmin, raucht und trinkt billigen Wein aus einer kleinen Viertelliterflasche. Alle Restaurants haben zu, nur ein winziger oldschool Laden mit einem blinkenden Edeka-Schild verkauft Schokoriegel, Wein, Kaffee und ein paar Plastikbecher mit Fertignudeln. Das Video mit den toten Fischen hat ein paar Likes bekommen. »Oh, die armen Fische« und »Das ist ja traurig« steht in den Kommentaren. Und einer fragt, ob es echt sei. Ansonsten scheint es niemanden zu interessieren.

Dann sieht sie Karl über die Düne klettern. Er ist mit dem Regionalzug gefahren. Er küsst sie sanft auf die Wange, setzt sich neben sie. Von ihrem Platz aus können sie die kaputte Seebrücke sehen, die Hälfte ist bereits im Meer versunken, es weht ein fauliger Geruch herüber. Dimethylsulfid, denkt Paula. »Alles voller Algen«, sagt sie laut. Seit den wochenlangen Hitzewellen, die jeden Sommer wiederkehren, hat sich die Ostsee in ein brackiges Loch verwandelt. Die Hitze hat den Sauerstoffgehalt im Wasser immer weiter gesenkt. In dem lauwarmen Badewannenwasser zersetzen sich die dicken Algenteppiche, es entstehen Todeszonen, obwohl niemand sie so nennen will. Die Flüsse aus Mecklenburg-Vorpommern und Polen tragen Nährstoffe ins Meer, die intensive Landwirtschaft hat wegen der kaputten Böden immer mehr Stickstoff und Phosphate genutzt. Die Nitrateinträge in den Gewässern sind weit über alle Grenzwerte gestiegen, die Bundesrepublik musste Milliardenstrafen an die Europäische Union zahlen. Aber alles blieb so, wie es war. Sonst wäre ja gar nichts mehr gewachsen, hieß es vom Bauernverband. Und durch Handelskriege und Blockaden und weil mehr Menschen versorgt werden mussten, brauchte Europa schließlich auch größere Mengen an Getreide. Das jedenfalls behauptete die Agrar- und Massentierhaltungslobby. Dabei gingen über viele Jahre 60 Prozent des hochgedüngten Getreides in die Tierhaltung. Doch statt auf pflanzenbasierte Nahrung umzustellen, versprachen die konservativen Regierungen mit dem Slogan »Dein Schnitzel ist sicher« den Wählerinnen das Unmögliche. Dabei war schon lange bekannt, dass für ein Schweineschnitzel rund 1200 Liter Wasser verbraucht werden, für eine vegetarische Mahlzeit von ähnlichem Nährwert mit lokalem Gemüse jedoch nur ein Bruchteil davon. Für das kontaminierte Wasser haben am Ende die Steuerzahlerinnen und alle Touristen und Küstenbewohner teuer bezahlt. Ein ökologisches Desaster.

»Die Pension ist komplett leer, kommt keiner mehr her.« Karl schüttelt den Kopf und zuckt die Schultern. »Ist ja nicht so, dass das niemand hat kommen sehen, oder?« Er lacht kurz auf. »Was für eine hohle Politik, und niemand will es jetzt gewesen sein, die ganzen Stümper sind alle in Rente oder tot. Vielleicht schmoren sie in der Klimahölle.«

Dann besprechen sie den nächsten Tag, beide wollen zur

Anlage fahren, die Umgebung untersuchen und Wasserproben nehmen. Sie vermuten, dass die Kontamination von den Entsalzungsanlagen stammen könnte. Paula erzählt, dass es davon mittlerweile weltweit schon über 100 000 gibt. »Anfang der 20er standen wir gerade mal bei 16 000. Damals gab es nur wenige Kritiker, nicht mehr als ein paar wissenschaftliche Studien … und große Hoffnungen auf die Technologie«, sagt sie. »Technologievertrauen, das kennen wir ja«, kommentiert Karl. Sie sind sich sicher: Das Video könnte auch irgendwo aufgenommen worden sein und die Kontaminationen etwa aus einem Werk an der Nordsee oder von der Küste Schwedens stammen. Paula zoomt in den Teil der Karte, wo die Anlage stehen soll. In den meisten Anlagen wird immer noch das Wasser an der einen Stelle für die Entsalzung abgezogen und an anderer Stelle das Abfallprodukt, die Salzlauge, wieder ins Meer geleitet. Für jeden Liter Trinkwasser entstehen 1,5 Liter Salzlauge, mit Schwermetallen, Chemikalien und allem Pipapo, erklärt Paula. »Völlig irre Technologie«, findet Karl.

Eigentlich gab es mal Forschungen dazu, die Chemie wieder aus der Salzsole rauszuholen, bevor man sie ins Meer zurückgibt, denkt Paula. Laut sagt sie: »Ja, so was wie Biozide, Antikalkbildner und Antischaumbildner oder auch Chlor braucht man eben, wenn man Bakterienbildung und solche Sachen beim Entsalzen verhindern will. Es gab sogar schon mal Ideen, die Reststoffe in der Salzlauge wieder rauszufiltern und einige wertvolle Mineralien wie Lithium oder Magnesium rauszuholen. So was ist in Zeiten von Rohstoffknappheit eigentlich recht wertvoll …« Trotzdem habe das Verfahren sich ja nicht durchgesetzt, unterbricht sie Karl. »Wahrscheinlich, weil es zu teuer war und nicht gefördert wurde«, mutmaßt er. »Jedenfalls sieht es ja so aus, als ob der Mist nun hier die Küste verseucht«, seufzt er resigniert. Manchmal nervt ihn Paulas Besserwisserei. Was nützen das ganze Wissen und die schlauen Leute, wenn die Natur am Ende doch im Eimer ist?

Ausgerüstet mit versteckten Kameras, dem Salinometer, einem Messgerät für den Salzgehalt, ein paar Wassertestern, ein wenig Proviant und mehreren Literflaschen Trinkwasser, geht es am nächsten Morgen los, noch bevor es hell wird. Sie sind beide guten Mutes, irgendwie ist es auch aufregend. Endlich etwas Spannung, endlich wieder Feldarbeit. Für Paula könnte es immer so sein, es erinnert sie daran, wie es früher war. Vor dem langweiligen Job, bevor sie älter wurde und weniger frei.

In Paulas E-Auto fahren sie aus Lubmin raus, die Küste entlang Richtung Osten, die Fenster heruntergekurbelt, Musik dröhnt aus der Anlage, ›Take Me Baby‹ von Jimi Tenor. Den Techno-Oldie hat Paula ausgewählt, die energetischen Bässe geben ihr Kraft, die Erinnerung an die durchtanzte Nacht in Berlin entspannt sie. Weiter vorn der Lubminer Hafen, die Ölwerke ziehen rechts vorbei. »Da hinten ist es«, sagt Karl auf dem Beifahrersitz.

Rechts schäumt das Meer, über ihnen stechend blauer Himmel, im Rückspiegel die Umrisse von Lubmin. Dann türmen sich Zäune auf, dahinter ragen silberne Tanks empor, dicke Metallrohre dazwischen, ein paar Schornsteine, ein riesiger Quader in der Mitte. »In dem großen Kasten findet die Umkehrosmose statt«, sagt Paula. Karl hat von solchen technischen Details keine Ahnung. Er ist zwar auch zu den vielen Demos gegen die Anlagen gefahren, hatte sich aber nie ernsthaft damit beschäftigt, wie sie funktionieren. Als Karl sie etwas verwirrt anschaut, legt sie nach: »Da wird Meerwasser mit einem enormen Druck durch eine halb durchlässige Membran gepresst und so das Salz quasi rausgefiltert. Je mehr Salz im Wasser ist, desto heftiger muss der Druck sein und desto mehr Energie braucht man.« Sie fahren näher heran. Überall große gelbe Schilder mit dem Logo von »Watex« und dem Hinweis »Betreten verboten«. Kameras bewegen sich mit ihnen mit, als sie vorbeifahren. »Das ist ja ein riesiges Ding«, staunt Paula. »Das muss Unmengen Energie fressen.« Sie fahren an dem Gelände vorbei und haben wieder freie Sicht aufs Meer. »Und da hinten sind die beiden Schiffe.« Karl zeigt rechts durch die Windschutzscheibe, in knapp 500 Meter Entfernung liegen die zwei Tanker mit ihren eckigen Bäuchen.

Das erste Schiff mit einem Atomreaktor und einer Entsalzungsanlage hat die russische Regierung mit der »Akademik Lomonossow« bereits Anfang der 2010er-Jahre gebaut, um damit in der Arktis Ölplattformen und abgelegene Häfen mit Strom und Wasser zu versorgen. Damals nannte Greenpeace das Schiff »Tschernobyl on Ice«. Dann zog ein britischer Unternehmer nach und baute einen schwimmenden Kernreaktor mit angeschlossener Entsalzungsanlage, die täglich 35 000 Kubikmeter Süßwasser produzierte. Regierungen aus der ganzen Welt liehen sich die schwimmenden Atom-Wasserspender bei akuter Dürre aus. Auch die deutsche Regierung hat sich dann für den Übergang für diese Lösung entschieden. Die Panik, andere Länder könnten ihr die begehrten Schiffe wegschnappen, veranlasste sie zu einer Milliardeninvestition. Manche Länder kauften sie auch, weil die Trockenheit einfach nicht mehr verschwand. Und das trotz eines gravierenden Zwischenfalls bei Grönland vor einigen Jahren, als noch Hunderte Kilometer weiter erhöhte Strahlung gemessen wurde.

Möglichst unauffällig fahren Paula und Karl an dem Werk vorbei, das Grundstück der Entsalzungsanlage ist mehrere Hundert Meter breit, danach geht es weiter an der Halbinsel Struck vorbei, schließlich biegen sie hinter dem Dorf Freest nach links ab. Auf einem Parkplatz bleiben sie stehen, drücken einen provisorischen Zaun von Watex zur Seite und laufen zum Strand. Jetzt ist Paula doch etwas mulmig zumute, aber das Adrenalin verdrängt die Angst.

Sie packen die Geräte aus, der Sand rieselt in ihre Turnschuhe. Paula hält das Salinometer ins Wasser, es zeigt erhöhte Werte an. Das Meerwasser hat in der Ostsee normalerweise einen Salzgehalt von 1,8 Prozent. Das Messgerät zeigt jetzt einen doppelt so hohen Wert an. Paula nimmt weitere Wasserproben, macht einige Schnelltests. Das Wasser enthält Schwermetalle wie Kupfer, Zinn und auch Chlor, der Sauerstoffgehalt ist erschreckend niedrig.

Einige verweste Fische liegen am Strand auf einer dicken Schicht von stinkenden Algenresten, kein Mensch weit und breit. »Nichts anfassen«, warnt Paula Karl, als er sich zum Ufer beugt. »Der Salzgehalt ist extrem hoch, aber auch die anderen Werte gefallen mir gar nicht. Das kommt entweder von den Schiffen, aus der Testanlage oder aus beidem, und das ist einfach zu viel für das Ökosystem.« – »Was ist das für ein Mist hier?«, fragt Karl angewidert und hält sich wegen des strengen Geruchs nach Moder und totem Fisch ein Tuch vors Gesicht.

Paula hat einen Verdacht. »Das war vielleicht etwas viel Salzlauge«, sagt sie gerade, als irgendwo eine Autotür zugeschlagen wird. Karl zuckt zusammen. Drei Männer mit Security-Jacken kommen näher, Paula packt schnell die Geräte ein, Karl versteckt seine Kamera. »Was machen Sie hier, Sie haben hier nichts zu suchen!«, ruft der eine Typ, Glatze, groß und breit, ein richtiger Schrank. »Urlaub«, antwortet Karl. »Macht keinen Scheiß, mitkommen.« Ohne zu zögern, greifen die beiden anderen Männer nach ihren Rucksäcken.

Dann geht alles sehr schnell. Karl und Paula werden in einen Transporter geschubst, obwohl Paula ihren Ausweis vom Umweltbundesamt dabeihat und Karl sich ziemlich stark wehrt. Doch das macht es nicht besser. Sie werden auf das Werksgelände gebracht, sitzen in einem Raum ohne Fenster, die Security muss erst den Verantwortlichen holen, sie vermutet, dass die beiden von Greenpeace sind. Karl hat blitzschnell ein Video aufgenommen, die Messergebnisse abfotografiert und in die Cloud geschickt. »Ich riskiere hier gerade meinen Job«, flüstert Paula. »Ohne das Okay von meinem Abteilungsleiter darf ich eigentlich gar nichts entscheiden.« Aber der Schock sitzt tief. Sie ist perplex von den Werten, die sie auf den Geräten gesehen hat. Sie wusste, dass es viele Probleme gibt, vielleicht auch Korruption, dass viel verschleiert wird. Aber das? Wer wusste davon? Hat die Regierung vollständig die Kontrolle verloren? Steckt sie mit dem Betreiber sogar unter einer Decke? »Hey, was soll das, Sie haben kein Recht, uns hier festzuhalten.« Karl hämmert immer wieder gegen die Tür. Er steigert sich in seine Wut hinein, in seinen Hass gegen Willkür und Autoritäten. »Das hat keinen Sinn, spar dir deine Kräfte«, sagt Paula ruhig. »Sie werden uns schon nichts tun, ich bin immerhin Beamtin.« Er hört auf, setzt sich wortlos neben sie, nimmt ihre Hand. »Du meinst, das wird uns retten, ja? Am Ende nützt es also doch noch was, dass du Staatsdienerin geworden bist.« Er versucht, seine Stimme ironisch klingen zu lassen, doch es gelingt ihm nicht.

Schließlich öffnet jemand die Tür, nach einer gefühlten Ewigkeit. Sie werden in einen Raum mit grellem Licht geschoben, ein Mann, wahrscheinlich der Security-Chef, weißes Hemd, Krawatte, Kurzhaarschnitt, aufgedunsenes Gesicht, fängt an, mit ihnen zu sprechen. Er legt zwei Formulare auf den Tisch vor ihnen, sie sollen unterschreiben, dass sie unbefugt auf gesperrtes Gelände eingedrungen sind, daneben liegt außerdem eine Verschwiegenheitserklärung. »Plaudert ihr, hetzen wir unsere Anwälte auf euch, dann seht ihr kein Morgen mehr«, droht der bullige Typ. »Wie können Sie so was zulassen?«, platzt es aus Paula heraus. Ihr wird klar, dass sie zu hoch gepokert hat. Ohne die Deckung durch ihre Behörde wird sie nichts ausrichten können. »Die Salzlauge kontaminiert die Ostsee. Das ist eine ökologische Katastrophe«, sagt sie stattdessen. Doch sie weiß, dass es keinen Zweck hat, mit ihm zu reden, schließlich weiß er das ja alles und hat offensichtlich nicht vor, es öffentlich zu machen oder die Anlage anzuhalten. Sie bekommt es langsam mit der Angst zu tun.

»Wir haben euch gegoogelt. Beide Aktivistenvergangenheit, niemand wird euch glauben, ihr wart ja schon immer dagegen, und nun freut ihr euch, weil ihr angeblich was gefunden habt, dreckige Doomer«, zischt er abfällig, rückt seine Krawatte gerade, spuckt aus. »Ihr übertreibt wie immer, weil ihr euch geil dabei fühlt, andere Leute anzuklagen. Wir versorgen die Hauptstadt, ihr jammert nur wie immer …« – »Und ihr macht nichts weiter als … «, Karl will sich einmischen, wird aber gleich von einem der Hilfsschläger in den Bauch geboxt. Widerstand ist aussichtslos, das merken beide recht schnell.

»Körperverletzung, Freiheitsentzug, Verschleierung eines ökologischen Super-GAUs – das reicht für sehr lange Knast«, schnaubt Karl wutentbrannt auf dem Rückweg nach Berlin. Paula ist trotzdem erleichtert, es hätte auch alles viel schlimmer kommen können. Einen Moment lang hat sie ihren Leichtsinn bereut, und auch, Karl da mit reingezogen zu haben. Aber sie lässt sich nichts anmerken. »Schade, dass wir davon nichts verwenden können«, sagt sie. Beide haben die Schweigeerklärung unterschrieben, mussten all ihre persönlichen Sachen abgeben, nur den Autoschlüssel gab man ihnen zurück, zusammen mit den netten Abschiedsworten »haut ab«. Paula weiß, dass sie nicht mehr riskieren will, auch wegen ihrer Eltern. »Vielleicht ist es am Ende doch besser, an seiner eigenen kleinen Welt zu bauen, statt sich mit diesen Idioten anzulegen«, sagt sie und schaut Karl von der Seite an. Der ist noch ganz in seiner Wutspirale gefangen. Sie versucht ihn aufzubauen. »Irgendwann besetzen wir in Polen einen alten Bauernhof und verschanzen uns«, sagt sie mit einem Fünkchen Hoffnung in der Stimme. »Der Mist ist einfach zu groß für uns. Es ist eh alles kaputt, und ich kann meine Eltern nicht im Stich lassen.«

Die Krise hat nicht nur den Alltag vieler Menschen schwierig gemacht, sie hat auch den Glauben an Demokratie und Menschenrechte erschüttert. So wirklich geschockt würde sich niemand mehr zeigen, wenn sie ihre Geschichte von den Security-Glatzen in Berlin erzählen würden. Und auch die hochgeladenen Videos würden viele Likes bekommen und ein paar erschrockene Kommentare. Aber sie würden weggespült von einer Informationsflut, die jeden Tag die Sozialen Medien überschwemmt. Die Verantwortlichen wissen das, die Presse hat kaum mehr Ressourcen für solche Umweltrecherchen. Es gibt einfach zu viele Krisen gleichzeitig. Paula findet das mindestens genauso schlimm wie den ökologischen Super-GAU an der Ostsee.

Als sie über die Stadtautobahn wieder nach Berlin reinfahren, wird ihr klar, dass sie bei Karl bleiben will. Dass all diese Normalität nur gespielt ist, sie einfach nicht Beamtin sein kann, die Krisen wie Akten beiseitelegt. Vielleicht liegt das an der Welt, die keine Normalität mehr kennt und in der man sich zu sehr anstrengen muss wegzusehen. Klimanormalität kennt Paula eigentlich nur noch aus den Filmen und Büchern vom Ende des 20. Jahrhunderts. Die Spielfilme, wo es zu Weihnachten schneit und sich die Leute in New York im Schlitten und mit großen Geschenken besuchen fahren, der Sommer-Badespaß für alle am Mittelmeer und an der Ostsee an sauberen Stränden und mit Cocktails am Pool, die lachenden Cabriofahrerinnen mit Kopftuch, die durch blühende Landschaften und saftig-grüne Wälder fahren. Der Kontrast zur heutigen Welt raubt Kraft, macht depressiv. Verdrängung ist ein Privileg der vorherigen Generationen gewesen, denkt Paula. Sie streichelt Karls Hand und sagt:

»Ich will mit dir zusammen sein, ich will kündigen und weg von hier.« Karl antwortet nicht, schaut nur aus dem Fenster. Paula wischt ihren inneren Stolz beiseite, wagt sich noch weiter vor. »Vielleicht hast du recht, und diese Beamtenstelle ist wirklich nichts für mich. Wenn du mir hilfst, dann könnten wir es auch so schaffen.« Es ist das erste Mal, dass sie so etwas zu ihm sagt. Er reagiert noch immer nicht. Sie hat sich ihm geöffnet, und er schaut weg. »Lass uns darüber reden, wenn wir beide etwas ausgeruhter sind«, sagt Karl schließlich. Beide wissen, dass es eine Flucht nach vorn ist. So viele Orte gibt es nicht mehr, wo man sich vor dem Wahnsinn verstecken kann. Trotzdem ist alles besser, als sich weiter etwas vorzumachen.

Best Case

An einem heißen Sommertag um 8 Uhr morgens lässt sich Paula erschöpft auf eine dieser luftigen Bambusliegen in Berlin-Schönefeld fallen, einige Dutzend Meter von den Lautsprechern des Clubs entfernt. Noch immer hört sie die Bässe von Jimi Tenors ›Take Me Baby‹. Seitdem die Sommer so heiß geworden sind, dass die dicht gedrängten Menschen zu einem öligen Schweißknäuel verschmelzen und selbst die Kellerräume der Kneipen 30 Grad anzeigen, legen die DJs am liebsten draußen auf. Auf dem ehemaligen Flughafen mit seinen Landebahnen und großen Abfertigungshallen können an einem Abend 20 Musiker gleichzeitig auftreten, ohne dass sie sich gegenseitig stören. Am Terminal 5, den die meisten heute »Berlin Airclub« nennen, legen die besten DJs auf, Paula liebt die Abende hier. Sie hat zehn Stunden durchgetanzt. Die ersten Sonnenstrahlen fallen auf ihr ungekämmtes rotes Haar, sie blickt benommen geradeaus, am liebsten würde sie noch ein paar Stunden hierbleiben und den Morgen genießen. Aber sie sollte besser nach Hause fahren, bevor es zu heiß wird. Glücklicherweise bleibt ihre Wohnung inzwischen angenehm kühl, seitdem der Vermieter die wasserspeichernde Bodendecke auf dem Dach und die von Efeu und Stangenbohnen berankte Fassade installiert hat. Auch durch die zusätzliche Dämmung bleibt die Temperatur stets unter 25 Grad.

Der Airport BER wurde nur wenige Jahre nach seiner Inbetriebnahme verkleinert, das Terminal 5 des alten Flughafens komplett geschlossen. Nach der ersten Coronapandemie Anfang der 2020er-Jahre erholte sich der Flugverkehr jahrelang nicht mehr, der Neubau war plötzlich völlig überdimensioniert für die wenigen Reisenden. Es gab weniger Direktverbindungen, und die hohe Besteuerung des Flugkerosins ab 2025 machte das Fliegen zusätzlich unattraktiv. Kurzstreckenflüge in der EU wurden erst zu teuer und schließlich komplett verboten. Geschäftsreisen waren für viele Unternehmen auch nicht mehr rentabel, sie bevorzugten jetzt Videocalls. Erst als synthetische Kraftstoffe und das E-Kerosin Anfang der 2030er-Jahre marktreif wurden und die ersten batterieelektrischen Flugzeuge für Mittelstrecken starteten, gab es wieder mehr Zulauf.

Paula blinzelt einem Flieger nach, der in die Morgensonne startet. Sie kann sich kaum noch an ihre letzte Flugreise erinnern. Seit die Bahnstrecken in Europa vor vielen Jahren massiv ausgebaut wurden und es ein günstiges EU-Jahresticket – das Euro-Ticket – für weniger als 100 Euro gibt, lohnt sich der Stress mit dem Fliegen einfach nicht mehr.

Im letzten Sommer ist Paula von Berlin mit dem Nachtzug in die Pyrenäen gefahren. Sie fand es herrlich, morgens um 9 Uhr im Eurorail Richtung Barcelona aufzuwachen und dann anschließend bei Kaffee und frisch duftendem Croissant am Meer zu sitzen. In diesem Sommer aber ist Paula gar nicht verreist, denn sie hat ihre Stelle beim Umweltbundesamt, Abteilung »Gewässerschutz«, erst vor Kurzem angetreten.

Vielleicht ist sie deshalb heute Morgen auch so müde, diese Nine-to-five-Jobs waren noch nie ihr Ding. Schließlich schwingt sie sich auf ihr Elektrofahrrad, fährt durch die Obstbaumalleen Richtung Zentrum, nimmt ab Rudow die mit Solarpaneelen überdachte Rad-Autobahn. Hinter der Ausfahrt Kreuzberg beginnen die Pfirsichplantagen. Seitdem die Stadt beschlossen hat, dass nur noch Nutzpflanzen bewässert werden dürfen, setzen Grünflächenamt und Hausbesitzerinnen auf Kirsch- und Apfel-, Birnen- und Pflaumenbäume und neuerdings auch Pfirsichbäumchen. Zuerst haben sich noch viele beschwert, aus Sorge vor matschigen Früchten auf dem Bürgersteig, aber inzwischen finden es die Berliner ziemlich cool, nicht mehr für ihr gesamtes Obst zahlen zu müssen, sondern einiges von ihrem Bedarf kostenlos pflücken zu dürfen. Paula hält an einem Pfirsichbaum an und kostet. Noch etwas hart, denkt sie und stopft die Frucht in ihre Umhängetasche. Die Supermarktfrüchte sind teuer geworden. Der frühere Billigexporteur Spanien hat seine Plantagen inzwischen aufgegeben. Erst sind die Brunnen versiegt, und mit dem teuren aufbereiteten Wasser aus dem Meer wurden die Früchte dann zu teuer, obwohl der Staat die Entsalzungsanlagen jahrelang subventionierte. Damals haben dort eine Menge Menschen ihre Arbeit verloren, viele sind in den Norden gegangen und pflegen nun Plantagen in Norddeutschland, Dänemark und Schweden.

Als sie noch sehr klein war, haben Paulas Eltern immer von den Flüchtlingen aus Afrika erzählt, vor denen sie Angst hatten: »Irgendwann kommen die alle hierher«, hieß es damals. »Die« sind allerdings nie gekommen, weil die Grenzen irgendwann krasser gesichert waren, als die Berliner Mauer es gewesen ist, zu den dunkelsten Erinnerungen aus dieser Zeit gehören die Erstürmungen der Zäune an den Außengrenzen – mit zahlreichen Toten. Nach mehreren gescheiterten UNO-Verhandlungen stockten die Industrieländer dann massiv die Klimahilfen auf, verbesserten die Handelsbedingungen und sorgten für schnelle und geordnete Asylverfahren. Doch dafür musste es erst massive Proteste geben, nachdem Berichte aufgedeckt hatten, dass täglich unzählige Flüchtende an den Grenzen verletzt und getötet wurden. Und auch die riesigen Wind- und Solarparks für den europäischen Markt trugen dazu bei, dass afrikanische Länder profitierten und zu wichtigen Energielieferanten aufgestiegen sind. Trotzdem migrieren immer noch viele Menschen aus Nordafrika und Südeuropa in den Norden.

Die vielen Hotels am Flughafen beherbergen inzwischen nordafrikanische, aber auch südspanische, sizilianische und portugiesische Flüchtende.

Bauern, Winzerinnen, Restaurantbesitzer, Handwerkerinnen – viele finden im heißen Süden kaum mehr Arbeit, viele Wirtschaftszweige sind wegen Wasser- und Ressourcenmangel geschrumpft. Die Flüchtenden streben nach Norden, hier bleiben sie meist nur ein paar Wochen in kleinen Zimmern, bis sie Arbeit finden. Die Fachkräfte unter ihnen werden in Berlin gebraucht, zur Bewirtschaftung der Parks, zum Umbau von alten Bestandsbauten in klimaresiliente Häuser mit integrierten Kläranlagen und Solarpaneelen, für die Gemüsegärten auf den Dächern. Durch die schnelle, unbürokratische Einbürgerung, kostenlose Deutschkurse und die Anerkennung von ausländischen Abschlüssen konnte der jahrelange Fachkräftemangel im Land endlich eingedämmt werden.

Auch die teuren Feriensiedlungen im Süden gehören der Vergangenheit an. Paulas Eltern haben früh verstanden, dass Südeuropa bald kein Traumziel mehr sein würde. Sie investierten stattdessen in ein kleines Holzhäuschen in Schweden, dort, wo die Flüsse noch Wasser führen und die Hitzewellen erträglicher sind. Die Stadt Östersund können sie von Berlin aus mit einem der vielen komfortablen Nachtzüge erreichen, einer fährt sogar weiter bis zum Nordkap. Im Sommer fahren ihre Eltern meist für mehrere Monate nach Schweden, auch, um frische Luft und Kühle zu tanken.

Paula geht es ebenfalls besser als zu der Zeit, als noch von allem Überfluss herrschte. Die Populisten, die das früher als

Freiheit verkauften, sind mittlerweile abgestürzt. Sie versuchen immer wieder, von kleineren Krisen zu profitieren, kultivieren weiterhin den Oldtimer-Kult stinkender SUV-Karossen oder den von »echtem Fleisch«. Aber kaum jemand nimmt das mehr ernst, den meisten geht es trotz der ganzen Probleme durch den Klimawandel und die weltweite Wasserkrise besser als vorher. Von Verzicht würde heute niemand sprechen, wenn es um Abgase oder Rindfleisch aus Massentierhaltung geht. Für viele gibt es das nur noch in Ländern, die noch ein paar Jahre finanzielle und strukturelle Unterstützung für die Klima-, Energie- und Wasserwende brauchen.

Als Paula einmal beruflich nach Serbien musste, bekam sie nach einer Woche einen seltsamen Husten und Nasenbluten, so verschmutzt war die Luft. Dort hat man ihr auch noch Fleisch serviert, von echten Tieren. Es war eine der irrsten Erfahrungen, wie eine Zeitreise ins Mittelalter kam ihr das vor.

Seit die meisten Städte in Europa in der Innenstadt keine Privatautos mehr zulassen, fahren viele Menschen mit E-Bikes oder Fahrrädern. Ein Großteil der Flächen konnte entsiegelt werden, an die Stelle der vielen Parkplätze und breiten Straßen pflanzte man Beete, Bäume und Hecken. Heute ist es kein Problem für Paula, selbst nach einer durchtanzten Nacht 20 Kilometer nach Hause zu fahren. Kräftig tritt sie in die Pedale. Sie ist sportlicher geworden mit ihren täglichen Fahrten zur Arbeit, die Fahrrad-Autobahnen quer durch die Stadt machen das auch recht bequem. Früher ist es undenkbar gewesen, von Schönefeld mit dem Rad durchgängig ohne Autoverkehr ins Zentrum zu fahren. Überhaupt ging ein echtes Durchatmen durch die Stadt, als nach der dritten Energie- und der ersten großen Wasserkrise in den 2030er-Jahren endlich ein Politikwechsel kam. »Ohne Wenn und Aber«, hat die Koalition damals getitelt, und »Politik als Transformator – alles andere ist fahrlässig«. Doch es hat gedauert, bis auch die Bevölkerung davon überzeugt war, dass eine grüne Innenstadt für sie lebenswerter ist. Nun kann es sich plötzlich niemand mehr anders vorstellen.

Paula erinnert sich noch daran, dass alles mit dem russisch-ukrainischen Krieg begann. Die fieberhafte Suche nach neuem Gas, die hohen Energiepreise, die Wirtschaftskrise und dann auch noch das erste große Dürrejahrzehnt. Sie kam damals gerade zur Schule. Eine Kette aus Krisen, die sie als Kind sehr verunsicherten. Als in Russland dann Jahre später wieder ein demokratischer Staatschef an die Macht kam, wollte niemand mehr mit Gas heizen oder produzieren. Der Zug war abgefahren.

Mit dem Politikwechsel in den frühen 2030er-Jahren änderten die Bundesregierung und auch der Berliner Senat ihre Agenda: Statt mit einem Gießkannenprinzip nur die Symptome aller Krisen zu bekämpfen, entschied man sich, radikal umzusteuern. Alles andere war auf Dauer einfach zu teuer. Als Paula anfing zu studieren, herrschte endgültig Aufbruchstimmung, die Menschen zeigten sich solidarisch, und die meisten waren wirklich bereit für den Wandel. Es war auch der Beginn der Wasserwende.

Sie biegt in ihre Straße ein, direkt am S-Bahn-Ring, mittlerweile sind innerhalb des Rings nur noch Fahrradstraßen, lediglich Lieferfahrzeuge, Pflegedienste und Rettungswagen dürfen die Innenstadt noch passieren. Sie fährt in den Innenhof, der Hausmeister schneidet gerade die Fassadenbegrünung zurecht.

Grinsend geht Paula an Herrn Schmocks Tür vorbei. Der Vermieter ist auf seine alten Tage noch nett geworden, vielleicht auch, weil er inzwischen ziemlich wackelig auf den Beinen ist und Paula ihm ab und zu einen Korb Straßenfrüchte vor die Tür stellt. »Sehr lecker, Frollein«, hatte er beim ersten Korb gesagt, und das war das Netteste, was sie je von ihm gehört hatte.

Sie hatte ihn jahrelang bearbeitet, das Haus endlich autonom zu machen, mit eigenem Garten, Wasserkreislauf und Solarpaneelen – aber er hatte sie immer für eine Ökotussi gehalten, die er am liebsten rausschmeißen wollte. Heute tut er so, als wäre der ganze Umbau vor mittlerweile zehn Jahren seine Idee gewesen. Vorher hatte er die hohen Betriebskosten auf seine Mieter abgewälzt, bis ihn schließlich ein Gesetz gezwungen hatte, entweder für eine Wärmepumpe im Keller und Solarschlaufen auf dem Dach zu sorgen und das Wasser zu recyclen oder selbst für einen großen Teil der Kosten aufzukommen. Die spontane Flurparty vor Paulas Wohnung, als der Bundestag das Gesetz verabschiedete, gehört noch heute zu den Highlights der Hausbewohnerinnen. Den meisten Mietern fiel ein Stein vom Herzen. Die Nebenkostenabrechnungen gingen damals in die Hunderte, obwohl die Wohnungen ohnehin nur noch auf 18 Grad erwärmt werden durften und alle schon Wasser sparten, wo sie konnten.

Denn auch das Trinkwasser war irgendwann knapp geworden. Erst sollten der Rasen nicht mehr gegossen, Autos nicht mehr gewaschen und private Schwimmbäder nicht mehr befüllt werden.

Diese erste Wasserkrise war den Berlinerinnen eine Lehre. Zwar gab es auch vorher schon zeitweise Engpässe, aber als Jugendliche erlebte Paula zusammen mit ihren Eltern die erste Notlage. Da war sie gerade in der Mittelstufe, das war Ende der 2020er-Jahre. An dem Thema kam niemand vorbei, selbst in den Unterricht luden die Lehrkräfte Fachleute ein, sie bauten mit den Kindern Regenauffangbecken und legten Teiche im Schulgarten an.

Viele bunkerten zu Hause sogar Trinkwasser in leeren Colaflaschen und Kanistern. Nachbarn spähten über die Hecken, um zu sehen, ob der Rasen nebenan noch grün und das Planschbecken noch gefüllt war. Auch als Paula dann als Studentin mit Anfang 20 in das Haus von Herrn Schmock zog, war die Lage noch angespannt. Der Besitzer beschwerte sich erst darüber, wenn sie am Wochenende beim Putzen laut ihre Elektromusik hörte, irgendwann aber lauschte er, wie lange sie duschte. »Na, Frollein, Sie stehen aber etwas lange unter der Brause!«, warf er ihr im Hausflur vor. Entgeistert guckte sie ihn an und ging grußlos weiter.

Wasser war zum wertvollen und beneideten Gut geworden. Als dann noch herauskam, dass sich die wohlhabenden Familien kubikmetergroße Wasserspeicher in ihre Keller bauen und befüllen ließen und ein Paparazzo der ›Bild‹-Zeitung schließlich die Bürgermeisterin in ihrem erst kürzlich gegen die Hitzewellen gebauten Kühlpool im Grunewald beim Planschen ablichtete, gingen Hunderttausende Berlinerinnen auf die Straße, um für eine gerechte Verteilung von Wasser zu kämpfen.

Auch Paula demonstrierte. Sie studierte damals »Wasserbeschaffung«, Schwerpunkt Chemie, an der Fakultät für »Wassermanagement und -vorsorge«, die an der Technischen Universität eilig aus dem Boden gestampft worden war. Eigentlich wollte sie Ingenieurin werden, aber schnell wurde ihr klar, dass der neue Studiengang gute Jobaussichten mit sich brachte. Also ging Paula unter dem Motto »Rettet unser Wasser« mit ihren Kommilitonen auf die Straße, auf ihrem Pappschild stand in groß gepinselten Buchstaben »Gleiches Wasserrecht für alle«, jeder Punkt war ein Tropfen. Ihr Freund Karl hatte einen Pool gemalt und mit einem roten Kreuz überstrichen, aber das war noch vergleichsweise nett:

Auf manchen Pappen stand »Tod den Wasserverschwendern« oder auch »Nieder mit den Wasseroligarchen«.

Tatsächlich traute sich die Regierung nach jenem staubtrockenen Sommer, eine Reihe von weitreichenden Gesetzen zu verabschieden: Jeder Haushalt bekam nur noch eine bestimmte Menge an Wasser zugewiesen, je nach Trockenheit und verfügbarem Grundwasser. Am Anfang erhielten jeder und jede noch 50 Liter am Tag, in den trockensten Monaten sank diese Lieferung aber schon mal auf weniger als 30 Liter. In dieser Zeit checkten Paula und ihre Freunde mehrmals am Tag die Wasser-App, um zu erfahren, wie viele Liter sie denn nun in den kommenden Tagen würden verbrauchen können. Nach ein paar Wochen war die Info so alltäglich wie der Wetterbericht. Paula hatte es noch recht leicht, sich mit wenigen Litern zu begnügen – sie wusch sich mit einem Waschlappen, nutzte das Abwaschwasser für die Zimmerpflanzen. Für manche Freundinnen aber war es schwerer, sie wohnten in Wohngemeinschaften oder mit dem Partner zusammen und beobachteten sich am Wasserhahn. Wenn einer zu lange unter der Dusche stand, fehlte plötzlich das Wasser zum Reiskochen. Es fühlte sich an, als hätte der andere in die Haushaltskasse gegriffen.

Immerhin konnte die Regierung die Wasserkrise schließlich etwas eindämmen, weil sie mit den Tagebaubetreibern hart verhandelte. Nachdem diese jahrelang ungestraft Millionen Kubikmeter für die Restlöcher ihres Kohletagebaus rund 150 Kilometer südlich von Berlin abgezweigt hatten, führte der Berliner Senat erstmals Sanktionen ein. Die Mindestmenge an Wasser, die über die Spree in der Hauptstadt ankommen sollte, lag bei acht Kubikmetern pro Sekunde. Das stand zwar bereits in alten Verträgen zwischen Berlin und den Kohlebetreibern, wurde dann aber erstmals auch kontrolliert. Schließlich schlug eine Expertengruppe vor, die alten Tagebaulöcher als Zwischenspeicher für das Wasser zu nutzen, als eine Art Stauseenlandschaft vor der Hauptstadt. Die Kohlebetreiber und die Lausitzer Gemeinden waren zuerst wenig begeistert, immerhin hatten sie schon einige Luxushotels und Eigentumswohnungen mit Strandzugang gebaut. Und wer wollte schon an einer halb leeren Kohlegrube Urlaub machen oder gar wohnen? Doch schließlich gaben sie nach, weil die hohen Strafen zu wirken begannen und sie die Seen ohnehin nicht voll bekamen. Auch eine Überleitung von der Elbe in die Spree wurde gebaut, um bei höheren Wasserständen umleiten zu können. So entspannte sich die Lage in Berlin etwas.

Schnell wurde der Stadtumbau auch zu einem bedeutenden Wirtschaftszweig, in dem Architektinnen um die nachhaltigsten Entwürfe wetteiferten und Bauunternehmen mit immer neuen Ideen um die Gunst der Wohnungsbaugenossenschaften warben. Die Dächer und Fassaden Berlins wurden grün und Besitzer alter Häuser verpflichtet, für Schatten und mehr Grünflächen zu sorgen.

Ein Berliner Start-up namens »Anti-Concrete« entwickelte eine Entsiegelungsmaschine. Die konnte innerhalb von wenigen Stunden eine betonierte Fläche komplett aufbrechen und die Brocken noch vor Ort schreddern. Der daraus entstehende Betonschrott wurde für die Verfüllung von Fundamenten oder im Straßenbau genutzt und so recycelt. An vielen Orten entstanden auf Parkplätzen Teiche und Wiesen, auf anderen pflanzte man sogenannte Tiny Forests, Miniwälder. Paula erinnert sich noch an die heißen Nächte Ende der 2020er-Jahre, als sie mit ihren Eltern in der Sonnenallee gewohnt hatte, die Ventilatoren liefen die ganze Nacht durch, bis in die Morgenstunden wehte kein kühles Lüftchen durch die sperrangelweit offenen Fenster. Damals betrugen die Unterschiede zum kühleren Umland in der Nacht mehr als zehn Grad. Nun, rund 20 Jahre später, spüren die Berliner, wie die Nächte im Sommer kühler werden, und bei Regen kann das Wasser endlich wieder an vielen Stellen in den Boden einsickern und so die geschrumpften Grundwasserstände wieder auffüllen.

Der Senat hält die Bürgerinnen dennoch weiter zum Wassersparen an. Trotz der Maßnahmen wird es wohl Jahrzehnte dauern, bis sich die Grundwasserreserven wieder erholen werden, und weil mehr Menschen aus dem Süden in die Stadt gezogen sind, bleibt das Wasser noch immer knapp.

Wie früher jeden Morgen unter die Dusche zu springen käme Paula heute nicht mehr in den Sinn. Wenn sie durchgeschwitzt mit dem Fahrrad zu Hause ankommt, so wie heute, nimmt sie gewohnheitsmäßig den Waschlappen, durchnässt ihn vorsichtig und fährt sich damit über Gesicht und Arme, seift die Achseln ein. Noch absurder, denkt sie auf dem Klo sitzend, war das Trinkwasser für die Toilettenspülung. Kaum jemand hatte je über diesen Irrsinn nachgedacht, ebenso wenig wie über Strom. Jahrzehntelang war alles aus der Streckdose oder dem Hahn gekommen, und die Menschen hatten sich daran gewöhnt, dass alles immer verfügbar war.

Heute kann sich niemand mehr vorstellen, mit Trinkwasser seine Exkremente im Klo runterzuspülen. »Trinkwasser? Ins Klo?«, fragte Paulas Nichte einmal entgeistert, als sie ihr davon erzählte. Aber damals lief es genau so: Aufwendig gefiltertes und gereinigtes Grundwasser wurde über Fäkalien und Urin geschüttet, über 40 Liter pro Person verschwanden so pro Tag in einer einzigen Kloschüssel.

Das war einer der Gründe, warum Paula irgendwann von einer Wasseraktivistin zur Fachfrau wurde. Zu der großen

Wasserreform in den 2030er-Jahren – die Regierung bewarb sie als »Wasserwende« – gehörte auch ein Gesetz, nach dem nahezu alle Haushalte eine Grauwasseranlage anschaffen mussten. Selbst Bestandsbauten mussten nachrüsten. Paula jobbte damals in einem Start-up, das solche dezentralen Anlagen plante und einbaute. Stellte man es geschickt an, konnten die Anlagen so gut wie in allen Häusern eingebaut werden. Die Erfindung war keinesfalls neu. Bereits Anfang der Jahrtausendwende stellte man solche Pilotanlagen her, lange interessierte sich aber niemand für Wasserrecycling. Auch die großen Wasserversorger hatten viel zu lange kein Interesse daran, dass die Hausbesitzer ihr Wasser mehrmals benutzen und sich damit vom Leitungsnetz unabhängig machen. Der öffentliche Schlagabtausch erinnerte sehr an die Energiewende: Auch hier wurden dezentrale Lösungen viel zu lange bürokratisch ausgebremst.

Dabei sind die Grauwasseranlagen recht günstig herzustellen und funktionieren sogar ohne Chemie. Durch ein zweites Rohrsystem wird das Grauwasser – das ist Abwasser aus Duschen, Waschmaschinen oder Waschbecken – in große Speicher im Keller geleitet. Dort wird es dann gereinigt. Mithilfe von Mikroorganismen und UV-Desinfektion werden stufenweise Schadstoffe und Partikel herausgefiltert. Und schließlich wird es in die Wohneinheiten zurückgepumpt. Große Mietshäuser brauchen für die Behälter gerade mal einen Raum von rund 50 Quadratmetern. Manche Anlagen haben sogar noch ein zweites Recyclingsystem mit sogenanntem Schwarzwasser, das aus der Toilette stammt. Dieses kann aufbereitet als Dünger für den hauseigenen Garten oder das Gewächshaus benutzt werden.

Mittlerweile gehören solche Anlagen dazu wie früher die Gasheizung im Keller. In Paulas Mietshaus hatte es noch eine große Auseinandersetzung darüber gegeben, ob die Anlage in den Fahrrad- oder in den alten Gemeinschaftskeller gebaut werden sollte. Davon, dass die Anlage nötig war, konnte Paula Herrn Schmock schnell überzeugen, denn als die Wasserlimits beschlossen wurden, fingen viele Bürger eigenhändig an, an ihren Wasserrohren herumzufummeln.

Sie legten zum Beispiel eine Leitung vom Waschbecken zum Spülkasten der Toilette, so wurde das Wasser vom Händewaschen direkt für die Spülung genutzt. Von derartigen »Minilösungen« hat der Bundesverband für Betriebs- und Regenwasser noch in den 2020er-Jahren dringend abgeraten, hielt sie für »waghalsige Basteleien im Badezimmer«. Inzwischen ist es üblich, mit seinem Wasser erfinderisch umzugehen, jede Behörde toleriert, was Wasser spart. In ihrem neuen Job beim Amt kontrolliert Paula auch die Kontamination solcher Grauwassersysteme. Doch Verunreinigungen gibt es nur, wenn aus Kostengründen geschlampt wurde oder die Bastler ohne fachmännische Beratung einfach selbst Hand anlegen. Allerdings sind die Systeme mittlerweile staatlich gefördert und relativ günstig.

Ihr Wohnhaus wurde recht früh umgerüstet und nutzt seitdem das aufbereitete Grauwasser für die Toilettenspülung, die Duschen und für die Gärten auf dem Dach und im Hof. Später wurde noch die Schwarzwasseraufbereitung dazugebaut, um nicht mehr den teuren Dünger für die Pflanzen kaufen zu müssen. Manche Mieterinnen mussten sich erst daran gewöhnen, dass die Gurken mithilfe von hauseigenen Exkrementen wuchsen. Doch auch diese Vorbehalte verschwanden mit der Zeit.

Bei dem ersten Start-up, für das Paula vor ihrer Beamtenstelle arbeitete, kümmerte sie sich um den Aufbau von städtischer Landwirtschaft. Mehrere Hochhäuser wurden mit

Vertical Farming ausgestattet, mittlerweile ist die Nachfrage auch bei Sanierungen alter Mietshäuser groß. Das Konzept gab es schon, als Paula noch in den Kindergarten ging. Damals galt es aber noch als teuer und umständlich. Beim Vertical Farming und anderen hydroponischen Anbauweisen werden die Pflanzen nicht auf der Fläche, sondern in die Höhe angebaut, das spart eine Menge Platz. Den Durchbruch erreichten Forscher, als sie zum Gemüseanbau für die autonomen Stationen auf dem Mars forschten, die ersten marktreifen Farmen entstanden in Singapur. Der Stadtstaat musste viele Menschen mit frischem Gemüse versorgen, hatte aber extrem wenig Fläche für Ackerland. Die Beete können unterschiedlich aussehen. Einige sind in Röhren angebracht, aus denen die Pflanzen wachsen. Andere Varianten sehen aus wie flache Regale, die in einem Gebäude übereinandergestapelt sind. Gibt es kein Tageslicht, können sie mit LED-Lampen beleuchtet werden, Nährstoffe und Wasser werden je nach Bedarf computergesteuert zugeführt. Viele Farmen nutzen kaum mehr Erde, sondern lassen mit Nährstoffen angereicherten Wasserdampf direkt um die Wurzeln der Pflanze zirkulieren. Mittlerweile gehört auch das Wasserrecycling zum Standard jeder Anlage. Überflüssiges Wasser geht in den Versorgungskreislauf zurück.

Weil es auf deutschen Äckern durch Dürren und Starkregen öfter Missernten gab, etablierte sich Vertical Farming auch hier als gangbare Alternative, vor allem für Gemüse. Wofür im Brandenburger Umland über 200 Hektar nötig sind, schaffen solche Stadtfarmen auf lediglich neun Hektar – und sie sind recht sicher in Hochhäusern oder Gewächshäusern auf Dächern installiert. Außerdem sparen die Stadtgärtner damit bis zu 90 Prozent Wasser, denn sie nutzen das Grauwasser aus anliegenden Wohnhäusern und Hotels.

Auch Paulas Haus – ein Altbau aus der Mitte des 20. Jahrhunderts – hat auf dem Flachdach inzwischen ein Gewächshaus. Dank Grauwasseranlage wird es bewässert und über die Schwarzwasserklärung aus den Toiletten sogar gedüngt. Paula erinnert sich an das letzte Bewohnerfest auf dem Dach mit allen Nachbarn und wie Schmock sich mit dem selbst gemachten Pflaumenwein zulaufen ließ. Auch Karl war gekommen, damals waren sie noch richtig zusammen.

Sie zieht die Thermorollos runter, damit die Wohnung schön kühl bleibt, trinkt ein Glas Wasser und legt sich hin. Es ist eine angenehme Schwere, Paula ist kaputt, aber glücklich.

Als sie wieder aufwacht, zeigt ihr Interface zahlreiche Nachrichten an. Sie hat doch heute frei, wundert sie sich. Aber weil sie neu ist, schaut sie trotzdem, was die Kollegen wollen. Draußen brütet die Hitze, sie will eigentlich erst wieder am Abend rausgehen. Es seien Proben eingetroffen von der Ostsee, ob sie nicht doch heute kommen könne. Jemand habe bei Lubmin Wasserproben entnommen, gleich neben der Entsalzungsanlage. Anscheinend wurden total irre Werte gemessen, ein Notfall also.

Und dann schreibt da noch Karl, er hat ein Video von einer Quelle bekommen. Karl und sie haben eine On-off-Beziehung, es ist immer kompliziert. Aber seit einigen Monaten ist es wieder mal ein bisschen mehr geworden zwischen ihnen.

Sie öffnet das Video, es ist aufgenommen von einigen Aktivistinnen, die anscheinend vor Ort in Lubmin an der Ostsee waren. Erst wackelt es ziemlich, dann sind Messwerte auf einem Gerät zu erkennen, extrem hohe Salzwerte, danach sind tote Fische zu sehen.

Sie fährt schließlich doch mit dem Rad durch die Nachmittagshitze ins Umweltbundesamt, das seit ein paar Jahren komplett von Dessau nach Berlin umgezogen ist. Der Fahrtwind ist angenehm kühl auf ihrer Haut, sie nimmt extra den Weg durch den erweiterten Tiergarten.

Die Krisensitzung mit dem Chef hat bereits begonnen. »Die Werte aus dem Labor sind eindeutig«, sagt Herr Steinbeisser gerade, als sie hereinkommt. Es sei eine Kontamination von historischem Ausmaß, die nur von der Salzlauge dieser Anlage stammen könne. Die Studien des UBA hätten rechtzeitig genau vor solch einem Szenario gewarnt. Aber das habe ja alles nichts genützt, da die Betreiber den Antrag noch vor dem Regierungswechsel durchbekommen hätten. »Watex sind Kriminelle«, wirft ein Kollege ein, den Paula noch nicht kennt.

»Frau Hartmann, Sie sollten die Werte bestätigen und ein Schnellgutachten für die Regierung schreiben. Wir müssen fix sein, bevor sie alles vertuschen.« Paula nickt, nimmt die Papiere und erzählt noch von dem Video. Auch, dass sie Kontakte in die Szene der Bewegung »Watercrisis Now« habe und sicher herausfinden könne, wer da vor Ort gewesen sei. »Sehr gut, kümmern Sie sich darum, aber schnell«, sagt Steinbeisser, fast kampfeslustig. Das passt irgendwie gar nicht zu seinem sonst eher biederen Aussehen, dem grauen Anzug, den sauber gekämmten Resthaaren, die über seiner Halbglatze liegen.

Paula ist ganz in ihrem Element, vielleicht war es doch eine gute Idee, diese Beamtenstelle anzunehmen, vielleicht wurde sie auch *wegen* ihrer Vergangenheit als Aktivistin eingestellt, nicht trotz dieser. Beflügelt läuft sie in ihr Büro, telefoniert mit Karl, mit alten Freundinnen, analysiert die Messwerte und Videoaufnahmen, beginnt eine richtige Recherche. Und sie beschließt, nach Lubmin zu fahren.

Auf dem Hauptbahnhof schließt sie Karl in die Arme. Er möchte mitkommen, also fahren sie gemeinsam mit dem Schnell-Regio Richtung Greifswald. Sie erzählt ihm, was sie bisher rausgefunden hat, von den extrem hohen Salzwerten, wahrscheinlich Schwermetalle. Und vor allem, dass das Umweltbundesamt hinter ihr steht, sie hat die Unterstützung der Kollegen, und die haben auch schon die lokale Polizeistelle informiert. Aber sie müssen sich diskret verhalten, sie brauchen Beweise für die angebliche Belastung der Küstengewässer. Danach will sie mit Erlaubnis ihres Chefs die Presse anrufen, am besten Magda Brettschneider von ›Moderne Zeiten‹.

Nach nur einer Stunde kommen sie in Greifswald an, von dort sind es nur noch 20 Minuten bis Lubmin. Mit dem Zug rauschen sie durch die jungen Mischwälder Brandenburgs, dazwischen frisch bestellte Felder, über denen Raubvögel kreisen. Seit dem Bundesgesetz für Wasser- und Klimaschutz sind sie alle mit Büschen gesäumt, dazwischen Blühwiesen, Alleen und kleine Wäldchen. Auf manchen Feldern liegen die Mini-Pipes für die Tröpfchenbewässerung, einige Gemüse und Getreide könnten ohne diese Technik schlicht nicht mehr wachsen, da der Niederschlag nur noch extrem unregelmäßig kommt und schon im Frühjahr die Dürre beginnt. Nach der weitgehenden Ökologisierung der Landwirtschaft und der digitalen Anbindung von abgelegenen Dörfern sind viele Berliner aufs Land gezogen, es sind Co-Working-Scheunen und Cafés entstanden, Dorfläden mit regionalen Produkten haben wieder aufgemacht, sogar einige Theater und kleine Kinos gibt es mittlerweile. Nach mehreren Pandemien und Wirtschaftskrisen gab es erst einen besorgniserregenden Anstieg von psychischen Störungen wie Depressionen, Drogenmissbrauch, Burn-out-Fällen und

Suiziden – auch infolge von Privatinsolvenzen. Als schließlich die staatliche Förderung »Stadtflucht« eingeführt wurde, die Familien beim Hauskauf in Dörfern unterstützte, zogen viele die Reißleine und aufs Land. Viele Menschen begannen, für die Selbstversorgung und nur noch Teilzeit im Homeoffice zu arbeiten: vormittags im Garten, auf dem Feld oder beim Hausbau, nachmittags dann die Lohnarbeit. Anfangs hatten sie zwar weniger Geld, dafür aber mehr Freizeit. Unter dem Hashtag *#worklesslivemore* posteten die Familien stylishe Bilder mit Kindern, sich zuprostenden Erwachsenen mit Aperol-Gläsern vor alten Scheunen, Traktor fahrenden Großvätern mit ihren Enkeln. Und je autonomer sie wurden, desto unabhängiger wurden sie auch von den Wasser- und Energiekrisen. Das geht zwar nur mit etwas Verzicht, aber vielen ist diese Freiheit wichtiger. Nur wenn der Sommer sehr trocken ist, sind sie auf die Wasserlieferungen von anderen Ortschaften oder über Tanks angewiesen.

Paula hatte auch mal den Traum, mit Karl rauszuziehen, Freunde von ihr besitzen einen alten Bauernhof, eigentlich ist da noch Platz. Sie könnten sich ein Nebengebäude ausbauen. Aber sie fühlt sich in der Stadt letztendlich einfach wohler, auch wenn sie am Wochenende gern rausfährt, spazieren geht oder abends am Lagerfeuer sitzt.

Als Karl und sie Lubmin erreichen, steigen sie mit einigen Mitreisenden aus, viele haben Wanderstöcke und grüne Schirmmützen dabei. An der Ostsee hat sich mittlerweile ein Wandertourismus entwickelt, baden kann man meist nicht wegen der Algenteppiche. Seit Beginn des Jahrhunderts hat sich die Blaualgenpopulation in den Sommermonaten verdoppelt, weil die Wasseroberflächentemperaturen sich um durchschnittlich drei Grad erhöht haben.

Sie leihen sich Elektrofahrräder am Bahnhof aus und fahren durch den Ort, raus nach Osten, Richtung Polen. Für Paula könnte es immer so sein, es erinnert sie daran, wie es früher war. Als sie noch mit Karl und den anderen durch die Natur streifte und nächtelang unter freiem Himmel zeltete. Damals konnte man im Sommer noch in der Ostsee baden.

Rechts von ihnen schäumt das Meer, über ihnen stechend blauer Himmel, hinter ihnen die Umrisse von Lubmin. Dann türmen sich Zäune auf, dahinter ragen silberne Tanks empor, dicke Metallrohre dazwischen, ein paar Schornsteine, ein riesiger Quader in der Mitte. »In dem großen Kasten findet die Umkehrosmose statt«, erklärt Paula. Als Karl sie etwas verwirrt anschaut, legt sie nach: »Na, da wird Meerwasser mit einem enormen Druck durch eine halb durchlässige Membran gepresst und so das Salz quasi rausgefiltert. Je mehr Salz im Wasser ist, desto heftiger muss der Druck sein und desto mehr Energie braucht man.«

»Angeblich sollen für jeden Liter Trinkwasser 1,5 Liter Salzlauge entstehen, mit Schwermetallen, Chemikalien und allem Pipapo. Stimmt das?«, fragt Karl. Mittlerweile gebe es schon erste Anlagen, die die Salzlauge nicht mehr ins Meer zurückspeisten, sondern die Chemie mit viel Aufwand wieder aus der Lauge holten, bevor sie verdünnt wieder zurück ins Meer gegeben werde, erklärt Paula. »Wenn die Lauge nicht gereinigt wird, ist es tatsächlich bedenklich. So was wie Biozide, Antikalkbildner und Antischaumbildner oder auch Chlor braucht man eben, wenn man Bakterienbildung und solche Sachen beim Entsalzen verhindern will. Unter den Reststoffen sind aber auch wertvolle Mineralien wie Lithium oder Magnesium, und die gewinnen einige Anlagen mittlerweile nebenbei aus der Lauge. So was ist ja in Zeiten von Rohstoffknappheit eigentlich recht wertvoll.« – »Aber in Deutschland, soweit ich weiß, noch nicht, oder?« – »Das liegt wohl eher an dem komischen Betreiber, den die vorherige Regierung hofiert hat.« Die hatte den Versprechen von Watex geglaubt, dass entsalztes Meerwasser für die Hauptstadt die günstige Alternative zu all den dezentralen Lösungen und dem Recycling des Wassers sei. Doch noch während der Bauzeit waren diese Lösungen viel billiger geworden, und die Anlage in Lubmin wurde von Korruptionsskandalen gebeutelt. Das entsalzte Wasser muss stark subventioniert werden, sonst wäre es gar nicht konkurrenzfähig.

Sie fahren näher heran. Überall große gelbe Schilder mit dem Logo von Watex und dem Hinweis »Betreten verboten«. Kameras bewegen sich mit ihnen mit, als sie vorbeifahren. »Das ist ja ein riesiges Ding«, staunt Paula. »Das muss Unmengen Energie fressen.« Sie lassen das Gelände hinter sich und haben wieder freie Sicht aufs Meer. »Und dahinten sind die beiden Schiffe.« Karl zeigt nach rechts, in knapp 500 Meter Entfernung liegen die zwei Tanker mit ihren eckigen Bäuchen.

Entsalzungsanlagen wurden schon recht früh gebaut, ab Mitte des 20. Jahrhunderts aber dann exzessiv. Anschließend gab es immer wieder technologische Weiterentwicklungen, wie etwa schwimmende Anlagen. Das erste Schiff mit einem Atomreaktor und einer Entsalzungsanlage hat die russische Regierung mit der »Akademik Lomonossow« bereits in den 2010er-Jahren gebaut, um damit in der Arktis Ölplattformen und abgelegene Häfen mit Strom und Wasser zu versorgen. Damals nannte Greenpeace das Schiff »Tschernobyl on Ice«. Dann zog ein britischer Unternehmer nach und baute einen schwimmenden Kernreaktor mit angeschlossener Entsalzungsanlage, die täglich 35 000 Kubikmeter Süßwasser produzierte. Doch nach einem nuklearen Zwischenfall eines russischen Modells im Nordatlantik mit verheerenden

Folgen für die Fischereiwirtschaft entschied man sich, die schwimmenden Atomschiffe zu verbieten. Der Unfall ereignete sich in der Nähe von Grönland, Kanada setzte sich daraufhin bei der UN dafür ein, keine neuen Schiffe mehr zuzulassen – mit Erfolg. Stattdessen müssen alle neuen Schiffe und Entsalzungsanlagen mit erneuerbaren Energien betrieben werden. Die Schiffe vor Lubmin werden mit Strom aus dem nahe gelegenen Windpark versorgt, ebenso wie die Anlage an Land. Sie sollten Wasser liefern, solange an der Anlage noch gebaut wurde.

Um keine Aufmerksamkeit zu erregen, fahren Paula und Karl am Lubminer Werk vorbei, das Grundstück der Entsalzungsanlage ist mehrere Hundert Meter breit, danach lassen sie die Insel Stuck hinter sich und biegen dann hinter dem Dorf Freest nach links ab. Auf einem Parkplatz halten sie an, drücken einen provisorischen Zaun von Watex zur Seite und laufen zum Strand. Jetzt ist Paula doch etwas mulmig zumute, aber das Adrenalin verdrängt die Angst.

Sie packen die Geräte aus, der Sand rieselt in ihre Turnschuhe. Paula hält das Salinometer ins Wasser, es zeigt erhöhte Werte an. Das Meerwasser hat in der Ostsee normalerweise einen Salzwert von 1,8 Prozent. Das Messgerät zeigt jetzt einen doppelt so hohen Wert an. Sie nimmt weitere Wasserproben, macht einige Schnelltests. Das Wasser enthält Schwermetalle wie Kupfer, Zinn und auch Chlor, der Sauerstoffgehalt ist erschreckend niedrig.

Einige verweste Fische liegen am Strand auf einer dicken Schicht stinkender Algenreste, kein Mensch weit und breit. »Nichts anfassen«, warnt Paula Karl, als er sich zum Ufer beugt. »Der Salzgehalt ist extrem hoch, aber auch die anderen Werte gefallen mir gar nicht«, fügt sie an. »Das kommt entweder von den Schiffen oder aus der Testanlage oder aus beidem, und das ist einfach zu viel für das Ökosystem.« – »Was ist das für ein Mist hier?«, fragt Karl angewidert und hält sich wegen des strengen Geruchs nach faulen Eiern und totem Fisch ein Tuch vors Gesicht. Paula hat einen Verdacht. »Das war vielleicht etwas viel Salzlauge«, sagt sie gerade, als irgendwo eine Autotür zugeschlagen wird. Karl zuckt zusammen.

Drei Männer mit Security-Jacken kommen näher. »Was machen Sie hier, Sie haben hier nichts zu suchen!«, ruft der eine Typ, Glatze, groß und breit, ein richtiger Schrank. »Paula Hartmann, Umweltbundesamt, wir sichern hier Beweise, Verdacht auf Kontamination.« Der mit der Glatze stapft näher, schaut auf ihren Ausweis. »Haben Sie einen offiziellen Auftrag oder ist das Eigeninitiative?«, fragt er, und Paula holt sofort das Schreiben raus, das ihr Chef noch schnell ausgestellt hat, bevor sie losgefahren ist. »Okay, dann machen Sie mal, ich muss aber trotzdem die Leitung informieren, keine Ahnung, was Sie hier suchen, eigentlich müssten Sie solche Kontrollen ankündigen«, sagt er. »Gefahr im Verzug«, antwortet Paula, nimmt weiter Proben und hält das Salinometer an verschiedenen Stellen ins Wasser.

Die Security geht erst einmal auf Abstand. Später hält ein Auto auf dem Parkplatz, der Sicherheitschef persönlich kommt zu ihnen, weißes Hemd, Krawatte, Kurzhaarschnitt, aufgedunsenes Gesicht. »Sie haben die Kontrolle nicht angemeldet, das geht so nicht, Sie verlassen jetzt sofort das Grundstück.« Hinter ihm die Security-Glatze mit entschlossenem Blick. »Wagen Sie ja nicht, mir zu drohen«, entgegnet Paula. »In ein paar Minuten kommt die Polizei, und die Presse ist auch schon unterwegs, Sie haben ein verdammt großes Problem, also machen Sie es nicht noch größer.« Der Watex-Typ wird ungehalten, versucht etwas hilflos, ihr die Geräte aus der Hand zu reißen, Karl hindert ihn daran, dann halten tatsächlich mehrere Polizeiautos, und alles geht sehr schnell. Sie erklären den Sachverhalt, Paula betont, es bestehe Fluchtgefahr, sie nehmen den Leiter mit auf die Wache. Behinderung einer staatlichen Routinekontrolle. Die Polizei sperrt die Gegend weiträumig ab.

Später erzählt Paula alles der Journalistin Magda Brettschneider, die will es gleich online stellen und dann noch mal ein eigenes Team für eine größere Story losschicken. »Watex steht im Verdacht, extrem hohe Mengen von Salzlauge ins Meer abgeleitet zu haben. Die enthält nicht nur einen abnormalen Salzgehalt, sondern auch eine Menge Chemikalien, vermutlich auch Schwermetalle, Biozide und Chlor.« – »Besteht eine Gefahr für die Anwohner und Wasserverbraucher?«

Paula räuspert sich, hält das Handy mit dem Stick weiter vor sich. Sie ist live, deshalb darf sie jetzt weder unter- noch übertreiben. »Das Ökosystem an der Küste ist zumindest hier in Lubmin schwer geschädigt. Und die Salzlaugenpest an der Küste ist bereits deutlich zu sehen und verschärft die ohnehin schon große ökologische Krise in der Ostsee noch. Viele Pflanzen und Tiere sind entweder krank oder können sich gar nicht erst entwickeln.« – »Aber ist das auch für den Menschen gefährlich?« Paula rollt innerlich mit den Augen, als ob die Ökosysteme nicht so wichtig wären. Laut sagt sie: »Man sollte am Strand nichts anfassen, und vor allem müssen wir die Fischfänge sofort genaustens kontrollieren.« Und sie legt ungefragt nach: »Es ist eine Schande, dass es nach über einem halben Jahrhundert, in dem wir mittlerweile diese Technologie nutzen, immer noch Anlagen gibt, die anscheinend die zurückbleibende Salzlösung aus der Wassergewinnung nicht behandeln. Ich vermute, das geschieht aus Kostengründen, denn in anderen Ländern holt man bereits feste Inhaltsstoffe wie Salze und Metalle aus dem Wasser heraus, das nennt sich kapazitive Deionisierung. So könnte man die Lauge recyceln, und es ist wirklich schwach, dass Watex das noch nicht …« – »Vielen Dank für das Interview, Frau Hartmann, wir gehen jetzt noch mal live zu unserem Reporter«, fällt Brettschneider ihr ins Wort.

Audionachricht von ihrer Mutter: »Wir haben dich grad im Livestream gesehen, das ist ja schrecklich, hoffentlich bist du in Sicherheit. Wir bleiben hier noch ein bisschen in Östersund, das Wetter ist herrlich, und wir streichen gerade das Haus neu, dein Vater liegt ständig am See rum, ich sage ihm aber immer, dass er sich ordentlich eincremen soll, die Sonne …« Paula hört die Nachricht nicht bis zum Schluss, sendet aber viele Herzchen und ein »Macht euch keine Sorgen«. Es ist für sie jedes Mal eine Erleichterung, dass es den beiden gut geht und sie ihr Häuschen in Östersund genießen können.

Da kommt Karl rüber, schließt sie in die Arme, gibt ihr einen langen Kuss. »Du bist meine Heldin, wenn auch eine Beamten-Heldin«, sagt er in die Umarmung hinein und lacht dann. »Kann man mal sehen, was man da so alles bewegen kann mit dem Gang in die Institutionen …« – »Ja, klar, plötzlich sind die Behörden doch zu etwas gut«, erwidert sie und lacht.

Dann fahren sie zurück nach Berlin, vorbei an den Mecklenburger Seen, Brandenburger Sümpfen und Wäldern, die nach mehr als zwei Jahrhunderten endlich wieder das Wasser im Boden halten – und dann auch noch so schön sind, denkt sich Paula, als sie vorbeirauschen. »Lass uns doch in Kirchmöser aussteigen und noch ein bisschen auf dem Plauer See paddeln gehen.« Karl schaut sie verwundert an: »Ach, das geht noch? Der Heilige See und der Mösersche See, oder wie der heißt, sind ja längst nur noch Schilflandschaften.« – »Ja, aber vom Plauer ist noch was übrig, glaub mir, da arbeitet Martin, der Bootsbauer von früher, erinnerst du dich?« – »Ich finde, das ist ein fantastischer Plan, meine Beamten-Heldin!«

Und als sie in der Abenddämmerung im Faltboot auf den Überresten des Plauer Sees treiben, überkommt es sie. Die Freude über das, was sie in den letzten Jahrzehnten gerettet haben. Aber auch die Trauer über alles, was unwiederbringlich verloren ist.

Quellen

Für dieses Kapitel wurden Interviews geführt mit: Martin Pusch (Gewässerökologe am Leibniz-Institut für Gewässerökologie und Binnenfischerei (IGB)), Prof. Dr. Irina Engelhardt (TU Berlin), Grit Bürgow (Expertin für Wasserrecycling und Landwirtschaft auf Dächern), Erwin Nolde (Geschäftsführer der Nolde – innovative Wasserkonzepte GmbH), Dr. Fred Hattermann (Potsdam-Institut für Klimafolgenforschung (PIK)), Dr. Andreas Matzinger (Kompetenzzentrum Wasser Berlin), Dr. Gesche Grützmacher (stellv. Leiterin der Berliner Wasserbetriebe) und Prof. Thorsten B. Reusch, Geomar (Marine Ökologie).

Correctiv: KAMPF UM WASSER, Die größten Wasserschlucker Deutschlands, 24.6.2022
Could nuclear desalination plants beat water scarcity?, BBC, 21.6.2022
W. Cramer et al.: Climate change and interconnected risks to sustainable development in the Mediterranean, in: Nature Climate Change, Volume 8, 2018
Desalination, World Nuclear Association, März 2020
A. Doyle: Too much salt: water desalination plants harm environment, Reuters 14.1.2019
M. Fader, W. Cramer et al.: Mediterranean irrigation under climate change, in: Hydrology and Earth System Sciences, Volume 20, 2016
»Blaualgen«/Cyanobakterien, Leibniz-Institut für Ostseeforschung Warnemünde Forschungsprojekt
SpreeWasser:N – Wasserressourcenmanagement (TU Berlin)
J. Frauenstein (Umweltbundesamt): Wasserwirtschaftliche Folgen des Braunkohleausstiegs in der Lausitz, Dresdner Grundwassertage 2021
E. Gies: Slaking the World's Thirst with Seawater Dumps Toxic Brine in Oceans, in: Scientific American, 7.2.2019
P. H. Gomes et al.: Impacts of desalination discharges on phytoplankton and zooplankton: Perspectives on current knowledge, in: Science of The Total Environment, Volume 863, 2023
E. Jonesa et al.: The state of desalination and brine production: A global outlook, in: Science of The Total Environment, Volume 657, 2019
Klimaanpassungsstrategie des Landes Brandenburg, November 2021
Masterplan Wasser Berlin, 1. Bericht, September 2022
T. Metzner: Streit um Teslas Wassersuche: Brandenburger SPD-Landrat warnt vor Präzedenzfall, in: Tagesspiegel, 13.12.2022
Nationale Wasserstrategie, Kabinettsbeschluss vom 15.3.2023
T. Root: Desalination plants produce more waste brine than thought, in: National Geographic, 14.1.2019
M. Simone et al.: A large share of Berlin's vegetable consumption can be produced within the city, Sustainable Cities and Society, Volume 91, 2023
UK firm develops nuclear-powered desalination ship concept, in: Splash, 21.4.2022

FETI UND DER FLUSS

»Es wird prognostiziert, dass die Häufigkeit und der Schweregrad von Niedrigwasser zunehmen werden, so dass Trockenheit und Wasserknappheit in Westmitteleuropa schwerwiegender und anhaltender werden.«

Weltklimarat 2021

Worst Case

Es ist immer noch unendlich heiß, Feti starrt in die nächtliche Schwärze und hofft, kein Licht zu sehen. Allein sein auf dem Rhein, das will er, allein auf die Geräusche des Wassers unter seinem Schiff lauschen. Hören, ob sein Leichtbauschiff es schaffen wird, den Fluss hochzufahren. Den Fluss, der gerade mehr einem langen Band an Rinnsalen gleicht als dem Strom, an dem er als Kind flache Steine über die Oberfläche hüpfen ließ.

Ein kühler Windhauch weht aus der Kombüse in die schwüle Nacht, direkt unter ihr lagern tiefgekühlt fünf Tonnen Nordseekrabben, ein Vermögen wert. Meeresfrüchte sind so rar geworden, dass sie heute verkauft werden wie früher mal Kaviar: In kleinen metallenen Dosen, 100 Gramm das Stück. Fetis Auftrag lautet, eine frische Ladung von Rotterdam nach Basel zu schmuggeln, wie alle paar Wochen. Ein Industrieller aus der Pharmabranche will mit den rosa Tierchen seine Kunden beeindrucken. Feti ist schon Anfang 70, einer der erfahrensten Schiffsführer auf dem Rhein, aber neuerdings trinkt er beim Fahren selbst gebrannten Schnaps, das macht ihn reizbar. Sein Körper ist drahtig und aufrecht, auch heute noch wachsen ihm pechschwarze Koteletten, über die seine Frau Rosa immer lacht, weil sie neben dem grauen Haupthaar aussehen wie gefärbt. Aber die grau-schwarze Mischung passt zu seinem Charakter, zu seinem zähen Äußeren und seinen Gedanken, die hinter der Stirn immer ältlicher und müder abgleiten.

Nach vorne gucken, befiehlt er sich innerlich, auch wenn seine Lider schwer werden. Noch immer ist alles schwarz, bis auf feine gelbe Schleier, die der Mond auf das Rheinufer zeichnet. Er kann die verschlammten Baracken am Ufer nur erahnen. Manchen Villen an den Promenaden zwischen Köln und Bonn fehlen die Fassaden, in einigen Zimmern ohne Außenwände sind noch italienische Duschen zu erahnen, ausgefranste Parkettreste hängen über der Abbruchkante, die eines der letzten Hochwasser gerissen hat. Viele dieser Häuser waren zu dem Zeitpunkt ohnehin schon unbewohnt gewesen. Früher hatte Feti immer mit neidischem Blick auf die ausladenden Anwesen geschaut, an denen er schon als junger Matrose vorbeischiffte, aber in den letzten Jahren wollte niemand mehr so nah am Fluss leben – der Rhein gleicht nun zu häufig einem öden und stinkenden Rinnsal oder, seltener, einem zerstörerischen Strom, den Starkregen auf seiner 1100 Kilometer langen Reise bis ins Rheinland auf sieben, acht und neun Meter hohe Pegel anschwellen lässt, fast doppelt so hoch wie der Durchschnitt.

Wenn er es auch diesmal bis nach Basel schafft mit seiner Ware, geht er in Rente, schwört sich Feti, aber dieses Versprechen hat er sich schon häufig gegeben und dann beim nächsten lukrativen Auftrag wieder gebrochen. Er will das Geld für seinen Lebensabend mit Rosa, seiner großen Liebe, die er Anfang der 1980er-Jahre in einer Duisburger Eckkneipe kennengelernt hatte. Sie hatte an jenem Abend unglaublich viel getrunken, auf ihrem Bierdeckel hatte er sofort die vielen Striche gesehen, und immer wieder schmiss sie Geld in die Musikbox, um ›Let's Dance‹ von David Bowie zu hören, seine Rosa. Schon damals war sie im Planungsbüro des Duisburger Hafens angestellt, zäh arbeitete sie sich in der Männerwelt nach oben. Mit ihr will er heute weg vom Rhein, diesem Ungeheuer, das seit Jahren keinen normalen Pegel mehr kennt, er will in die Berge, dorthin, wo noch mehr Wasser fließt und in guten Jahren die Bäche noch immer sprudeln. Aber höher gelegene Regionen sind verdammt teuer geworden, er braucht unbedingt Geld für die Miete. In einer Woche will er es bis Ludwigshafen schaffen, früher, bei normalem Wasserstand, dauerte das 60 bis 70 Stunden, heute braucht er 200 Stunden oder mehr, bis Basel dann doppelt so lange. Vor ein paar Jahren ist man in der Zeit bis nach Asien gefahren, denkt Feti, heute ist die Rheinfahrt ein gefährliches Geduldsspiel. Aber auch Züge sind keine zuverlässige Alternative, in Hitzeperioden biegen sich die Gleise, und ohnehin können sie nicht alles auffangen, was früher über die Flüsse transportiert wurde: Für manche Strecken bleibt der Rhein unersetzlich.

Dass er einmal mit Meeresfrüchten hehlen würde, hätte Feti sich nicht träumen lassen, er mag sie nicht einmal, ja ekelt sich vor den kleinen rosafarbenen Würmchen in seinem Schiffsbauch und hofft inständig, dass sein Vater nicht doch, wie er ihm noch kurz vor seinem Tode gesagt hatte, stets über ihn wachen wird und nun von oben seiner Hehlerei zuschaut. Er meinte es wohl nett, sein Vater, der sein ganzes Leben am und auf dem Rhein verbracht hatte, nachdem er als 20-Jähriger aus der Türkei nach Duisburg gekommen war. Er hatte ihm davon vorgeschwärmt, wie er früher noch Lachse gefischt hatte, in den 1950er-Jahren, als noch ein paar dort lebten. Noch ein paar Jahrzehnte zuvor waren jedes Frühjahr mehr als eine Million Lachse von Grönland zurück in den Schwarzwald geschwommen, in das Elsass und in die Schweizer Alpen hoch, bis das Wasser durch Kohle und Chemiekonzerne so vergiftet wurde, dass die Fische hier kaum mehr überleben konnten. Später wurden sie künstlich wieder angesiedelt, die Kraftwerke Iffezheim und Gambsheim bauten Fischtreppen ein, um den Tieren zu ermöglichen, an den Staudämmen vorbeizukommen. Aber hinter Straßburg fand ihre Migration ein jähes Ende: Acht weitere Staustufen im Besitz eines großen französischen Stromproduzenten versperrten den Weg in den Schwarzwald und in die Schweiz.

Mit seinem Vater an Deck lernte Feti schon als Fünfjähriger, auf die Untiefen im Rhein zu hören. Auch sie fuhren mitten in der Nacht raus, weil es dann so leise war und keiner sie stören konnte. »Oğul«, sagte sein Vater immer zu ihm, »Sohn, hör genau zu!« Und dann stand er an der Reling von einem der Schiffe, Bauart Johann Welker, und hielt sein Ohr über das spritzende Rheinwasser, um auf schleifende Geräusche am Boden zu achten – aber der Fluss reichte damals noch viele Meter tief und gefährdete kaum einen Rumpf. Außer vielleicht in den äußeren Kurven und oben zwischen Bingen und Koblenz, der gefürchteten sogenannten Bergstrecke mit ihren spitzen Schieferfelsen, an denen schon immer viele Kapitäne verzweifelt waren. Aber erst in den 2020er- und 2030er-Jahren, in denen der Fluss vier, fünf oder sechs Monate lang kaum zu befahren war, schlitzten die Felsen tatsächlich einen Schiffsbauch nach dem nächsten auf.

Feti wurde in den frühen 1970er-Jahren in Marxloh geboren, dem Stadtteil von Duisburg, in dem einst jene ansiedelten, die aus der Türkei angeworben worden waren, um in den Zechen zu arbeiten. Er habe einen »Migrationshintergrund«, sagte die Direktorin der Grundschule, als die Eltern ihn anmeldeten, und lange verstand er nicht, was dieses Wort bedeuten sollte, aber sehr wohl, dass es für die Lehrerin nichts Gutes hieß. Es war trotzdem eine freie Zeit damals, Feti stromerte mit den Nachbarsjungen durch die Gegend, nach der Schule trafen sie sich auf der Straße. Niemand verabredete sich dazu, sie gingen einfach raus und mussten zum Abendessen wieder zu Hause sein. Später fuhren sie mit ihren Rädern bis zum Hafen hinunter, an der Friedrichsstraße entlang. Feti konnte nie genug davon bekommen, er fühlte sich am Rhein immer wohler als auf den Feldern oder im Wald, er hatte das Gefühl, in der Nähe des Wassers mehr Luft zu bekommen, als dehnte sich sein Körper dort aus. Hier wollte er später arbeiten, nicht im schwarzen Flöz wie die Väter seiner Freunde, wo das Wasser nur eine Bedrohung war, ja, wo in früheren Jahrhunderten sogar Wasserknechte eingesetzt worden waren, die die Kohlegruben mit an Lederriemen hängenden Eimern halbwegs trocken hielten. Hunderte, manchmal Tausende schleppten das Wasser, bevor die Pumpen kamen.

Wasserknechte. Heute muss Feti über diesen Begriff fast lachen, ein grimmiges Lachen. Irgendwie sind wir alle zu Wasserknechten geworden, denkt er und nimmt einen weiteren Schluck Schnaps, wir sind abhängig vom Niederschlag aus den Wolken. Nicht wenige seiner einst abgeklärten Kollegen veranstalten heute im Alkoholrausch verzweifelte Regentänze wie die Menschen jener Völker, über die der Westen früher nur gelacht hat. In seiner Kindheit war Wasser immer reichlich vorhanden gewesen, im Rhein, zu Hause in der Badewanne, im Freibad. Und auch als er half, den Rhein auszustaken, um für seinen Vater die Untiefen zu finden, denen er am nächsten Tag würde ausweichen müssen, war genug Wasser da. Der Rhein fiel selbst bei einem guten Pegel an einigen Stellen flach, die mussten Schiffsführer kennen. Mit seinen kurzen Armen steckte er die vier oder fünf Meter langen Stöcke ins Wasser, orientierte sich an den Kilometersteinen am Ufer und markierte schließlich auf dem Rheinatlas die Tiefe, die ihm der Stock anzeigte, und wie viele Meter sie von der Böschung entfernt lag. Nach zweimal Staken verließ ihn bereits die Kraft, und er bewunderte seinen Vater, der mit seinen muskulösen und dennoch filigranen Armen stundenlang die Staken versenken konnte, ein ums andere Mal, mit einer Zigarette im Mund.

Fetis Vater war berühmt dafür gewesen, auch große Schiffe auf dem flachen Rhein zu manövrieren, für Feti war er ein echter Held. Ende der 1950er-Jahre, als der Vater eingewandert war, hatte er noch Flöße den Rhein hinabfahren sehen, 500 Meter lange Holzkonstruktionen, die flussabwärts tonnenweise Baumstämme transportierten. Mit 200 kräftigen Männern an Bord, die konnten allein durch Muskelkraft einen Kurswinkel einschlagen. Solche Flöße wären heute gar nicht so schlecht, denkt Feti, immerhin haben sie keinen Tiefgang. Bei ihrer Größe können sie allerdings selbst motorisiert nicht flussaufwärts fahren, es ginge also immer nur in eine Richtung, das kann heute keiner mehr brauchen.

Der Rhein war schon immer eine Diva in Fetis Augen. Auch wenn er früher nur alle 25 Jahre mal so wenig Wasser führte, hatte er seine Tücken. Die Zeiten, in denen der Pegel im Duisburger Hafen im Idealfall bei rund fünf Metern lag, waren schon immer kurz gewesen. Aber seit dem Hitzesommer 2018 gab es kaum noch ein Jahr, in dem der Rhein normal floss, so normal wie früher, in den 1990er- und 2000er-Jahren, als Feti ganzjährig Gefahrengut transportieren konnte: 5000 Tonnen Phosphor, 5000 Tonnen Dieselbenzin, die er rheinaufwärts von Antwerpen oder Rotterdam in die Industriezonen von Mannheim und Ludwigshafen brachte, das war sein Alltag. Dann plötzlich wurde auch 2022 ein schwieriges Jahr, die Schneeschmelze blieb fast aus. Im Herbst 2029, direkt zum Weihnachtsgeschäft, brach der Schiffsverkehr komplett zusammen, nachdem im Spätsommer viele der wichtigsten Zuflüsse, die Aare, der Neckar, der Main, die Mosel und die Maas zu hässlichen braunen Rinnsalen geschrumpft waren. Feti stand damals mit Rosa schweigend am Ufer seines Flusses, der nicht mehr rauschte, nicht mehr gluckerte, sondern in zähen schlammigen Bächen langsam vor sich hin kroch.

Auch sein Job war bedroht, nur die wenigsten Reedereien hatten auf kleinere Schiffe mit weniger Tiefgang gesetzt: Sie waren teuer, weil sie mit derselben Besatzung nur noch halb so viel Ladung transportieren konnten, das war sogar in guten Zeiten unwirtschaftlich geworden. Nun aber blieben die Standardschiffe liegen; wer es sich leisten konnte, transportierte seine Ware per Lkw ab. Die hohen Benzin- und Dieselpreise von mehr als fünf Euro pro Liter und schließlich sogar zehn oder fünfzehn, nachdem die Treibstofftanker in Rotterdam liegen geblieben waren, machten einen lukrativen Transport aber nahezu unmöglich: Für viele war es billiger geworden, die Ware in der sengenden Hitze von Duisburg verrotten oder warten zu lassen: So fehlte der Industrie rheinaufwärts Treibstoff; den Stahlwerken die Kohle, um ihr Eisen glühen zu lassen; es fehlten Chemikalien aus Afrika und Asien, um Plastik, Lebensmittelzusätze und Autoreifen zu produzieren; es fehlten Rohöl, Holz und Zement und tonnenweise Weizen, Mais, Zucker und alkoholische Getränke, die früher hochgeschifft worden waren. Der Rhein war einst eine der wichtigsten Transportadern Europas gewesen, 200 Millionen Tonnen Waren wurden über ihn jedes Jahr vom niederländischen Rotterdam und dem belgischen Antwerpen ins Rheinland, die Industriezonen bei Ludwigshafen und Mannheim und schließlich bis nach Basel gebracht.

Feti wurde damals fast wahnsinnig. Nicht wegen der Schiffe, die nun dicht nebeneinander im Duisburger Hafen lagen oder an den Umschlagplätzen auf den nächsten Regen entlang des Flusses warteten, auch nicht wegen der Kurzarbeit, zu der er nun verdonnert war, und auch nicht wegen seines Chefs, der immer in den Hörer brüllte, als hätte er einen Hitzschlag. Nein, Feti war traurig über seinen Rhein, den Fluss, den er so gut kannte und den er liebte, auf dem er nun schon viele Jahre lang auf und ab manövrierte. Von den sonst 2800 Kubikmeter Wasser pro Sekunde, die durch die Ruhrgebietsstadt rauschten, waren vielleicht 150 oder 160 übrig geblieben, niemand machte sich mehr die Mühe, exakt nachzumessen. Wozu auch? Es war definitiv zu wenig für den Schiffsverkehr.

Nach und nach fingen die Rinnsale an zu stinken, und all die Abfälle, die die Schiffe oder Spaziergänger einst unmerklich versenkt hatten, wurden freigelegt: Tennissocken, Kinderpuppen, Colaflaschen, Schubkarren, selbst Panzermunition aus dem Zweiten Weltkrieg. Die Reedereien mussten Kleinwasserzuschläge zahlen, also Aufpreise für die schwierigeren Manöver, ihre Schiffe waren doppelt so lange unterwegs wie üblich. Vor allem aber konnten sie mit fallenden Pegeln weniger laden: 100 Tonnen weniger lassen das Schiff etwa zehn Zentimeter höher liegen, ein wertvoller, aber kostspieliger Auftrieb bei Niedrigwasser. Viele gingen pleite, weil sie über keine oder zu wenig Niedrigwasserschiffe verfügten.

Im Sommer 2029 wurde Feti schließlich arbeitslos, er, der erfahrene Schiffsführer, war ohne Wasser und ohne Kajüte, ohne Schiff. Rosa hatte wenig Mitleid und warf ihm vor, bloß seine Zeit totzuschlagen. Sie hatte nicht ganz unrecht, er verbrachte den Tag mit alten TV-Serien, Biertrinken, nicht mal gekocht hatte er für Rosa, wenn sie abends nach Hause kam, obwohl sie todmüde davon war, in unzähligen Konferenzen die Schifffahrt retten zu wollen und noch mehr Subventionen beim Verkehrsministerium zu erkämpfen. »Wenn heute Abend wieder nichts auf dem Tisch steht, bin ich weg«, sagte sie eines Morgens zu ihm, als sie in ihrem schicken Kostüm vor ihm stand, und er dachte, er wäre in einem dieser schlechten alten Hollywoodfilme, aus der fernen Zeit also, als das immer schon von Dürre geplagte Hollywood noch nicht in einer staubigen Wüste versunken war. Er fand Rosa plötzlich schrecklich einfältig, ihre langjährige Beziehung an einem Abendessen aufzuhängen war fast schon lächerlich.

Aber was sollte er tun? Kleinlaut kochen, wie ein Pantoffelheld Möhren schälen, weil seine Frau sonst abhauen würde? Oder stoisch auf der Couch liegen bleiben, um sich selbst seine Unabhängigkeit zu beweisen? Natürlich kochte er schließlich, denn es stimmte ja, er hatte sich gehen lassen, es fiel ihm schwer, diese neue Zeit, die Trockenzeit, als wären sie plötzlich in einem der afrikanischen Länder, in denen entweder Monsunregen niederprasselt oder die Sonne brennt. Manchmal hatte er dann auch plötzlich wieder Arbeit, je nach Laune des Rheins, in wenigen Monaten führte er so viel Wasser wie früher: Alle angemeldeten Schiffe konnten passieren und nach Basel rauf- und Antwerpen runterfahren, dann saß Feti wieder stolz auf der Brücke. Aber selbst diese kurzen Phasen wurden immer seltener.

Schließlich, als er mal wieder wochenlang zu Hause gesessen hatte, Mitte der 2030er-Jahre war das, vermittelte ihm Rosa einen neuen Auftrag. Er sollte Phosphor von Rotterdam nach Ludwigshafen bringen, zur Produktion von Dünger. Ein Tiefpunkt, an den Feti auch heute Nacht, Jahre später, wieder zurückdenkt. Phosphor hatte er zwar schon häufiger transportiert, aber diese Fuhre war zum Scheitern verurteilt. Diesmal sind es die Krabben, damals hat ihn der Phosphor unglücklich gemacht. Als er den Auftrag erhielt, prüfte er den Pegelstand in Kaub bei Koblenz. Der gilt als Richtpegel für die Flusshöhe des Rheins, liegt mitten in der mittelrheinischen Bergstrecke, ist also der tiefste und damit gefährlichste Punkt des Flusses. Kaub meldete einen Durchfluss von unter 400 Kubikmetern pro Sekunde, deutlich weniger als im ersten Jahrhundertsommer 2018, und Feti beschloss, nur noch halb so viel Phosphor zu laden, um weiter oben zu treiben. Doch er ahnte, dass selbst das nicht gut ausgehen würde. Und tatsächlich, das Schiff war so noch immer zu schwer, der Pegel fiel in der sengenden Septemberhitze stündlich tiefer, schließlich auf unter 300 Kubikmeter Durchfluss pro Sekunde.

Trotzdem erhielt Feti damals bei der Durchfahrt aus Duisburg die Anweisung, koste es, was es wolle, nach Ludwigshafen zu kommen, und sei es mit einem Viertel der Ladung. Das war wohl der Moment, denkt er jetzt, in dieser schwarzen Nacht, in dem ich auf die dunkle Seite gewechselt bin. Von Anfang an fühlte er sich unwohl mit den Tonnen Phosphor in seinem Schiff, meistens kam der Stoff aus der Westsahara, von dort, wo die marokkanische Regierung ihn in den besetzten Gebieten vom Volk der Sahrauis stahl, um ihn weltweit zu verkaufen. Rosa versuchte immer, sein Gewissen zu entlasten, sie war manchmal sogar ziemlich unverfroren und sagte bloß: »Wenn du es nicht machst, macht es ein anderer.« Erst hatte sie ihn überzeugt, den Phosphor zu transportieren, danach dann die ekligen Krabben, sie drängte ihn geradezu und malte ihre gemeinsame Zukunft in einer Mietwohnung in den Bergen in leuchtenden Farben aus. Es sei dort kühl und regnerisch, die Wiesen saftig, die Bergbäche sprudelten mit glasklarem Wasser. Das war maßlos übertrieben, selbst die Bergdörfer hatten inzwischen unter extremer Trockenheit zu leiden. Aber so stellten sie es sich vor, denn da gewesen waren sie noch nie, weil Feti es eigentlich nie lange ausgehalten hatte ohne seinen Rhein.

Letztlich, denkt er verbittert in dieser Nacht, hat sie ihn mit der Phosphorladung vor ein paar Jahren zu einem Vergifter seines geliebten Flusses gemacht. Sie hat ihn gedrängt, die zum Scheitern verurteilte Phosphorfahrt anzunehmen, sie war schuld daran, dass er schließlich einen Teil der Ladung ablassen musste. Er nimmt noch einen tiefen Zug aus seiner Schnapsflasche, seiner ständigen Begleiterin. Doch davon wird er nur noch weinerlicher. Wie ein Henker hatte er sich damals gefühlt. Aber was hätte er anderes tun sollen, um wenigstens noch einen Teil der Fracht nach Ludwigshafen zu bringen? Er musste Ladung loswerden, um höher im Wasser zu liegen. Die Umschlagbagger aber, die die Waren von den Schiffen auf Lkw hieven konnten, waren alle belegt, Phosphor anderweitig zu lagern war ausgeschlossen, und die Ladung musste nach Ludwigshafen, sonst wäre er seinen Job los gewesen. Also ließ Feti nach und nach den Stoff über die Abflussstutzen in den Rhein fließen. Er war nicht der Einzige, das Restwasser glich einer gräulichen Suppe, die wegen Ammoniak mal nach faulen Eiern stank, mal ätzend nach Salpetersäure, Frachten, die seine Kollegen offenbar abgelassen hatten, um ihrerseits ihre Schiffe zu erleichtern. Viele dieser Stoffe wurden für die Düngerproduktion genutzt, mit denen die Bäuerinnen und Bauern ihre Ernte hochtrieben, wenn es denn mal regnete.

Das Gift in das Wasser einzuleiten hatte ihm körperlich wehgetan. Wahrscheinlich fingen in dieser Nacht seine chronischen Magenschmerzen an, obwohl es glimpflich für ihn ausging. Die Wasserpolizei war schon damals völlig überfordert, ständig kam es zu Kloppereien an den Umschlagkränen, dem Nadelöhr des Duisburger Hafens, und auch die Wärterinnen an den Lagerhallen für Ware, die nicht weitertransportiert werden konnte, wurden häufig mit Geld bestochen, um Frachten anzunehmen. Die meisten Fische hatten die Dürren und einen Sommer voller Blaualgen ohnehin nicht überlebt, und so löste sich die Phosphorsäure unmerklich im Wasser auf, ohne Tierleichen nach oben zu treiben. Fracht abzulassen ist auch früher schon üblich gewesen, sagte er sich zur Beruhigung. 2011 kenterte ein mit 2400 Tonnen Schwefelsäure beladenes Schiff nahe der Loreley. Es war zu schwer, um geborgen zu werden, und so wurde ihm offiziell erlaubt, über drei Tage seine giftige Fracht in den Rhein zu entlassen, erst danach konnten zwei extra aus Holland herbeigeschaffte Kräne das havarierte Schiff über fünf Tage hinweg befreien.

Die Polizei hätte den Rhein schon damals gerne gesperrt, aber diese Möglichkeit gab es gar nicht – die Kapitäninnen und Kapitäne durften wie schon eh und je selbst entscheiden, ob sie weiterfahren wollten. Manchmal funkte auch die Reederei, dass die nautischen Verhältnisse zu schlecht und damit der Pegelzuschlag zu teuer seien, zumindest dann, wenn der Empfänger nicht wesentlich mehr Geld pro Tonne Ware bezahlen wollte. Die örtliche Chemiefabrik war aber offenbar bereit, den Zuschlag zu berappen, Dünger verkaufte sich gerade zu Höchstpreisen.

Diese Geschichte ließ Feti nie wieder los, auch nicht in dieser milchigen Nacht. Leise gleitet er über den Fluss, ab und zu muss er einigen stählernen Kadavern aus jener Zeit ausweichen, Schiffen, die schließlich von ihrer Besatzung verlassen wurden und von den bankrotten Reedereien nicht mehr geborgen werden konnten. Jahrelange Konflikte vor Gericht mit den Versicherungen, wer das nun bezahlen sollte, wurden schließlich sinnlos – sowohl die Flusskasko-Versicherungen als auch die Reedereien waren nach etlichen Dürresommern inzwischen pleite, nur noch die öffentliche Hand hätte die alten Boote bergen können, aber die war ebenso verschuldet und mehr damit beschäftigt, ausreichend trinkbares Wasser für die Bevölkerung zu organisieren, als ein Flussufer zu reinigen. Und wozu auch? Anwohnerinnen und Anwohner gab es kaum noch, und ohnehin zogen in den schief liegenden Baracken mehr und mehr Wasserflüchtlinge ein.

Als Kind hatte Feti immer beeindruckt auf das Rheinwasser geschaut, das er durch seine Hände am Ufer rinnen ließ. Er wusste von seinem Vater: Jeder fünfte Tropfen im Duisburger Hafen stammte im Sommer aus einem Gletscher in der Schweiz. Er liebte die Vorstellung, wie der Rhein auf 1200 Kilometern anschwoll, im Frühjahr durch geschmolzenen Schnee, im Sommer durch die Gletscher und schließlich im Herbst durch die starken Regenfälle.

Im heißen Sommer 2029 brachten zwar die Schweizer Gletscher noch Wasser rheinabwärts, aber dann fehlten die Schneeschmelze und die Herbstregenfälle, es fielen also zwei von drei Quellen nahezu vollständig aus. Statt früher 30 000 Badewannen pro Sekunde kamen nur noch ein paar Tausend an, schließlich nur noch Hunderte. Feti hatte das nicht kommen sehen, er hatte den Klimamodellen vertraut, nach denen die stärkeren Niederschläge im Herbst die trockeneren Sommer und das schrumpfende Eis kompensieren würden, zumindest für einige Jahrzehnte. Aber die Katastrophe trat früher ein als erwartet.

Plötzlich starrte jeder in den Himmel, blinzelte in die gefühlt stets stärker brennende Sonne, ob nicht doch Regenwolken aufzögen. Besonders große Probleme hatten die Niederlande, dort bedeuteten niedrige Pegel zusätzlich, dass die Nordsee ins Inland drängte. In ihrem Frühwarnsystem bimmelte ständig die höchste Warnstufe, nicht so wie früher an wenigen Tagen, sondern fast an 100 Tagen im Jahr. Jedes Mal bestand die Gefahr, dass das salzige Meerwasser immer weiter in die Mündung vordringen könnte, der Gegendruck vom Rhein war zu gering. Die Niederländer mussten die Landwirtschaft in den versalzten Gebieten nahezu aufgeben, die Pumpen kamen nicht mehr dagegen an.

Das geht nun schon seit Jahren so, denkt Feti und nimmt in der Dunkelheit der Nacht wieder einen Schluck aus seiner Flasche. Ob er die Krabben jemals wird abliefern können? Ob der Rhein irgendwann mal wieder so fließen wird wie früher? Feti träumt von einem heftigen Regen, von dem prasselnden Geräusch in der Fahrerkabine, davon, am nächsten Morgen einen halben Meter höher wieder aufzuwachen. Der letzte Starkregen im Einzugsgebiet des Rheins ist schon einige Jahre her, der verlangsamte Jetstream hat dafür gesorgt, dass bestimmte Wetterperioden ewig dauern, zumindest gefühlt. Seit die Gletscher in der Arktis stark abgeschmolzen sind und der Temperaturunterschied zwischen den Polen und dem Äquator immer geringer geworden ist, ist das Wetter stabiler, aber auf schlechte Weise: Seit drei Jahren herrscht entsetzliche Dürre in Mitteleuropa. Wie lächerlich erscheint ihm heute die Trockenheit von 2018, als alle Welt in Aufruhr war, wenn auch nur kurz, denn nach dem nächsten Regen und einer Pandemie rückte die Klimakrise zunächst in den Hintergrund. 2029 aber, als nichts mehr ging, kamen einige auf die Idee, noch mehr Staumauern für den Rhein zu bauen, Ingenieure sollten den Fluss retten und das verbleibende Wasser besser zwischen den Monaten und den Streckenabschnitten verteilen.

Gerade schippert Feti an einer dieser Bauruinen vorbei, er kann die Betonbrocken am Ufer nur erahnen, ebenso wie den Sockel von Mauern. Sein Chef hatte damals, nach dem Katastrophensommer 2029, die Belegschaft zusammengetrommelt. »Leute«, hatte er begeistert gerufen, »wir werden wieder wie früher fahren können, wir sind gerettet!« Und er hatte ein gigantisches Projekt an die weiße Wand projiziert, das zuvor niemand ernst genommen hatte: Fünf Staumauern zwischen Kaub und Duisburg sollten für ausreichend Wasser sorgen. Die zuletzt gebaute befand sich zu diesem Zeitpunkt in Iffezheim, zwischen Baden und dem französischen Elsass, sie war 1977 fertiggestellt worden. Danach hatte niemand mehr an diese Großprojekte geglaubt, weil sie Milliarden verschlangen, viele Fische das Leben kosteten und das Trinkwasser aus dem umliegenden Grundwasser gefährdeten. Außerdem waren die Rheinufer fortan ohnehin so stark bebaut worden, dass jede Staumauer mit Enteignungen einhergegangen wäre. So was war damals noch undenkbar. Zwar hatte es nach den Hitzesommern 2019 und 2020 einige FDP-Abgeordnete gegeben, die von neuen Staudämmen geschwärmt hatten, und auch der damalige CSU-Verkehrsminister Andreas Scheuer hatte gesagt, diese dürften »kein Tabu« mehr sein. Aber die Projekte blieben aufgrund der immensen Kosten erst einmal liegen.

Bis zu jenem Tag hatte sie also ausgeschlossen geschienen, diese Rhein-Großmannssucht, wie Feti sie nannte. »Aber ab heute«, hatte sein Chef mit einem Glitzern in den Augen gerufen, »bauen wir endlich unsere Staumauern! Wir pfeifen auf die ganzen Säcke in ihren Rheinlofts, jetzt wird abgerissen, und der Rhein gehört wieder uns!« Wie er da so vor ihnen gestanden hatte, mit dem etwas wahnsinnigen Blick und dem Spucketropfen im Mundwinkel, wurden die anwesenden Schiffsführerinnen, Kapitäne und Matrosen doch etwas skeptisch. Hatte ihr Chef den Verstand verloren?

Aber tatsächlich, kurze Zeit später lief es überall in den Nachrichten: das Projekt »Rhein auf Knopfdruck«. Der Name war ausgerechnet Rosas Idee gewesen, sie war Feuer und Flamme. »Das ist die Rettung«, sagte sie zu ihm mit blitzenden Augen. Die zu regelnde Distanz zwischen Iffezheim und dem Rheinmündungsbereich betrage zwar nicht weniger als 660 Kilometer und überwinde 110 Höhenmeter – das entspreche in etwa dem Höhenunterschied des gigantischen Drei-Schluchten-Staudamms in China. »Aber hier bei uns wird alles schneller gehen.« Es sollte nämlich nicht eine große Mauer entstehen, sondern viele kleine, die das Wasser über einige Dutzend Kilometer hinweg stauten.

Das Wirtschaftsministerium schätzte die Kosten pro Staustufe auf rund eine Milliarde Euro. Aber das ging in der damaligen Euphorie unter. Die vielen Jobs und die Waren, die auf diese Weise nicht im Duisburger Hafen verrotten würden, wie das mittlerweile der Fall ist, würden dies alles wieder wettmachen, kommentierte jemand in den Tagesthemen. Als dann auch noch eine Chemiefabrik in Ludwigshafen auf einer großen Werbeveranstaltung am Rheinufer mit anschließendem Feuerwerk ankündigte, zwei der Staustufen zu bezahlen, waren die ministeriellen Unterschriften schnell gesetzt: Es war das größte Bauprojekt in der Geschichte der Bundesrepublik. Die Stimmen der Rheinschutzorganisationen und von Umweltaktivistinnen waren nahezu unhörbar, sie wurden als unverantwortlich, rückständig und extremistisch bezeichnet.

Das wochenlange Jubelgeschrei in den Nachrichten schmerzt Feti noch heute im Ohr. »Mann, Feti, sieh doch: Das Projekt gibt den Menschen wieder das Gefühl, den Klimawandel beherrschen zu können, ihren Fluss wieder so füllen zu können, wie sie es wollen«, sagte Rosa damals. »Das ist ein psychologisch wichtiges Projekt, um nicht Trübsal zu blasen.« Feti dachte eher daran, wie trüb es erst am Rhein werden würde, wenn Hunderte Betonmischer dort anrücken würden, aber er schwieg. Er wollte keinen neuen Streit mit Rosa. Zeitgleich meldeten die Nachrichten, dass Ägypten und Äthiopien inzwischen in einem brachialen Krieg versanken, weil die äthiopische Regierung durch ihren Staudamm nahe der Quelle des Nils kaum noch Wasser durchließ, sie betrachtete ihn als ihren Fluss. Auch die acht chinesischen Staudämme in Tibet ließen inzwischen Menschen in Vietnam verdursten, denn aus den tibetanischen Bergen stammte ein großer Teil des Trinkwassers für ganz Asien. Aber diese erschreckenden Nachrichten liefen, ohne dass dies etwas an dem Großprojekt für den Rhein geändert hätte.

Die Ingenieurinnen und Ingenieure ließen sich nicht beirren, sie wollten das Wasser aufstauen. Darüber, wie das gemacht werden sollte, waren sie sich allerdings uneinig: Ein Hydrologe wollte zehn Stufen mit zehn Meter hohen Staumauern bauen, ein zweiter lieber fünf Stufen mit 20 Meter hohen Wänden. Am Ende sprach Bundeskanzlerin Stefanie Hitztropp ein Machtwort – die Parteilose hatte ihren Wahlkampf damit gewonnen, weder links noch rechts noch grün noch konservativ zu sein, sondern einfach »pragmatisch und technikverliebt«, wie es auf ihren Plakaten geheißen hatte, und so entschied sie aus einer Laune heraus, dass nun drei Projekte mit rund 30 Meter hohen Mauern durchzuführen seien. Lieber drei große als viele kleine Lösungen, sagte sie. Am Ende musste Hitztropp jedoch zurücktreten, weil bis heute nicht eine der Mauern steht und sie auf die falsche Lösung gesetzt hatte: Viele Standorte erwiesen sich für die nunmehr tagelangen Starkregenereignisse als zu gefährlich, der bis in weite Tiefen aufgeweichte und von der Kohleindustrie durchlöcherte Boden ließ schon die ersten Mauerversuche scheitern, und ohnehin gab es nach einem anfänglichen Ansturm keine Firma mehr, die das Projekt betreiben oder versichern wollte: Zement und Beton wurden wegen ihrer hochpreisigen Emissionszertifikate zehnmal so teuer wie vorher, und ein starkes Hochwasser riss viele Baustellen nieder.

Hätte man nur aus früheren Erfahrungen gelernt. Schon einmal hatten die Menschen für ihre Bauprojekte am Rhein bitter bezahlen müssen: Anfang des 20. Jahrhunderts hatte man den Oberrhein durchgestochen, aus einem mäandernden Gewässer wurde so ein schnurgerader Fluss, nur hatte man die Rechnung ohne das Grundwasser gemacht: Ohne den einsickernden Rhein sackte es um sieben Meter ab, Hunderte Kilometer an Nebengewässern, Altarme, tiefe Wasserlöcher oder Tümpel gingen verloren, und die Auen trockneten aus. Daraufhin verschwanden auch die mehr als 3000 Inseln, die es im Rheintal einst gegeben hatte, und Tausende Hektar Obstwiesen verdorrten in nur einem Sommer, die Bauern verelendeten.

Feti kannte diese Geschichte, sein Vater hatte sie ihm erzählt, um zu beweisen, wie mächtig der Rhein war, vielleicht ging er auch deswegen gegen die Staumauern demonstrieren. Zum ersten und einzigen Mal in seinem Leben. Hunderttausende kamen, sie sangen stakkato »Kein Beton für Dämme« oder auch »Dämme sind dämlich«, und Feti glaubte damals wirklich, dass alles gut werden könnte. Rosa guckte wortlos zu, wie er auf dem Küchentisch seine Pappschilder bastelte, sie hatten sich ohnehin nur noch wenig zu sagen. Vielleicht hofften sie auch deshalb, in den Bergen ihre Beziehung retten zu können. Er war damals, so denkt er heute, noch auf der guten Seite der Macht. »Wie bin ich nur hier gelandet?«, brummt er in die Nachtschwärze und denkt mit Ekel an seine Krabbenladung. Manchmal träumt er in der Nacht, sie würden mit ihren plötzlich riesigen Fühlern wie Zwirbelband seine Beine umklammern. Im Rhein selbst gibt es kaum noch Fische, für sie und ihre Futterquellen ist es zu warm geworden, längst hat der Fluss die Maximaltemperatur der EU-Fischgewässerrichtlinie überschritten. Feti hat an heißen Tagen beobachtet, wie die Forellen erst umherirrten, sich verausgabten und dann verendeten. Mit jedem Grad benötigten sie mehr zusätzliche Nahrung, die der Rhein einfach nicht mehr hergab.

Sieht er da einen hellen Punkt? Feti blinzelt, die Wolkenschleier vor dem Mond verziehen sich gerade, es wird heller, das ferne Licht unwirklicher. Wie als kleiner Junge hängt er sein Ohr weit über die Reling, er hört ein kleines Klackern, der Rumpf ist offenbar wenige Zentimeter über der Kiessohle. Das Flussbett ist in den vergangenen Jahren immer wechselhafter geworden, launisch geradezu, selbst am Niederrhein, dort, wo es sich schon breit Richtung Holland schlängelt, ließen Starkregen die Wogen anschwellen, sie stauchten die Kiesel an der einen Seite und flachten das Flussbett an der anderen wieder ab. Feti musste stets sehr konzentriert dem Kieselgeräusch lauschen, um manövrieren zu können, ein lockeres Klappern war okay, ein tiefes Schürfen schon besorgniserregend.

Er verlangsamt die Fahrt, mit wenigen Stundenkilometern müsste sein Schiff es schaffen, die Kieselsteine unterm Bug steuerbord und backbord beiseitezudrängen und langsam weiterzufahren, so hat es ihm sein Vater beigebracht. Aber ein entgegenkommendes Boot wäre fatal, es ist knapp, verdammt knapp, und wenn noch ein Schiff kreuzt, fehlen ihm wichtige Zentimeter Wasser unter seinem Bug: Die Absenkungsmulden beider Gefährte würden sich kreuzen und sich gegenseitig Wasser wegnehmen.

Feti sieht nun deutlicher Lichter auf sich zukommen, zugleich ist ihm, als ströme ein übler Krabbengeruch von unten herauf, aber das muss er sich einbilden. Scheiße. Das wird knapp. Er weiß: Wenn Schiffe in Bewegung kommen, verdrängen sie das Wasser nach hinten, neben und unter dem Schiff beschleunigt es sich, durch die Übergeschwindigkeit entsteht Unterdruck, die Wasseroberfläche verformt sich, das Schiff liegt in einer Mulde, wie in der Mitte eines Suppentellers. Tausendmal hat Feti diesen wassergeformten Teller an den Schiffen beobachtet, er liebte diese Dynamik. Aber jetzt könnte sie ihm zum Verhängnis werden. Er hat überschlagen, bei seiner Geschwindigkeit rund 30 Zentimeter Tiefgang zu produzieren, dann blieben ihm beim jetzigen Pegel nur noch rund zehn Zentimeter übrig, eine Handbreite. Das reicht, aber beim Gegenverkehr addieren sich die Mulden, er könnte auf Grund fahren.

Und wer kommt ihm da überhaupt entgegen? In den letzten Nächten ist kaum noch jemand gefahren, zu gefährlich bei dem Niedrigwasser, und in der Nacht sind auch häufiger Plünderer unterwegs, gerade hier, kurz vor Bonn. Er versucht, die Bugwelle zu erkennen, den Wellenwinkel zu erfassen. Tagsüber kann er sie bis auf wenige Grad genau bestimmen, kann sehen, ob sich der Winkel zu weit öffnet, bei mehr als 60 Grad herrscht höchste Gefahr aufzusetzen, dann gibt es kaum noch Wasser unter dem Schiffsboden. Aber ausgerechnet jetzt verdunkelt sich der Mond wieder, er kann die Bugwelle nicht bestimmen.

Wieder riecht er die Krabben. Rosa hat ihm den Schlamassel eingebrockt, denkt er, als hätte er nicht immer mitgezogen. Eines Abends war sie nach Hause gekommen, sie war gut vernetzt, und hatte gesagt, sie habe einen Auftrag für ihn, einen inoffiziellen, einen, von dem er seinen Kumpels nicht erzählen solle. Feti sollte künftig Kühltransporte übernehmen, die eigentlich nur noch auf dem Schwarzmarkt fuhren, sie waren wegen des enormen Strombedarfs verboten worden und ohnehin zu teuer. Er sollte sie unter Heuballen verstecken, mal 20 Tonnen Kabeljau, mal 30 Tonnen Krabben aus dem Indischen Ozean, gefrorene Rindersteaks aus Südamerika. Sie mussten durchgängig auf minus 20 Grad gekühlt werden, und nachdem es Gerichtsprozesse gehagelt hatte, weil irgendein Subunternehmen an der Kälteenergie gespart hatte, die Ladungstemperatur oft überschritten worden und schließlich verdorbene Ware angelandet war, war das Geschäft mit tiefgekühlter Ladung aus dem Ausland komplett zusammengebrochen. Ein paar Reiche wollten aber immer noch gerne Meeresfrüchte speisen in ihren Alpenvillen, sie beauftragten regelrechte Fisch- und Krabbenheadhunter, und Fetis Ruf brachte ihm schließlich viele dieser Aufträge ein.

Aber heute Abend hat er ein ungutes Gefühl, das Licht kommt näher, es ist eindeutig ein größeres Schiff, hoffentlich nicht doch die Wasserpolizei? Sind sie wieder unterwegs? Feti will abdrehen, ans dunkle Ufer, da hört er ein Ratschen, ein fräsendes Geräusch, das Schiff wackelt. Die Schiefersteine bei Bonn haben seinen Schiffsboden aufgerissen, zum ersten Mal in seinem Leben. Von oben kann er sehen, wie bräunliches Wasser in die Kombüse sickert, sein geliebter Rhein, er wird sich rächen und sein Schiff stilllegen. Nun wird er von den Scheinwerfern des Polizeibootes angestrahlt. »Es ist vorbei«, sagt Feti. »Alles vorbei.«

Best Case

An einem heißen Sommertag sitzen Feti und Rosa an ihrem Küchentisch in Duisburg Neudorf, beiden rinnt der Schweiß über die Stirn. »Jetzt wird es noch mal richtig lustig«, sagt Rosa zu ihm. Sie reicht ihm den Kartoffelsalat und tätschelt ihm mit der linken Hand aufmunternd auf die Schulter, wie immer eine Spur zu kräftig. Seine Rosa, dieses laute Duisburger Mädchen, das er vor 50 Jahren spätabends in einer Hafenkneipe kennengelernt hatte, als sie längst zu viel getrunken und ihr Geld an eine Musikbox mit David Bowie verloren hatte. Es war damals sofort um ihn geschehen gewesen, den schüchternen Lehrling mit dem buschigen Schnurrbart. Rosa hatte damals schon im Planungsbüro des Duisburger Hafens gearbeitet, er war ein junger Matrose – sie verbrachte ihren Tag am Schreibtisch, er auf Schiffsdecks. Noch heute weiß sie immer eine Länge vor ihm, wie es mit seiner Arbeit weitergehen wird, und das ist in diesen Jahren zu einer wichtigen Information geworden. Denn seit dem Dürresommer 2029 ändert sich sein Job ständig, eigentlich ist kaum mehr etwas so geblieben wie in seinen ersten fünf Jahrzehnten, als der Alltag eher einem langen, ruhigen Fluss glich.

Feti guckt Rosa erwartungsvoll an. »Lustig« ist ein Wort, das sie ständig nutzt, es kann aber genauso gut »komisch« wie »anstrengend« oder »gefährlich« bedeuten. »Lustig?«, fragt er daher skeptisch und rührt seinen Salat nicht an, nicht jetzt. Als Rosa vor vielen Jahren mal behauptet hatte, seine Arbeit werde nun »lustig«, führte der Rhein keinen Tropfen Wasser mehr, und Feti versauerte in staatlich bezahlter Kurzarbeit. Es war eine harte Zeit für sie beide gewesen, Feti war nicht mehr mit seinen Geschichten vom Schiff nach Hause gekommen, sondern hatte die Zeit totgeschlagen, bis er beschloss, mit seinem Vater zusammen ein kleines Holzboot zu bauen, eines, das auch bei niedrigstem Wasser fahren können sollte und von dem sie schon lange geträumt hatten. 35 Jahre waren sie damals schon zusammen, aber Rosa schien sein Rollenwechsel, vom Schiffsführer großer Tanker zum Tretbootkapitän, nicht weiter zu stören, so ist sie, Ränge und Statussymbole interessieren sie nicht, und auch dafür liebt er sie. »Richtig lustig«, wiederholt sie nun, »ich habe einen neuen amüsanten Job für dich.«

Mal wieder. Früher hatte Feti 4000 Tonnen schwere Schiffe mit Phosphor manövriert, er hatte argentinische Hüftsteaks im Millionenwert tiefgefroren von Antwerpen nach Basel verschifft, er war einer der erfahrensten Schiffsführer auf dem ganzen Rhein – was sollte jetzt noch kommen?

Feti ist inzwischen 70 Jahre alt, aber noch immer geht er aufrecht, die Haut in seinem Gesicht ist vom Arbeiten bei Wind und Kälte ledrig, seine Hände von starken Adern durchzogen und rötlich. Sie haben 50 Jahre lang zuverlässig große und kleine Schiffe manövriert, Taue gezogen und Decks geschrubbt. Aber nun fahren auf dem Rhein praktisch keine Cargos mehr, die Tausende Container auf ihrem Deck stapeln können und Jeans, Spielzeug und Fahrräder aus China herbringen. Duisburg, der größte Binnenhafen der Welt, liegt nahezu still. Treibstoff ist teuer geworden, die Hitzesommer und der steigende Meeresspiegel haben den weltweiten Schiffshandel schon vor Jahren nahezu unmöglich gemacht, Häfen versenkt und die Globalisierung gestoppt, aber innerhalb Europas wird noch viel gehandelt, nahezu ausschließlich auf Gleisen oder auf dem Wasser. Jedes Produkt kostet heute ein Vielfaches, die europäische Handarbeit ist eben teurer, und so ist der Konsum massiv gesunken. »Im Grunde genommen«, hat Rosa einmal festgestellt, »haben wir heute wieder so viele Dinge wie die Leute in unserer Kindheit«, das sei doch völlig okay. All die Debatten über weniger Konsum, über grünes Wachstum oder über die Sinnhaftigkeit des Bruttoinlandsproduktes als Maßstab für den Fortschritt eines Landes waren von der Wirklichkeit eingeholt worden, die Produktion und damit auch das BIP waren mehr und mehr eingebrochen, ohne dass dies jemand hätte aufhalten können. Heute sitzen Feti und Rosa auf abgewetzten Stühlen in ihrer Küche, neben ihnen liegen zehn Jahre alte Handys, der Stoff an ihren Ellenbogen ist dünn geworden. Aber inzwischen bemerkt das kaum jemand mehr.

»Komm, wir gehen runter zum Rhein«, sagt Rosa nun und nimmt Feti an die Hand. Ihre Hände sind faltig geworden in den vergangenen Jahren, ihre skeptische Stirnfalte unter dem dunkelbraunen Pony tiefer, aber ihre Augen sind so wach wie eh und je. Mit ihr kann man jede Katastrophe überstehen, denkt Feti wieder einmal, auch wenn er manchmal von ihrem Optimismus genervt ist. Immer dann nämlich, wenn sie nicht zugeben kann, dass etwas wirklich schrecklich ist, wie etwa die Dürresommer. Sie zieht ihn in das Treppenhaus runter, dann die Friedrichstraße entlang Richtung Rhein.

Rosa und Feti haben sich ziemlich schnell an den neuen, sparsameren Lebensstil angepasst. Wenn es drauf ankommt, scheint der Mensch das zu können. Sie laufen durch den geschrumpften Hafen. Ihr fiel es anfangs noch schwer, auf Shoppingtouren mit Freundinnen in der Duisburger Innenstadt zu verzichten. Andererseits waren diese ohnehin anstrengend geworden, seitdem die Klimaanlagen in den Läden nicht mehr betrieben wurden und betonlastige Einkaufsstraßen in heißen Sommern voll flirrender Luft standen. Erst als die Waren knapp wurden, die Fast Fashion verschwand, die vielen Billigläden am Bahnhof, machte die Stadt in ihrem Zentrum Platz für kleine Grünflächen, Parkbuchten wichen Spalierobst, und so trifft sich Rosa nun, statt zu shoppen, im Schatten von Bäumen zum Quatschen. Und genauso schnell, wie die Werbung Feti einst den Drang nach einem neuen Handy oder dem x-ten teuren Sportschuh eingeflößt hatte, war dieses Verlangen auch wieder verschwunden.

Sie laufen über die Königstraße, die frühere Konsummeile, die Feti heute wieder an die Duisburger Innenstadt aus den 1970er-Jahren erinnert, als er zur Schule ging, nur viel grüner, es gibt inzwischen nur noch wenige kleine Geschäfte, viele Lebensmittelläden, Bäckerinnen und Obsthändler, seitdem die großen Discounter nicht mehr von den Landwirten beliefert werden und Industrienahrung, diese transformierten Limonaden und fettigen Gebäcke, sich aufgrund der hohen Wasserpreise nicht mehr lohnt – schließlich verbraucht die Produktion der vielen Zusatzstoffe und Geschmacksverstärker mehr Wasser als naturbelassene Nahrung. Diese meist unbekannten Industrien hatten zu den größten Wasserkonsumenten der Hansestadt gehört. Nur eines ist jetzt anders als zu seiner Schulzeit: Luft und Wasser sind reiner. Denn als Feti klein war, ist das Trinkwasser auch manchmal schlecht gewesen, mitten in Marxloh, weil die Klärwerke und Luftfilter der Schornsteine mit dem Bergbaudreck aus den umliegenden fünf Zechen nicht zurechtgekommen sind.

Sie gehen Hand in Hand weiter runter zum Hafen, der sich in Fetis Leben so stark verändert hat. Inzwischen erinnern die Industrieanlagen kaum noch an die fiebrige Zeit, als täglich Container voller Hemden, Telefone und Sofas eintrudelten, die Anlagen, die Kräne, alles ist geschrumpft, um die nunmehr nur noch halb so großen Schiffe zu beladen.

Die meisten fahren mit Wasserstoff, aber diese neue Energiequelle ist eben sehr teuer, ein Transport folglich ebenso: So beschränken sich die Lieferungen auf Dinge, die wirklich notwendig sind, vornehmlich Medikamente und Lebensmittel, Werkzeuge, manchmal Fahrräder und Baustoffe. Für die heutige Fracht ist auch Fetis frühere Hafenumschlagmaschine, der Kran, auf dem er zwischenzeitlich mal saß, völlig überdimensioniert, wie so viele Relikte aus einer Zeit, als Treibstoffe und Wasser noch unendlich zu fließen schienen. Einen großen Teil von Fetis Arbeit hatten einst die Kältelieferungen ausgemacht, 20 Tonnen Kabeljau aus der Nordsee, 40 Tonnen Krabben aus dem Indischen Ozean, gefrorene Rindersteaks aus Südamerika. Sie hatten durchgängig auf minus 20 Grad gekühlt werden müssen, ihm waren daher für den Umschlag immer nur wenige Minuten geblieben.

Aber schließlich hatte es Gerichtsprozesse gehagelt, weil die Bahn oder ein Lkw-Unternehmer oder irgendein Subunternehmen geschummelt hatten, die Ladungstemperatur bei steigenden Energiekosten nicht eingehalten worden war und daraufhin verdorbene Ware angelandet war. Noch heute erinnert sich Feti an den Geruch von verwestem Forellenfilet, an dem Tag brannte die Sonne schon um 8 Uhr morgens erbarmungslos heiß auf seine Fahrerkabine, und die Matrosen auf dem Tanker trugen Nasenklemmen, die Kühlung war vor wenigen Tagen für einige Stunden ausgefallen, und der Kapitän hatte entschieden, keine weitere Energie für die angeschlagene Ware zu verschwenden.

Ohnehin verbieten strengere Fischereiregeln inzwischen die weitere Ausbeutung der Meere. Früher hatte Feti manchmal lebende Hummer transportiert, er war auch irgendwie stolz gewesen, diese Luxusgüter in seinem Schiffsbauch zu stapeln, aber seine Zweifel wuchsen, als er einmal zusehen musste, wie die sich gegenseitig auffraßen in den engen Styroporschachteln. Eines Abends sah er dann mit Rosa eine Reportage über die Seele der Hummer, sie seien eigentlich Einzelgänger und verabscheuten es, zu Hunderten gepeinigt über- und untereinandergestapelt zu sein. Das hatte ihm den Rest gegeben, und anschließend hatte er sich, so gut es ging, geweigert, solche Ware zu transportieren. Heute freut er sich über jeden neuen Fisch im Rhein, selbst Lachse sollen wieder bis in die Schweiz aufsteigen, seitdem ein französischer Energiekonzern seine letzten Staumauern mit Fischtreppen ausgestattet hat. Sie alle haben auf diese heimischen Arten gehofft, jetzt, wo es keine indonesischen Krabben und keine Barsche mehr aus dem ugandischen Viktoriasee zu kaufen gibt.

Als Lehrling zählte Feti auf den asiatischen Schiffen Hunderte Container, häufig fehlten mal zwei, drei oder vier, aber das merkte niemand, die Schiffe waren voll und fuhren im Minutentakt an ihm vorbei. Damals war er fasziniert davon, wie reibungslos alles funktionierte, er war ein kleines, aber wichtiges Rädchen in einer unglaublich gut geölten Maschine, dem Duisburger Hafen, den täglich Tausende Schiffe passierten, an einem der meist befahrenen Binnenwege der Welt. Und er war mittendrin.

Heute ist die Zahl der Schiffe auf dem Nord-Ostsee-Kanal von täglich 30 000 auf wenige Tausend gesunken, und die sind auch viel kleiner. Die großen Tanker von früher, diejenigen, neben denen sich Feti wie eine Ameise gefühlt hatte, gibt es nicht mehr, selbst die beste Technik konnte sie nicht fahrtüchtig machen für das häufig flache Wasser. Also wurden kleinere Tanker umgebaut, die Einschrauber und Zweischrauber, dafür stellte der Bund mehr als eine Milliarde Euro zur Verfügung. Mit den Schiffen schrumpfte auch die

Industrie am Rhein, die Raffinerien und Chemiefabriken. Sie durften ohnehin nicht mehr so viel Flusswasser nutzen, um ihre Produktion herunterzukühlen. Ein einzelner Chemiegigant in Ludwigshafen hatte einst 1,5 Milliarden Kubikmeter Wasser pro Jahr genutzt, also ein Prozent dessen, was an den Werkstoren im Fluss vorbeirauschte. Aber heute darf sich niemand mehr so hemmungslos bedienen. Feti kennt die großen Saugrohre, mit denen sie den Rhein angezapft hatten, schon immer war ihm das unheimlich gewesen, es hatte gefräßig ausgesehen, und als der Rhein 2029 sein historisches Tief erreichte, wurden die Röhren für alle sichtbar und die Wassernutzungsgenehmigungen aufgrund »außerordentlicher Umstände« neu verhandelt: Künftig sollte der Konzern jedes Jahr weniger entnehmen dürfen und pro Kubikmeter einen Euro zahlen – das machte eine profitable Produktion von Petrochemikalien, von flüchtigen Gasen wie Argon und Krypton, Xenon und Glykolen nahezu unmöglich.

Der Konzern argumentierte, er führe das meiste Wasser nach der Kühlung ja wieder zurück, und überhaupt würde er mitsamt seinen Arbeitsplätzen das Land verlassen, sollte die Regierung nicht einlenken. Fetis Kumpel fürchteten daraufhin um ihre Jobs, viele von ihnen fuhren nur für den Chemiekonzern, aber dessen Drohung erwies sich als heiße Luft: Zu dem Zeitpunkt rationierten alle Länder ihr Wasser, niemand wollte die großen Schlucker gerne an den eigenen Flüssen ansiedeln. Außerdem wurde das Wasser mit jedem Sommer wärmer, der Konzern musste dementsprechend stetig mehr nutzen, um seine Maschinen und Produkte ausreichend zu kühlen. Sein Geschäftsmodell für alltäglichen Konsum passte nicht mehr zu den existenziellen Sorgen um Trinkwasser, die Feti und seine Freunde beschäftigten. Das Unternehmen konzentrierte sich in der Folge darauf, Medikamente und unverzichtbare Pflanzenschutzmittel zu produzieren, und erlebte schließlich einen neuen Boom mit innovativen und umweltfreundlichen Materialien für Batterien: Sie verfügen über eine hohe Energiedichte und lange Lebensdauer und waren daher sehr wertvoll für die Energiewende, um Solar- und Windenergie zu speichern. Wasser wird nun für wirklich wichtige Dinge genutzt – vornehmlich für die Landwirtschaft und die Konservierung von heimischen Lebensmitteln, auch für die Produktion von Kleidung und Werkzeugen.

Zwar hatte der Chemiekonzern noch in den 2020er-Jahren ein Tankschiff für extremes Niedrigwasser gebaut, mit einem eisernen Rumpf aus China, der nach Rotterdam verschifft und dort mit seinen 135 Metern Länge fertiggestellt worden war. Es konnte 650 Tonnen laden und in nur 1,60 Meter tiefem Wasser fahren. Aber auch das erwies sich als zu optimistisch gedacht, zumindest, um damit ganzjährig auf dem Fluss unterwegs zu sein. Und überhaupt – wer sollte die ganze Chemie noch nutzen? Die Landwirtschaft verzichtete inzwischen weitestgehend auf Dünger, der die Ernten so teuer machte, die Böden auslaugte und das Trinkwasser verschmutzte. Seitdem Landwirtinnen ihre Böden gegen die Trockenheit mit Grünschnitt bedeckten, brauchten sie die Tausende Tonnen Dünger ohnehin nicht mehr. Und die Europäische Union verlangte inzwischen einen Nachweis darüber, dass Arzneien und Konsumartikel das Grund- und Trinkwasser nicht mit gesundheitsschädlichen Stoffen belasteten. Das reduzierte die Zahl der zugelassenen Chemikalien und Produkte noch einmal drastisch. Schon allein deshalb mussten viele Containerschiffe und Massengutfrachter nicht mehr fahren. Wie in der chemischen Industrie gab es in vielen Branchen eine geringere Nachfrage, und so geriet die Schifffahrt in einen Strudel nach unten. Das verteuerte die Waren noch stärker, was wiederum den Konsum ausbremste, aber Feti und Rosa merkten wie viele ihrer Freunde: Ihnen geht es, mitten im Mangel, gut oder sogar besser als früher. Wie Rosa nun lächelnd mit ihrem ausgeleierten Pulli neben ihm läuft, mit abgewetzten Schuhen, aber voller Drang, ihm ihre Nachricht zu übermitteln, lässt ihn schmunzeln.

»Komm schon, ich zeige dir deinen neuen Job«, sagt Rosa, ihr geht es wie so häufig nicht schnell genug, während Feti verträumt auf die inzwischen begrünten Docks schaut. »Wir gehen zu den Auen«, verrät Rosa, sie weiß, wie sehr Feti die neuen grünen Wasserlandschaften anrühren. Er hatte noch nie genug vom Fluss bekommen können, und auch jetzt hat er das Gefühl, mit jedem Schritt mehr Luft zu inhalieren, so als wüchse sein Körper am Wasser. Sie werden von unzähligen Radfahrerinnen und Radfahrern und ein paar elektrischen Lastwagen überholt.

Früher waren hier auch Schiffe mit Dieselschloten entlanggefahren, den ganzen Tag hatte es danach gestunken. Heute riecht es hier frisch, trotz der Hitze. Feti atmet tief ein und denkt unweigerlich daran, wie sein Vater immer bewundernd über Diesel gesagt hatte, dass es keinen besseren Stoff gebe für die lauten Motoren im Maschinenraum, außerdem sei er kaum entzündlich. Zum Beweis drückte er gerne seine Selbstgedrehten in den dunklen Pfützen neben den Motoren aus. Dass Feti später mit einem wasserstoffbetriebenen Schiff fuhr, hat sein Vater nicht mehr erlebt, und Feti bedauert das sehr: Er war sehr stolz gewesen, zum ersten Mal hatte er den Rhein beim Manövrieren wirklich gut riechen können und gewusst: Aus dem Tank kommen nur ein paar Tropfen Wasser.

Genial! Aber Feti war schnell klar geworden, dass mit dem grünen Treibstoff die Zeit der Riesentanker und Massentransporte vorbei war: Für 100 Meilen brauchte Wasserstoff viel mehr Platz im Tank als Dieseltreibstoffe, und ohnehin durfte dieser zum Schutz der Besatzung nicht mehr direkt neben den Maschinen gelagert werden, sondern nur auf der anderen Seite des Schiffes. Der Tank reichte so nur für ein oder zwei Tage und nicht mehr für drei Wochen, wie das bei den Dieselschiffen der Fall gewesen war.

Was könnte also dieser »lustige« Jobwechsel sein, was hält Rosa dieses Mal für ihn bereit? Er bewundert sie dafür, immer wieder Auswege zu finden. Selbst in den heißesten Sommern hat sie ihn aufgebaut, aber manchmal macht sie ihm auch, so findet er, absurde Vorschläge. »Du willst mich doch wohl nicht in der Autofabrik unterbringen?«, fragt er daher, als sie an einer großen Fabrikhalle vorbeikommen. »Du weißt doch, dass ich auf das Wasser gehöre!« Triumphierend schaut sie ihn an. »Natürlich nicht!« Offenbar ist die Mer-VBMW also nicht ihr Ziel.

Duisburg ist inzwischen zum Umschlagplatz der staatlichen Autoindustrie geworden, der Mer-VBMW. Jahrelang hatte sie keinen Namen getragen, weil die drei traditionsreichen Autobauer im Lande vor Gericht darum stritten, wie die Fabrik nun heißen solle, sie hatten offenbar das Gefühl, der Name entscheide auch darüber, wer über die künftigen Modelle der Restautos bestimmen würde. Schließlich entschied die Regierung entnervt, einfach alle Kürzel in ein unaussprechliches Logo zu packen. Wenn die Manager damals geahnt hätten, zu welch einem unwichtigen Firmenzwerg ihre Branche noch schrumpfen würde, hätten sie ihre Energie wahrscheinlich eher in aussichtsreichere Kämpfe gesteckt.

Die Hafenstraße hat sich stark verändert, seit Feti sie mit seinem Schulfreund Michael in den 1970er-Jahren hinuntergefahren ist. Damals hatte sich die frisch gewaschene Kleidung über den Trockenständern der Zechensiedlungen noch schwarz gefärbt, später dann, in den 2010er-Jahren, war die Luft mit Feinstaub vom Lkw-Verkehr belastet. Nach den Dürrekatastrophen und dem nahezu trockenen Rhein 2029 drohte Duisburg eine kaputte, verlassene Stadt zu werden – oder eine beliebte Metropole mit den vielen Jobs, die kamen, seitdem die Chinesen nicht mehr »jeden Mist«, wie Feti zu sagen pflegte, für die Europäer produzierten. Er erinnert sich, wie er mit Michael im trockenen Sommer 2019 die Zeit totgeschlagen hatte, weil ihre Schiffe nicht weiterfahren konnten, das war der erste große Warnschuss gewesen, und Feti hatte sich Sorgen gemacht. »Ach, Quatsch«, hatte Michael damals gesagt, »ist doch geil, genieß den Sommer auf Kurzarbeit, das wird schon, 2003 war der Rhein auch schon mal so trocken.« Als der Fluss im nächsten Sommer, 2020 war das, wieder so niedrig fiel, sagte Michael abermals, das sei okay, es gebe statistische Zufälle, »jetzt haben wir eben zweimal hintereinander einen Rekord.« Als der dritte Rekord gebrochen wurde, überlegte Michael kurzerhand auszuwandern, die Stimmung in Duisburg war ihm zu düster geworden.

Aber schließlich hatte Michael mal wieder den richtigen Riecher, damals, als die Regierung beschloss, den Rhein zu renaturieren. Er ahnte, dass die natürlichen Landschaften viele Menschen anziehen würden, schon immer saßen sie gerne am Wasser, und wenn sich künftig auch Frösche, Biber und zahlreiche Wasservögel ansiedeln würden – wie attraktiv das sei! Er baute ein riesiges Ausflugslokal mit Lehmwänden, Strohdach und großen Terrassen über den Auen. Daran laufen Rosa und Feti auch heute vorbei, und Feti winkt seinem Freund zu, der voller Stolz an die Tische seiner Gäste tritt und sein heutiges Tagesgericht lobt, Rheinforellen mit Karottensalat und Püree aus Kartoffeln von umliegenden Bauern. Wie idyllisch das aussieht, denkt Feti. Rosa unterbricht seine Gedanken: »Guck mal, wie voll es schon wieder bei Michael ist. Wir können ja später auch noch einen Aperitif trinken gehen. Aber wir müssen erst weiter.«

Gemeinsam gehen sie über die kleinen Wege den Rhein entlang, vorbei an den vielen Grillinseln, die an diesem Wochenende von zahlreichen Familien genutzt werden. »Es ist schon verrückt, wie die Stimmung um die Renaturierung auch mit diesen kostenlosen Grillinseln gewonnen wurde«, sagt Rosa, als sie an einer Großfamilie vorbeikommen, die gerade unzählige panierte Zucchini röstet. Die Barbecues in den Lagunen waren Rosas Idee als Planungschefin des neuen, naturnahen Hafens gewesen. Auch wenn die Renaturierung letztlich eine rein finanzielle Entscheidung gewesen ist: Nach dem Hitzesommer 2029 folgten im späten Herbst Starkregenfälle, wie sie Deutschland noch nicht erlebt hatte. In vielen Gebieten des Oberrheins fielen 300 bis 400 Milliliter Wasser in wenigen Stunden, an den niederrheinischen Zuflüssen waren es immer noch 250 Milliliter – also rund zwei Badewannen pro Quadratmeter. Rosa und Feti klebten damals mit ihren Nasen an den Fensterscheiben ihres Wohnzimmers und sahen zu, wie ihre Straße zu einem Bach wurde, als wären dort nie täglich Hunderte Autos entlanggefahren.

Der Schock saß so tief, dass in den folgenden Monaten plötzlich Dinge möglich wurden, für die Umweltschützer und Hydrologinnen schon lange gekämpft hatten: Der Rhein sollte renaturiert werden, er sollte so frei fließen können wie früher. Ohnehin waren viele Dämme und Kanalisationen zerstört worden, die ebenfalls aufwendige Renaturierung war also um einiges günstiger als die Reparatur einer Struktur, die beim nächsten Unwetter wieder von Wassermassen zerkrümelt werden könnte. Auch wenn selbst der renaturierte Rhein nur selten zu einem reißenden Strom wurde und in den Sommermonaten eher einem mäandernden Bach mit Feuchtgebieten glich. Vorbild wurden schließlich internationale Projekte, vor allem aus den USA, dort trugen sie schöne Namen wie »rewildering«. In Idaho wurden etwa schon in den 2010er-Jahren vier Staudämme am Snake River zurückgebaut – mit spektakulären Ergebnissen: Nach wenigen Jahren waren die meisten Fische wieder zurückgekehrt, unter anderem Hunderttausende Lachse. Die Landwirtinnen steigerten ihre Ernte durch überschwemmtes Auenland, Fischer siedelten sich wieder an.

Der Idaho-Plan, wie Rosa ihn stets nannte, übertraf bei Weitem den »Plan Rhein 2040« von der Internationalen Schutzkommission des Rheins, der IKSR. Der war zwar schon in den 2010er-Jahren entstanden, hatte aber eigentlich nur eine punktuelle Renaturierung des Rheins vorgesehen. Damals war das Gremium neben all den industriellen Lobbyisten belächelt worden, und für viele Jahre waren seine Pläne ungesehen in Schubladen verschwunden. Die Kommission, besetzt mit Mitgliedern aller Anrainer und schließlich auch Rosa aus dem Planungsbüro des Hafens, traute sich nach dem Unwetter, einen kühnen Plan vorzuschlagen: Der gesamte Rhein sollte wieder mehr Platz haben. Der Fluss sollte wieder so mäandern und fließen dürfen, wie er es über Jahrtausende, vor den großen Umbauarbeiten im 19. Jahrhundert, getan hatte. Denn tatsächlich mussten der Rhein und seine Anwohnerinnen und Anwohner mit beiden Extremlagen fertigwerden: Er musste Starkregen verkraften, ohne Siedlungen zu überschwemmen, und er musste bei niedrigem Wasser seine Qualität halten, um trinkbar zu bleiben. Alle Versuche, Meerwasser für Tausende oder Hunderttausende Menschen zu entsalzen, stellten sich als viel zu teuer heraus, es gab keine Alternative zum Flusswasser. Tatsächlich wurde für die Dutzende Millionen Menschen, die ihr Trinkwasser unmittelbar aus dem Rhein bezogen, nichts wichtiger, als dass er gesundete. Nach vielen heißen Sommern mit rationiertem Trinkwasser in häufig schlechter Qualität waren sie bereit, dem Rhein Platz zu machen. Feti war jeden Tag auf der Baustelle, er sah, wie Betonfassungen zertrümmert, Deiche und Buhnen wieder zurückgebaut wurden, auch einige Siedlungen, die bei Starkregen ohnehin gefährdet waren, mussten der Renaturierung weichen. Plötzlich floss das Wasser langsamer, es breitete sich im Winter auf die Wiesen aus, die über Nacht ergrünten. Schilfpflanzen siedelten sich an, und Feti und Rosa bildeten sich ein, noch nie so leckeres Wasser getrunken zu haben.

»Weißt du noch, wie knapp wir damals an einer Katastrophe vorbeigerutscht sind?«, fragt Rosa ihn nun, als sie sich an den vielen Spaziergängern am Ufer vorbeischlängeln. »Oh ja, du warst wie besessen von den Projekten«, entgegnet Feti. Nach den Überschwemmungen hatte Rosa die Projektgruppe »Free Rhein Ahoi« in der Duisburger Hafenzentrale gegründet, und auch sie war zumindest kurzfristig dem Traum erlegen, den Rhein beherrschen zu können. Feti erkannte sie damals kaum wieder. Er erklärte sich ihren Furor für ein »Rhein-Massaker«, wie er es nannte, mit ihrem Ehrgeiz, ihrer Liebe zu dem Job, in dem sie als eine von wenigen Frauen im Geschäft ohnehin hatte viel durchstehen müssen. Sie konnte sich nicht vorstellen, dass die Schifffahrt einmal weniger werden würde, sie, die das Geschäft immer ankurbeln sollte. So kämpfte sie dafür, Wasser auf dem Rhein zu stauen, über elf Mauern hinweg, so wäre es planbar. »Du glaubst nicht, wie gerne die Leute mit einem Knopfdruck alles regeln möchten«, hatte Rosa an einem Abend mit glänzenden Augen gesagt. Sie war enttäuscht, dass Feti sie nicht bestärken wollte, dass er ein »ewiger Bedenkenträger« sei, und selbst ihre ständige Geste, mit dem Daumen auf einen imaginären Knopf zu drücken, der das Rheinwasser anheben können sollte, wirkte nicht auf ihn.

Rosa fuhr sogar nach Berlin, zu Finanzminister Frank Landhorst. Er empfing sie und weitere Entsandte des Duisburger Hafens in seinem riesigen Büro mit Aussicht auf die nahezu ausgetrocknete Spree, ein echter Technikfan, in dessen Regalen Modellbau-Cabrios standen. Landhorst schwärmte sofort von den vielen Jobs, die das Megaprojekt bringen könne, aber offenbar hatte er keine Vorstellung von dessen Größe: Als seine Mitarbeiter wenige Tage später Rechnungen vorlegten, nach denen die Staustufen im Rhein teilweise 150 Meter breit sein und 110 Meter Höhenunterschied überwinden müssten, winkte er schließlich ab. »Ich bau uns doch hier keinen Drei-Schluchten-Staudamm hin«, soll er seinen Kollegen gegenüber entnervt gesagt haben und ließ Rosa zeitgleich ausrichten, der Plan sei gestorben. Er könne dem Agrarministerium das Ding ohnehin nicht verklickern, sagte sein Mitarbeiter einer enttäuschten Rosa am Telefon, die brauchten den Fluss, um ihre Ernten zu retten, und ohnehin seien ja schon Zehntausende auf der Straße gewesen, als nur die ersten Pläne bekannt geworden seien. Noch aber war die Entscheidung nicht gefallen, denn die Technologieministerin Jana Missing war begeistert von dem Projekt und trat als Gegenspielerin zum Finanzminister auf.

Rosa erkannte jedoch schnell, dass Landhorst dieses Duell gewinnen würde. Und als die ersten Pläne der Staumauern auf ihrem Schreibtisch lagen, war auch sie vollends überzeugt: Es waren riesige Betonungetüme, mitten im schönen Siebengebirge, dort, wo sie so oft wandern gingen. Sie begann schnell, ihre einst so feurig vorgetragenen Pläne zu bedauern. »Vielleicht hast du doch recht«, sagte sie eines Abends verstohlen am Abendbrottisch. Feti wusste, was sie meinte, den Staudamm natürlich, über den sie sich fast zerstritten hätten. Er nahm sie in den Arm. Sie tat ihm leid, weil sie mit so viel Feuereifer gekämpft hatte, aber er wusste, dass sie bald wieder neue Projekte anschieben würde.

Sie wechselte auf seine Seite, die wohl die Oberhand gewinnen würde. Wie Rosa vollzogen damals viele Ingenieure, die früher für Staudämme eingetreten waren, eine Kehrtwende: Weltweit waren bei dramatischen Starkregenereignissen Dämme gebrochen und in Betonbetten gezwängte Flüsse weit über das Ufer getreten. Und so zogen Feti und Rosa gemeinsam mit ihren Freunden und vielen Unbekannten singend und skandierend auf Demonstrationen am Rheinufer entlang, auch Michael war dabei. Vielleicht haben die Menschen doch etwas gelernt, sagte sich Feti damals, vielleicht sind wir heute schlauer als im 19. Jahrhundert, als die Menschen fast überschnappten angesichts der scheinbaren Möglichkeit, den Rhein zu unterjochen. Schon 1815 hatte der badische Ingenieur Johann Gottfried Tulla die sogenannte Rheinkorrektur begonnen. Ein Porträt von ihm hing lange Zeit in der Zentrale des Duisburger Hafens und im Büro von Rosa, schließlich war er es, der den Rhein zu einer der meistbefahrenen Schiffsstraßen verwandelt hatte. »In der Regel sollten in kultivierten Ländern Bäche, Flüsse und Ströme Kanäle sein und die Leitung der Gewässer in der Gewalt der Bewohner stehen«, hatte er damals geschrieben, und lange Zeit wurde Tulla immer wieder von der Hafen- und Schifffahrtsindustrie herangezogen, um für große Eingriffe zu werben. Inzwischen hat Rosa sein Bild von der Wand genommen.

Tulla und seine Nachfolger hatten den Rhein unterschätzt, der Fluss war stärker, das hatte Feti im Laufe seines Lebens nach vielen Hochwassern und Dürren gelernt, niemand kann ihn beherrschen. Und deswegen demonstrierte auch er zum ersten und einzigen Mal in seinem Leben. Seine Kolleginnen und Kollegen hatten kein Verständnis. »Du bist doch verrückt, gegen deine eigene Zukunft zu demonstrieren«, warfen sie ihm vor. »Nur die Staudämme können deinen Job retten, du willst doch weiter als Schiffsführer arbeiten.« Aber er sagte nur stoisch, er wolle einen Fluss befahren und keinen Betonkanal, und ging mit seinem Pappschild »Raus aus dem Rhein« zur Demo. Rosa beeindruckte sein Idealismus, er war schon immer der mit den größeren Prinzipien von ihnen beiden gewesen. Als der Finanzminister schließlich sein Veto einlegte, waren sie beide erleichtert. Zeitgleich lief in den Nachrichten, dass Ägypten und Äthiopien den Staudamm nahe der Quelle des Nils inzwischen wieder auf eine kleinere Mauer zurückbauten, nach kriegsähnlichen Zuständen hatten sie endlich einen Kompromiss gefunden, um das Wasser gerecht aufzuteilen.

Nach der Absage von Landhorst kam Technologieministerin Jana Missing mit noch einer zweiten Idee um die Ecke, wieder wurde Rosa nach Berlin in das große Büro eingeladen: Ein Stausee sollte den Rhein nach Bedarf füllen können. »Schon während des Niedrigwasserereignisses 2018 lagen die Wasserstände über 100 Tage unterhalb der schiffbaren Pegel«, dozierte Missing. »Um die niedrigen Wasserstände über 100 Tage um rund 50 Zentimeter aufzufüllen, müssten wir rund 2,2 Milliarden Kubikmeter Wasser speichern.« Landhorsts Mitarbeiter, dem er offenbar blind vertraute, steckte ihm einen Zettel zu, Rosa hat es selbst gesehen, und danach hatte die Ministerin alle Mühe, ihren Kollegen zu überzeugen: Wollte man den Rhein über 100 Tage verfügbar halten, bräuchte man an seinem Oberlauf rund elf Speicherbecken in der Größenordnung des Edersees, also elfmal 200 Millionen Kubikmeter Wasser. Missing sagte, das sei doch wunderbar, der Eingriff viel geringer als die brachialen Staumauern, und der Edersee sei doch idyllisch, jeder kenne und liebe ihn. Der Finanzminister aber sagte ganz entgegen seinem hastigen Charakter, er müsse darüber nachdenken, und ja, den Edersee kenne er aus Kindertagen, ein schöner Fleck, ein sehr schöner Fleck.

Als der Rhein wenige Wochen später schon 120 Tage unter Normalpegel lief, schien dem Minister die Speichersee-Lösung wie ein verlorener Kampf, er hatte Angst, die Seen könnten wegen ihrer schieren Größe gar nicht erst vollendet werden. Zudem, so sagte sein Mitarbeiter, würden in den heißen Sommern 20 bis 30 Prozent des Oberflächenwassers im Speichersee verdunsten, der Rhein würde insgesamt also sehr viel Wasser verlieren. Wahrscheinlich retteten den Rhein damals auch die leeren Staatskassen davor, ihn milliardenschwer umzubauen. Inzwischen weiß die Regierung, dass dies ein Glücksfall war: Weltweit wurden viele Staudammprojekte nicht rechtzeitig oder sogar nie fertig.

Der neue, alte Rhein mäandert also wieder in seinem alten Flussbett, aber viele Schiffe können nicht mehr fahren. Was könnte Rosa ihrem Mann also vorschlagen wollen? Wie sie so am wilden Ufer entlanglaufen, malt er sich aus, dass er wieder Flöße fahren würde, und fast ist ihm dabei zum Lachen zumute, wie er nach seinem Leben auf großen Tankern nun plötzlich wieder auf einem Holzverschlag navigieren könnte. Noch bis in die 1950er-Jahre, das wusste er aus den Erzählungen seines Vaters, waren sie das Hauptverkehrsmittel auf dem Rhein gewesen, denn sie lagen ganz flach im Wasser und konnten von einem kleinen Schiff mit wenig Tiefgang gezogen werden. Ein sogenanntes Holländer-Floß wurde von einem Schraubendampfschlepper gezogen, ein »riesiges Teil«, hatte sein Vater immer mit weit ausladenden Armbewegungen gesagt. Ein typisches Floß bestand aus etwa 3000 Schwarzwald-Fichtenstämmen, war manchmal 500 Meter lang und 70 Meter breit, und in der Mitte standen 10 bis 13 geräumige Hütten, aus Brettern zusammengefügt. Feti stellt sich vor, er würde mit einer Mannschaft aus 400 bis 500 Ruderern auf dem Floß wohnen, sie würden wie früher Weißtannen, Fichten, Kiefern und Eichen transportieren. Schon beim Gedanken an die einst üppige Versorgung läuft Feti das Wasser im Mund zusammen, auch wenn sie sicherlich nicht mehr täglich einen Ochsen verzehren würden, wie es ihm sein Vater früher mit glänzenden Augen erzählt hatte.

Feti ist unweigerlich stehen geblieben, und Rosa sieht seinen verträumten Blick. »Träumst du wieder von deinem Floß?«, fragt sie liebevoll. »Daraus kann doch nichts werden«, sagt sie im nächsten Augenblick entschlossen. »Was willst du denn heute transportieren? Das Floß selbst war damals die Ware, Holz war kostbar und am Oberrhein noch im Überfluss vorhanden – das ist doch heute ganz anders.«

»Jaja, ich weiß«, seufzt er. »Aber nun sag schon, was wird mein neuer Job?«, will er zunehmend ungeduldig wissen. »Komm mit«, sagt sie und zieht ihn an seinen schwieligen

Händen vorwärts, vorbei an den vielen Störchen und Reihern, an Tüpfelsumpfhühnern und Fischottern. Als sie an einer Holzbank direkt am Wasser ankommen, sagt sie: »Du wirst Lachse angeln. Die ersten sind wieder gesichtet worden.«

Quellen

Für dieses Kapitel wurden Interviews geführt mit: Kevin Gründer (Geschäftsführer Duisburger Hafen), Joachim Zöllner (Entwicklungszentrum für Schiffstechnik und Transportsysteme e. V.), Michael Heinz (Abteilungsleiter für Umwelt und Strategie in der Generaldirektion Wasserstraßen und Schifffahrt und Vorsitzender des Fachausschusses Binnenwasserstraßen und Häfen), Marcel Lohbeck (Verband der Binnenschifffahrt) und Adrian Schmid-Breton (International Commission for the Protection of the Rhine).

Studie zum künftig fehlenden Schmelzwasser im Rhein (5.11.2018) und die Auswirkungen des Klimawandels auf die Abflussanteile aus Regen, Schnee und Gletscherschmelze (1.6.2022): Internationale Kommission für die Hydrologie des Rheingebietes (KHR)
Klimawandelanpassungsstrategie für den Rhein: Internationale Kommission zum Schutz des Rheins, 1.6.2022
Plan des Bundesverkehrsministeriums für Niedrigwasser, 2019
Richtlinien zur Qualität von Süßwasser und Schutz von Fischen: Umweltbundesamt
Die Geschichte der Floßfahrten auf dem Rhein: Schifferverein Beuel
Studie zum Zusammenhang zwischen Schifffahrt und Klimawandel: I. de Blas et al.: Energy Strategie Reviews, November 2020
Bericht des Weltklimarates zur Zukunft von Transport, Februar 2018
Studie zu den positiven Folgen von Renaturierung von Flüssen: M. W. Staatsma: Biodiversity recovery following delta-wide measures for flood risk reduction, in: Science Advanced, 8.11.2017
Bundesinitiative zur Renaturierung von Flüssen und Auen
Über die Pläne der Bundesregierung, künftig neue Staustufen in den Rhein zu bauen: www.binnenschiff.de, 19.9.2019
Informationen zum Wasserkonsum von Großindustrien: www.correctiv.org
Projektionen über die Beschaffenheit des Rheins im Jahr 2040: Internationale Kommission zum Schutz des Rheins

GEORG UND DER WALD

»Klimaresiliente Waldökosysteme (…) schützen Wasserhaushalt und Gewässer, indem sie Wasser filtern, speichern und zeitverzögert wieder abgeben, womit sie zur Grundwasserneubildung beitragen.«

Nationale Wasserstrategie, Bundesumweltministerium März 2023

Worst Case

An einem heißen Sommermorgen stürmt Georg den steilen Berghang hinauf, sein T-Shirt schweißnass, die lockigen Haare kleben an der Stirn. Sein Hund Carlos zieht ihn förmlich den Pfad hoch, der junge Weimaraner zerrt so kräftig an der Leine, dass Georg achtgeben muss, nicht einfach über den Boden geschleift zu werden. Aus dem Tal geht es 500 Meter steil aufwärts, bis rechts ein eingetretener Waldpfad abbiegt, der parallel zum Kamm verläuft. Ein Stück weiter, vorbei an den wuchtigen Felsvorsprüngen, kann man sich recht gut einen Überblick über den Ostharz verschaffen. Bei gutem Wetter sieht man sogar den Brocken, den höchsten Gipfel des Mittelgebirges. Je höher Georg steigt, desto kleiner wird sein braun-rotes Forsthaus unten im Tal mit den grauen Schindeln, das hölzerne Tor hat er offen gelassen in der Hektik. Unter seinen Schritten knacken die trockenen Äste, der Waldboden federt, er ist bedeckt von winzigen braunen Nadeln. Der Pfad nach oben führt vorbei an toten Fichten und Tannen, einige sind nackt mit abgeplatzter Borke, andere liegen querfeldein in der Gegend rum. An vielen Stellen ist der Wald licht, die Baumstümpfe ragen aus der Erde, darüber hat sich helles, dünnes Gras ausgebreitet, das sich wie eine Behaarung über alles legt. Ein paar Buchen stehen noch und spenden wenigstens etwas Schatten.

Es liegt eine unheimliche Stille über den Wipfeln, nur manchmal knarrt es. Zwischen seinen schweren Atemzügen und dem Hecheln des Hundes hört Georg dann doch das Klopfen eines Spechtes. Ein Brandgeruch weht von Westen herüber, er hat ihn bereits am Morgen beim Frühstück durchs Fenster bemerkt. Er kann die Katastrophe riechen. An eine leichte Aschenote in der Luft hat er sich fast gewöhnt in den Sommern. Zu lange schon brennt es immer mal wieder hier und da, meist Schwelbrände, die sich am Boden entlangfressen und routinemäßig von der Harzer Feuerwehr gelöscht werden, wenn sie denn rechtzeitig bemerkt werden. Doch gegen Ende der heißen Sommertage, mittlerweile ist es Ende September, kommt es dann meist noch mal richtig schlimm. Wenn alles bis zur letzten Krume durchgetrocknet ist, wenn Wochen ohne ein paar Tropfen erlösenden Regens vergangen sind. Das geht schon so, seit er denken kann. Sein Vater, der inzwischen in einem Altenheim in Magdeburg wohnt, hat ihm deshalb geraten, irgendwann von hier wegzugehen. Doch er hat gut reden. Er hat noch in einer anderen Zeit gelebt, kannte noch den alten Harzer Wald mit seinen dichten Tannen- und Fichtenwäldern, verwunschen, verzaubert, kühl und schattig. Für Georg sind das nur Erzählungen der Alten. Er ist mit dem Gerippe von einem Wald, wie es der Vater nannte, aufgewachsen.

Georg ist auch schon in anderen Wäldern gewesen und hat sich immer gefragt, warum es gerade bei ihnen so schlimm gekommen ist. Durch die trockenen Sommer sind die stillen Wasservorräte im Erdinneren an vielen Stellen versiegt, sie, die Unsichtbaren, ohne die kein Wald leben, kein Getreide gedeihen und kein Bächlein rauschen kann. Die Fichten starben großflächig ab, auch die neu gepflanzten Nadelbäume. Braune Flächen, Mondlandschaften mit Baumstümpfen, Schilder im Wald, die vor umknickenden toten Bäumen warnen. Jedes Jahr hoffte sein Vater auf Besserung, doch es wurde immer trockener, der Borkenkäfer – oder wie Vater ihn nannte: der Mistkerl –, der den Bäumen das Saft aus den Stämmen saugt, vermehrte sich durch die warmen Temperaturen rasant. Sie haben alles ertragen, alles mitgemacht und sind stets hoffnungsvoll geblieben, haben zu ihrer Heimat und den Menschen gehalten – trotz aller Widrigkeiten.

Warum soll er gerade jetzt gehen, wenn er hier doch alles hat: seine Kumpels im Bowlingclub, die Kneipenabende im Ort und sogar die Aussicht auf einen Job, bei dem er nicht viel tun muss. Nicht mal viel lernen muss er, denn die Försterei hat ihm schon sein Vater beigebracht, die Schule ist ihm leichtgefallen, allerdings ist er noch nicht ganz durch das Studium durch. Er will sich danach ebenfalls um die Waldstücke des Grafen kümmern, ganz so wie sein Vater. Da verdient er zwar nicht so viel wie im Staatsforst, aber es gibt weniger Kontrollen und Auflagen. Außerdem kann er sich auch schwarz etwas dazuverdienen. In seinem Studium geht es einigen so. Immerhin ist die Hälfte des deutschen Waldes in Privatbesitz.

Sein Vater hat ihn allein aufgezogen, seine Mutter ist mit einem anderen Mann weggegangen, sie hatte die ewige Miesepeterei zu Hause nicht mehr ausgehalten. Sie wollte schon früher weg, hatte Georg bekniet mitzukommen. Doch der hatte sich für den Vater und für den Wald entschieden. Oder was noch davon übrig war. Und er hatte seinen Vater, den Förster, abgöttisch verehrt als Kind, seine grüne Uniform bewundert, mit weit aufgerissenen Augen die toten Tiere bestaunt, die sein Vater manchmal mit nach Hause brachte.

Als Georg den kleinen Weg erreicht, der rechts Richtung Köthener Hütte abgeht, muss er kurz stehen bleiben und Luft holen. Die Lunge sticht, der Brandgeruch ist unerträglich geworden. Carlos zieht wie ein Irrer an der Leine, der Hund ist wirklich durch nichts zu stoppen. Eine Energie für 20 Mann, denkt Georg. »Carlos, langsam, ist gut, hej«, er zieht ihn zu sich ran, schaut dem Hund in die Augen. »Ruhig, ja?« Dann laufen sie weiter Richtung Hütte. Als sie angekommen sind, packt Georg erst das Entsetzen, dann bekommt er Panik. Nun ist es also so weit. Das Feuer hat sich bis auf ein paar schützende Kilometer an sie herangefressen, wie ein glühendes Monster greift es nach seinem Zuhause, nach seinem Leben, seiner Existenz, dem Haus seiner Vorfahren. Von hier oben kann er weit über den Ostharz schauen, bis zum Horizont Wald, gescheckt mit kahlen und braunen Stellen, durchschnitten von einigen Straßen. Georg stellt recht schnell fest: Das ist kein Schwelbrand mehr. Das Feuer hat sich in die Kronen der toten und noch lebenden Bäume hochgearbeitet. Die Baumgerippe glühen rötlich, dunkler Rauch aus dem Wald zieht in den Himmel. Es ist zu einem Vollfeuer geworden und kommt extrem schnell näher.

Die Flammen sind schon bei der ehemaligen Schonung rund zwei Kilometer vor dem kaputten Wehr angekommen, das gleich hinter dem ausgetrockneten Wasserfall liegt. Die Fichten hat Georgs Vater vor zehn Jahren gepflanzt, die meisten sind jedoch nicht alt geworden und stehen jetzt nackt und blassgrau in der Gegend rum. Nun fangen sie Feuer so schnell wie Streichhölzer. Ein gefundenes Fressen für die Flammen, die sich da unten nun völlig unkontrolliert ausbreiten. Georg hält sich ein Tuch vor den Mund, die Luft ist gesättigt mit giftigen Rauchgasen, ihm tränen die Augen. Carlos bellt den Abhang hinunter, es ist ein heiseres, irres Bellen.

Seit der Vater nicht mehr da ist, hat sich Georg manchmal tatsächlich etwas einsam in dem Forsthaus zwischen dem kleinen Fluss und der alten Bahnstrecke gefühlt. Er vermisst vor allem die Ausflüge mit ihm im Herbst, wenn sie um 4 Uhr morgens in den Wald gingen, um Rotwild bei der Balz zu beobachten. Der Vater und er saßen dann stumm auf einem der Hochstände und warteten. Stundenlang schwiegen sie, kein Rascheln durfte die Tiere verschrecken. Die Sonne schob sich langsam über den Horizont, die Vögel zwitscherten. Es waren ihre Stunden. Und obwohl es Georg schwerfiel, so ruhig dazusitzen, wusste er, dass der Vater ihn später loben würde für seine Geduld. Meistens sagte er sogar, dass Georg auch ein guter Förster werden würde. Und Georg widersprach nie. Es war klar, dass er auch mal so werden wollte wie sein Vater.

Der hatte das Försterhandwerk wiederum von seinem Großvater gelernt. Das Haus, der Wald, das war Familiensache, etwas, was die Generationen verband. Und er, Georg, soll nun die letzte Generation gewesen sein, die hier wohnt und arbeitet? Er soll von hier weg? Eher würde er da unten mit verbrennen, denkt er mit einem leichten Anflug von Märtyrermut. Er hat all die Jahre so viel mitgemacht, hat nie aufgegeben. Die heißen Sommer, die ständigen Schwelbrände, der permanente Verzicht auf Lagerfeuer, da es kaum mehr Tage gab ohne Waldbrandgefahr. Und die Stürme, die die toten Bäume auf die Wege knickten, die er zusammen mit der Forst dann mühsam aus dem Weg räumen musste. All die Fehlschläge der neuen Schonungen, die Versuche wieder aufzuforsten … die Liste der Enttäuschungen ist lang.

Doch bisher hat sich die Natur nach den Schwelbränden zumindest immer etwas erholt. Zwar wurden durch das Feuer viele Nährstoffe vernichtet, der Boden stark geschädigt, weil die Wurzeln von Pflanzen zerstört wurden. Dennoch schafft es die Natur immer wieder, sich zu regenerieren, es gibt Verjüngung, neue schlanke Zitterpappeln wachsen aus den schwarzen Böden. Doch Georg weiß: Bei so einem Kronenfeuer, wie es dort unten gerade lodert, wird das lange dauern. Und wer weiß, ob dann nicht direkt das nächste Feuer kommt.

Ein Höllenfeuer, denkt Georg, immer noch gelähmt von dem Anblick der züngelnden Flammen und dicken schwarzen Rauchschwaden. Er fühlt sich wie in einem dieser Blockbuster-Actionfilme. Nur, dass er die Welt nicht retten wird, nicht mal den

Wald, wahrscheinlich nicht mal sein Haus. Es passt ihm nicht, dass am Ende doch all die Schwarzmaler recht gehabt haben sollen. All die grünen Besserwisser, die irren Klimaaktivistinnen, die einmal sein Auto beschmiert und seine Reifen durchstochen hatten. Aber selbst wenn er an ihren ganzen Mist geglaubt hätte, was hätte es schon geändert? Selbst wenn er Veganer geworden wäre und sein Vater nicht Fichten, sondern Laubbäume gepflanzt hätte, was hätte das schon ausgemacht? Die Sommer wären trotzdem heiß geworden, die Brände trotzdem gekommen, und eigentlich war es am Ende auch egal, warum das alles geschah.

Ebenso wie sein Vater ist er recht früh Mitglied der SaD (»Stolz auf Deutschland«) geworden. Ihn hat die Politik aber nie so richtig interessiert. Er tat es für den Vater und weil das alles recht logisch klang, was sie den Klimaaktivisten, Sozen und Linksradikalen entgegenhielten. Er erinnert sich, wie der Graf, der Großgrundbesitzer aus Ballenrode, mal einen Vortrag hielt über die Warmzeit im Mittelalter. Anhand von Baumringen und Pollenanalysen hatte man herausfinden können, dass zur Zeit von Albrecht dem Bären – dem großen Vorbild des Grafen – wahrscheinlich eine mittelalterliche Warmzeit geherrscht hatte, mit Dürren ganz so wie heute. Die Idee, so das Klima zu rekonstruieren, hat Georg wirklich fasziniert. Seine Bäume wussten es eben besser als die Klimaaktivisten. Irgendwie war es auch beruhigend, dass es eine der Launen der Natur war und nicht die Menschen schuld waren. Das klang auch viel einleuchtender. Dachte er zumindest damals. Mittlerweile ist er sich nicht mehr so sicher. Aber viel darüber nachdenken, das tut er auch nicht.

Diese Mittelalter-Geschichten haben die Anhänger der SaD als Beweis dafür vor sich hergetragen, dass die Klimakrise nicht menschengemacht sei, man also auch nichts dagegen tun könne, alles vielleicht sogar Gottes Wille sei. Sie hatten damit politisch lange Zeit großen Erfolg. Der Graf und sein Ortsverband luden Klimaleugnerinnen und -leugner aus den USA ein, sie warfen im holzgetäfelten Rittersaal des Ballenroder Schlosses bunte PowerPoint-Bilder an die Wände und bestätigten sich gegenseitig darin, dass diese »Warmzeit« ähnlich wie jene im Mittelalter nur ein vorübergehendes Phänomen sei und schon wieder von selbst verschwinden werde.

Letzteres sagten sie irgendwann nicht mehr. Mittlerweile ist die Klimakrise seit über 25 Jahren nicht mehr zu übersehen. Es wüten Dürren in Europa, gibt lange Perioden ohne Niederschlag. Gleichzeitig liegen die Rekordtemperaturen in den Sommern dauerhaft weitaus höher als noch im 20. Jahrhundert, die Wetterlagen halten überdurchschnittlich lang an, und die Extremwetter folgen aufeinander in einem noch nie gesehenen Ausmaß. Auch all die Millionen Migrantinnen und Migranten sowie die kranken und obdachlosen Menschen sind keine »biblische Laune der Natur«, sondern gehen nicht mehr weg.

Georgs Forsthaus liegt zu allem Übel im Regenschatten des Harzes. Auf der Ostseite kam schon immer weniger Regen an, die Sonne schien hier überdurchschnittlich viel. Ihre geografische Lage ist der Region zum Verhängnis geworden. Die Wasserbilanzen auf dieser Seite des Gebirges waren seit Jahrzehnten negativ, das bedeutet, der Winterregen konnte nicht ausgleichen, was im Sommer verdunstete oder abfloss. Das galt irgendwann auch für ganz Sachsen-Anhalt, ja für ganz Deutschland: Unterm Strich verlor man jedes Jahr Wasser. Dieser »Netto-Verlust« war Anfang der 2020er-Jahre noch ein Thema unter vielen gewesen. Mit immer besseren Satellitendaten zeigte sich dann aber recht schnell eine Beschleunigung der Verluste.

Mitteldeutschland traf es besonders hart. »Dürres Sachsen« und »Wüsten-Anhalt« posaunten die Boulevardblätter. Auch schon vor den großen Dürren waren Niederschlagsmengen in der Region vergleichbar gering wie in Südspanien – allerdings war dort die Verdunstung so stark, dass sie das Wasser aus der Region forttrug und es woanders wieder abregnete. Doch irgendwann wurden auch im Harzer Vorland und im Ostharz immer mehr Tage so heiß wie früher in Südeuropa. Die schlimmsten Annahmen sind wahr geworden. Seit den 2030er-Jahren gibt es immer wieder Jahre mit einem Wasserdefizit von bis zu 120 Millimetern pro Jahr – im Vergleich zum Ende des 20. Jahrhunderts. Das sind 120 Liter pro Quadratmeter, die der Region an Wasser verloren gehen – weil bei Hitze mehr verdunstet. Die endlosen Sommer beginnen oft schon im April und halten dann bis Oktober an, Pflanzen und Bäume saugen länger und intensiver an den Wasseradern, auch der plötzlich explodierende Wasserbedarf der Landwirtschaft für die Bewässerung und für die industrielle Produktion lässt die Wasserreserven schrumpfen. Genauso das Löschen von Waldbränden. Jeder Einsatz kostet Millionen Liter des kostbaren Nasses. Zudem haben die Siedlungen am Waldrand nicht einmal Hydranten und sind daher darauf angewiesen, das Wasser zum Löschen von weit her zu holen.

Kurz: Über die Jahre ist der Bedarf an Wasser so exorbitant angestiegen, dass die unterirdischen Speicher übergebührlich angezapft wurden. Diese Verluste konnten nicht mehr ausgeglichen werden. Der Grundwasserpegel sank erst großflächig um einen Meter pro Jahrzehnt, ab den 2030er-Jahren ging es immer schneller, erst ein Meter in fünf, dann bereits in drei Jahren – bis viele Messstellen in Sachsen-Anhalt dauerhaft auf Rot standen.

Die Landeshauptstadt Magdeburg war früher von Äckern umgeben, die Börde mit den fruchtbaren Böden. Schon damals gab es, so weit das Auge reichte, keinen Baum und keinen Strauch. Stattdessen erstreckten sich riesige Felder, deren Ende man nicht mehr sehen konnte. Solange noch halbwegs regelmäßig Regen fiel, ging das gut – auch wenn die Naturschützer schon Jahre vor der Wasserkrise ein Artensterben und überdüngte Böden beklagt hatten. Doch wenn die Ernte stimmte, juckte das niemanden. Aber irgendwann stimmte auch die eben nicht mehr.

Alles begann mit einigen Warnungen von Wissenschaftlerinnen und Wissenschaftlern in trockenen Sommern Anfang der 2020er-Jahre. Städte wie Quedlinburg waren in einigen Jahren die trockensten Orte in ganz Deutschland. Auch die Prognosen waren recht eindeutig: Sollten solche Dürresommer häufiger werden, bekämen die Landwirtschaft, die Industrie und die Forstwirtschaft ernste Probleme. Trotz darauf folgender Spitzengespräche und Dürre-Gipfel der Landesregierung passierte aber nichts. Diese Krisenstimmung kannte Georg nur aus alten Videos und aus Erzählungen, damals war er gerade in die Schule gekommen.

Je härter die Extremwetter der Region zusetzten, desto bockiger wurde der Vater. Er schimpfte auf die Regierung, die sie alleinlasse mit den Problemen, »die da oben« würden nur für sich und ihre dicken Pensionen sorgen. Einmal besuchte das Staatsoberhaupt aus Berlin sein Dorf, Georg hat den Namen vergessen. Der Vater schleppte ihn mit zur Kundgebung. Er schwang eine SaD-Fahne, sein Vater brüllte in die Menge mit verzerrtem Gesicht, ihn überfiel eine echte Wut, das hatte Georg sehr deutlich gespürt und sogar ein bisschen Angst bekommen.

Es war die Zeit der Warnungen und der verhärteten Fronten. Hydrologen schlugen Alarm, Künstlerinnen und Aktivisten organisierten Proteste, dann gab es immer mehr runde Tische und Wasser-Gipfel, und dann hatte plötzlich niemand mehr Zeit für politischen Streit. Es brannte fast jeden Sommer im Harz und auch im Nationalpark Brocken – aber Probleme gab es überall in Deutschland. Die Brände und die Trockenheit ihrer Region waren nur eine Katastrophe unter vielen. Und jede Region schaute nun, wo sie blieb. Die Wiesen und Äcker rund um den Ostharz wurden jedes Jahr schon im Juni gelb, und die Äcker verdorrten jeden Sommer, im Wald gab es schon Ende Februar die erste Waldbrandstufe.

Bereits im Frühjahr liefen Vater und Sohn deshalb durch die Waldstücke des Grafen und versprühten »Karate Forst Flüssig«, ein Insektizid eines chinesisch-schweizerischen Konzerns. Zwar warnten Umweltverbände und das Umweltbundesamt davor, das Mittel großflächig einzusetzen. Aber dem Vater war es wichtiger, die Fichten des Grafen zu retten. Es waren schon zu hohe Verluste entstanden, und der Chef sollte wenigstens etwas von seinem Wald haben. Insekten wie Schmetterlinge, Libellen oder Käfer konnten schließlich auch woanders glücklich werden, so Georgs Vater, sie mussten das nicht unbedingt auf den wertvollen Fichten tun.

Doch kein Insektizid konnte das größte Problem lösen: den fehlenden Regen. Zwar gab es in der Bilanz nicht weniger Regen, doch war er extrem ungleich im Jahr verteilt.

Als dann das Katastrophenjahr 2029 kam und auch danach die Dürren jedes Jahr wiederkehrten, ging die Lobbyschlacht los. Alle hielten sich plötzlich für systemrelevant – Unternehmen, Hotels, Landwirtschaft: Sie alle erhoben Ansprüche auf die Wasserentnahme – der noch heute ungelöste Interessenkonflikt ums Wasser brach aus. Und die Landesregierung geriet dazwischen, ratlos, planlos, mehrere Ministerinnen und Minister mussten nach Korruptionsskandalen um Wasserrechte gehen. In diesem Chaos wuchs Georg auf, in einer Welt, die aus den Fugen geriet. Als die Mutter fortging, war sein Vater der einzige Halt, der ihm noch blieb.

Zum Anfang der Jahrhundertdürren waren die Gemeinden und die Landesregierung nur damit beschäftigt, die ständig wachsende Wasserknappheit zu bekämpfen. Kaum jemand kümmerte sich aber darum, was passieren würde, wenn plötzlich zu viel Wasser da sein würde. Dabei war es genau so gekommen, wie einige Studien bereits in den 2020er-Jahren vorhergesagt hatten: Auf die Dürre folgten Fluten. Die Zusammenhänge waren eigentlich ziemlich banal, Georg hatte sie bereits mit zwölf Jahren im Physikunterricht und dann noch mal in der Ausbildung runterbeten müssen: Wird es wärmer, kann die Luft mehr Wasser aufnehmen. Die Verdunstung aus Oberflächengewässern nimmt rapide zu. Deshalb ist mehr Wasser in der Atmosphäre. Doch dieses Wasser ergießt sich nicht mehr gleichmäßig als Landregen über die Landschaft, sondern eher so, als ob jemand eimerweise Wasser auf einmal ausschüttete. Erst traf es Magdeburg, dann kam es zu Überschwemmungen in Brandenburg, und irgendwann war auch ihre Region dran, keine drei Jahre war das her. An einem einzigen Tag fielen über 140 Liter pro Quadratmeter – bei einem normalen Landregen sind es nur rund 30 Liter. Das Nass traf auf die knochentrockenen Böden, auf das trockene Nadelbett im Wald, irrte in Erdrissen herum und fand keine Stelle, wo es in die Erde eindringen konnte. Kein noch so heftiger Erguss konnte die Grundwasservorräte wieder auffüllen, auch wenn die Böden nach so manchen Starkregen matschig und durchweicht waren. Das meiste Wasser drang auch nicht mehr in die unteren Schichten, sondern sammelte sich nur in riesigen Pfützen, verdunstete oder floss rauschend in die großen Flüsse Richtung Meer. Dabei lechzten die Grundwasserspeicher nach Wasser.

Ein paarmal wurden die Starkregen der Region zum Verhängnis: Es wurde kritisch, wenn der Niederschlag nicht ein paar Stunden, sondern eine ganze Nacht hindurch fiel – und einfach nicht aufhören wollte. Dann wurden die Pfützen auf den rissigen Böden zu Bächen und schließlich zu Sturzfluten, die im Tal entlangschossen und alles mit sich rissen, Mülltonnen, Autos, Strommasten, Fahrräder, Öltanks. Einmal starben fünf Menschen in ihren Häusern, weil die Fluten um fünf Uhr morgens kamen, sie schafften es nicht rechtzeitig in die höheren Stockwerke. Das Flüsschen neben Georgs Forsthaus schwoll zu einem reißenden Fluss an, die untere Etage stand unter Wasser. Sie hatten das Wehr – die alte Stauanlage – am Ende des Grundstücks ja nie repariert, es hätte auch niemand Geld dafür gehabt, hat der Vater immer gesagt.

Als Georg am Morgen nach der Flutnacht in die Ortschaft fuhr, glaubte er, jemand sei mit einem Bulldozer durch das Dorf gefahren. Viele Bäume auf der Hauptstraße waren umgeknickt wie Streichhölzer, Teile von Dächern, Möbel und Müll verteilt auf den Feldern, die Häuser bedeckt mit Schutt, als ob ein Tornado durch die Ortschaft gefahren wäre. Das einzige Eiscafé im Zentrum von Ballenrode ist seitdem geschlossen, die Einrichtung ist hinüber, die Versicherung wollte nicht zahlen, die Besitzerin wurde depressiv. Einige Tote fand man in ihren Häusern, ein alter Herr starb im Keller an einem Stromschlag. Viele Einwohner suchten Schutz im Gutshaus des Grafen, das auf einem Hügel liegt und an dem die Fluten fast spurlos vorbeigegangen waren. Versicherungen hatten die wenigsten, die Regierung sprang nicht ein – es waren mittlerweile einfach zu viele Extremwetter in jedem Jahr.

Georg und seinen Vater hatte es noch recht gut getroffen, sie konnten wenigstens im ersten Stockwerk ihres Hauses schlafen und hatten ein Dach über dem Kopf. Viele Dorfbewohnerinnen aber verloren alles und wurden in einer Halle im ehemaligen Marstall untergebracht, der etwas unterhalb des Gutshauses des Grafen liegt. In den alten Pferdekabinen harrten sie wochenlang aus, bis sie ihre Häuser halbwegs wieder hergerichtet hatten. Sie bedankten sich artig beim Grafen, obwohl es in dem Gebäude stickig und heiß war, die Sanitäranlagen stanken und es nicht mal Duschen gab. Georg und sein Vater brachten den vorübergehend obdachlos Gewordenen im Namen der Partei frisches Obst und Weizenbrote. Die Leute stürzten sich auf die Köstlichkeiten, es war ihnen egal, wer sie verschenkte – für Politik hatten sie in dieser Lage wenig übrig, sie wurden nur noch verschlossener.

Die meisten Bewohnerinnen und Bewohner von Ballenrode haben wie viele in der Gegend schon lange keine Arbeit mehr. Doch sie sind geblieben, oft weil sie keine Kraft hatten, um wegzugehen, weil sie noch in geerbten Häusern leben oder günstige Mietverträge haben. Nach der ersten Jahrhundertdürre, die über fünf Jahre andauerte, gaben viele Landwirte auf, die auf den einst fruchtbaren Schwarzerdeböden vor Magdeburg Getreide oder Mais angebaut hatten, auch Felder zu bewässern war längst nicht mehr möglich. Die Angestellten der großen Agrarbetriebe blieben auf der Strecke. Dann fiel die Schifffahrt auf der Elbe weg, weil die Pegel nicht mehr auf einstige Höhen kletterten – und auch die ohnehin wenigen Fabriken und Chemiewerke mussten verlagert werden oder die Produktion einstellen, weil sie größere Mengen Wasser brauchten, um ihre Anlagen zu kühlen oder Papier und Düngemittel herzustellen. Sogar ein Großteil der Touristinnen blieb irgendwann fern, weil die Auen an der Elbe austrockneten, es keine kühlenden Seen oder grüne Erholungsgebiete gab und das Baumsterben im Harz so massiv wurde, dass es gefährlich wurde, dort zu wandern. Nachdem vier Touristen auf einem Parkplatz in ihrem Auto von einem Baum erschlagen und zwei Kinder nach einer Wanderung schwer verletzt ins Krankenhaus gebracht worden waren, mussten die Gemeinden überall Warnschilder aufstellen. Doch wer wollte schon in einem toten Wald wandern gehen, der auch noch lebensgefährlich war? Auch die Skiorte im Harz gaben Mitte der

2030er-Jahre schließlich ihre Anlagen auf. Zwar fiel schon lange davor kaum noch Schnee, aber man hatte versucht, die Pisten zu 100 Prozent zu beschneien. Aber das gelang irgendwann nur noch für wenige Wochen, weil die Temperaturen meistens weit über den Gefrierpunkt stiegen und auch das Wasser für die Schneekanonen fehlte.

Die Region blutete weiter aus – obwohl sie sich in den 2020er-Jahren erst langsam von den Umbrüchen der Wendezeit und dem Ende des Sozialismus erholt hatte. Alles sah damals noch danach aus, als gäbe es etwas Hoffnung für die vielen abgehängten Ortschaften mit ihren leeren Marktplätzen und traurigen Billigkaufhallen. Mit den Aufbauprogrammen hatte man die Innenstädte schön gemacht, den Tourismus angeschoben, Start-ups angesiedelt. Aber dann kam die erste Coronapandemie, danach die Energiekrise und schließlich immer mehr Dürren. Georg wechselte im Katastrophenjahr 2029 gerade auf die weiterführende Schule. Solange er denken konnte, redeten die Medien, die Nachbarinnen und auch seine Lehrer immer nur von der Dürre und den Bränden.

Sein Vater hatte sich selbst immer als Katastrophenverwalter bezeichnet. Er werde die Stellung im Wald halten, sagte er immer. Natur sei unverwüstlich, und irgendwann werde sie sich schon anpassen. Georg hatte ihm geglaubt. Ihnen ging es auch immer besser als den Leuten im Dorf unten. Das lag an dem guten Draht, den der Vater zum Grafen hatte. Dabei ging es nicht nur um die Partei, sondern auch um seine Waldgüter. Georg spielte einige Zeit ein bisschen die Waldsecurity für den Grafen, passte auf, dass niemand Holz stahl oder unerlaubt zeltete. Außerdem fütterte er das Rotwild, damit der Graf genug zum Schießen hatte, wenn er mal zu jagen gedachte. Allerdings gab es deshalb irgendwann eine Wildüberpopulation. Die Tiere nagten die neu gepflanzten Bäume ab oder trampelten sie platt.

Während es überall trocken ist, hat der Graf genug Wasserreserven. Da sind die Wasserentnahmerechte aus den Flüssen, zahlreiche grundstückseigene Brunnen und das Reservoir für die Landwirtschaft, das sich ebenfalls aus dem Grundwasser speist. Wird es an einer Stelle knapp, hat der Graf immer noch eine andere Option – und es setzt ihm keiner Grenzen. »Die Rechte hat er geerbt, und besser er hat sie als irgendwelche ausländischen Investoren«, hat der Vater immer gesagt. Allerdings weiß jeder, dass man diese Rechte vielleicht erben kann – sie aber dennoch von der Unteren Wasserbehörde kontrolliert und genehmigt werden. Die lässt dem Grafen aber freie Hand. Früher hatte der Vater Termine im Gutshaus. Schon damals war es umgeben von einem blühenden Garten mit Zierpflanzen und Springbrunnen, etwas weiter draußen hinter dem Park liegt außerdem ein Golfplatz mit echtem Rasen, es gibt Karpfenteiche und einen Swimmingpool, während rund um den angrenzenden Park die Landschaft austrocknet, Bäume abbrennen, die Landwirtinnen und Landwirte aufgeben, die Bäche versiegen und die Elbe im Sommer nur noch ein dünnes Rinnsal ist.

Georg hört ein knatterndes Geräusch. Hubschrauber. Sie kommen endlich, um zu löschen, denkt er. In ihm keimt neue Hoffnung. Die Ladeluke öffnet sich, das Wasser fällt auf die Flammen, es zischt, bis zu sechs Tonnen auf einmal sollen es sein, hat Georg mal gehört. Aber der Wind verteilt das Wasser, und es kommt ihm so vor, als ob sich das Feuer nicht im Geringsten dafür interessiert. Der Hubschrauber dreht wieder ab, der Weimaraner blickt ihn fragend an, lechzt. Georg muss etwas tun. Nur was?

Er beschließt, zum Forsthaus zurückzulaufen, nun weiß er, wie es steht. Und es steht extrem schlecht. Er will versuchen, sie zu verteidigen, er will das alles nicht einfach so aufgeben. Was soll er dem Vater sagen? Dass ihr Haus, in dem bereits der Großvater als Kleinkind gespielt hat, abgebrannt ist?

Sein Kampf dauert keine vier Stunden. Die Winde heizen den Brand an, das Feuer schlägt zu schnell über, im Umkreis von mehreren Kilometern gibt es einfach zu viele tote, trockene Nadelbäume. Georg spürt förmlich, wie es näher kommt, die Luft ist schwer von den toxischen Abgasen, das Atmen eine Qual. Er versucht erst, Schneisen um das Grundstück zu schlagen, altes Gestrüpp wegzuschaffen, das sich leicht entzünden kann, dann läuft er mit einem Gartenschlauch über das Grundstück, versucht, alles zu vernässen. Carlos begleitet die Rettungsaktion mit seinem unaufhörlichen Bellen. Auch er spürt, wie die Hitze näher kommt. Irgendwann dringt nur noch ein heiseres Krächzen aus dem Maul, die Zunge hängt dem armen Tier lang heraus, es ist ähnlich erschöpft und verzweifelt wie sein Herrchen. Es ist unerträglich geworden, Georg vermutet das Feuer nur noch wenige Hundert Meter vom Haus entfernt. Es bleibt ihnen nichts anderes übrig, als sich zu verabschieden.

Als Georg mit dem Landrover ins Dorf einfährt, haben ihn fast alle Kräfte verlassen. Die Schweißflecke unter dem T-Shirt sind riesig, sein Gesicht ist mit schwarzem Dreck beschmiert, die letzte Wasserflasche leer. Er hält auf einem Standstreifen neben der Straße, im Rückspiegel sieht er die schwarzen Rauchwolken aufsteigen, dann bricht er in Tränen aus. Es ist die Erschöpfung, der verlorene Kampf, der Gedanke an den Vater, dem er all das nicht erzählen kann. Er würde es nicht verkraften.

Jemand klopft an die Scheibe. Es ist die junge Schulze. Sie trägt ein weißes Leinenkleid, ihre Haare sind durcheinander, ungekämmt wie immer. Lea Schulze ist die Tochter einer Künstlerin aus Halberstadt, die hatte schon in den 2020er-Jahren mit rund 100 Aktivistinnen und Aktivisten historische Holzpaddelboote durch den Harz getragen, es ging um Aufmerksamkeit für die

Wasserkrise. Damals gab es Podiumsdiskussionen, Petitionen an den Gemeinderat, Ausstellungen. Die verrückte Künstlerclique, hatte Vater sie genannt.

Lea hat ihre Mutter sehr verehrt, sie ist jedoch vor ein paar Jahren tragisch ums Leben gekommen. Sie hatte sich aus Protest an die umzäunte Rappbodetalsperre gekettet, genau am Eingang, tagelang. Da war Lea gerade mal 16. Einige ihrer Fans brachten Leas Mutter Essen und setzten sich solidarisch dazu, dann kam die Presse, führte Interviews und schrieb über die »Wasseraktivistin«. Leas Mutter protestierte gegen die Teilprivatisierung der Talsperre, immerhin versorgte der angestaute See eine Million Menschen mit Trinkwasser.

Doch die Stadt war auf die Millionen vom Grafen und von einem Investor aus Süddeutschland angewiesen. Das Wasser in dem künstlichen See war damals mit Blaualgen durchsetzt, der Sauerstoffgehalt so niedrig, dass das Wasser drohte zu kippen, die Kosten für die notwendigen Anpassungen im Wasserwerk und die modernen neuen Infrastrukturen waren wirtschaftlich nicht zu bewältigen und überforderten die ohnehin gebeutelte Gemeindekasse. Die privaten Geldgeber versprachen, die Talsperre zu retten, und damit den einzigen Hoffnungsträger weit und breit.

Dabei hatten Forscherinnen und Forscher bereits in den 2020er-Jahren davor gewarnt, dass die höheren Temperaturen den Stausee zu einem Gewässer wie den Lago Maggiore machen könnten. Das bedeutete jedoch nicht, dass dort Palmen stehen oder italienische Badeverhältnisse herrschen würden, wie manche Rechtspopulisten ulkten, sondern dass sich blaugrüne Algenteppiche ausbreiten würden, die bereits in der Mitte des Sommers anfangen aufzublühen, dann in Zersetzung überzugehen, dem See den Sauerstoff zu nehmen und den Fischen den Tod zu bringen. »Ist unser Trinkwasser in Gefahr?«, titelten die Zeitungen, und »Algenpest bedroht Trinkwasserversorgung«. Der Graf versprach, sich darum zu kümmern, wollte dafür kein Geld, sondern erweiterte Wasserrechte mit riesigen Entnahmemengen – und das für die nächsten 100 Jahre. Da die SaD-Partei im zuständigen Gemeinderat die Mehrheit stellte, wurde die Untere Wasserbehörde unter Druck gesetzt, dem Grafen und seinem Investor die Rechte zu gewähren. Und im Gegensatz zu den nötigen Millionen für den Umbau der Talsperre und des Wasserwerkes kostete diese Zusage die Gemeinde erst mal nichts.

Die Aktion von Leas Mutter fanden damals nicht alle gut. Die Künstlerin hatte viele Feinde, und eines Nachts kamen einige betrunkene Jugendliche und schlugen so brutal auf sie ein, dass sie später an ihren Verletzungen starb. Bis heute ist unklar geblieben, ob sie angeheuert wurden.

Seitdem lebt Lea in der alten Scheune ihrer Mutter auf einem verlassenen Gutshof. Der Weiler heißt Bärendorf und liegt auf einer Anhöhe, umgeben von Wald – oder was davon noch übrig ist, rund 20 Autominuten von Georgs Forsthaus entfernt. Alle anderen Besitzer haben ihre Höfe aufgegeben. Georg ist mit Carlos einmal da gewesen, für einen Osterspaziergang. Er und Lea haben sich von Weitem gegrüßt. Er ist nie besonders gesprächig gewesen. Im Weiler standen damals nur noch Häuserskelette, die Dächer löchrig, die Fenster eingeschlagen, Teile der Ställe bereits eingestürzt.

»Hej, alles in Ordnung?«, fragt Lea jetzt vorsichtig durch die Scheibe. Georg reagiert erst nicht, dann lässt er langsam die Scheibe runter, Carlos bellt heiser los, heraus kommt wieder nur das schreckliche Krächzen. »Euch hat es auch erwischt, oder? Wo ist denn dein Vater?«, fragt sie vorsichtig, etwas eingeschüchtert durch den Hund. Georg fasst sich wieder, erzählt in kurzen, abgehackten Sätzen, wie das Feuer sich durch ihr Tal gefressen hat, dass der Vater das nie erfahren darf und in Sicherheit im Altenheim sitzt – und dass er selbst nun nicht weiß, wohin. »Wenn du mich einsteigen lässt, zeig ich dir das Camp«, sagt Lea. Dort würden sich alle sammeln, die ihre Häuser hätten aufgeben müssen. Sie sei schon seit einer Woche dort, ihren Weiler Bärendorf gebe es nicht mehr.

Auf keinen Fall gehe ich in so ein Camp, schießt es Georg durch den Kopf. Er winkt ab und beschließt, zum Grafen zu fahren. Der hat sich doch immer so gut mit Vater verstanden, er hat sicher eine Bleibe, vielleicht sogar einen Job. Er lässt Lea stehen, fährt etwas zu ruckartig an.

An dem großen Tor vor dem Gutshaus hängen gleich drei Kameras, die Mauer ist oben mit Stacheldraht versehen. Am Klingelschild stehen der Familienname, »Von Wanderfels«, und der Firmenname, »Harzer Quelle«.

Seit Beginn der Wasserprivatisierung hat sich der Graf Entnahmerechte aus den Flüssen, einen Blankoscheck für Brunnenbohrungen und Hunderttausende Kubikmeter Grundwasserentnahmerechte pro Jahr gesichert. Aus den letzten Grundwasserbrunnen pumpt er für seine Sprudelwasserflaschen über 300 000 Kubikmeter Grundwasser pro Jahr ab. Ein Ärgernis für viele Anwohnerinnen und Anwohner sind aber auch die Wasserbecken für die Landwirtschaft, in die er für seine Betriebe teils grundwassergespeistes Wasser einleitet. Nur so kann auf den mitteldeutschen Feldern zwischen Magdeburg und dem Harz überhaupt noch etwas angebaut werden.

Georg wird von einer Bediensteten reingelassen, dann wartet er stundenlang, bis der Hausherr mit seinem SUV endlich durch die Einfahrt rollt. Nach einem freundlichen Wortwechsel mit dem Grafen ist klar, dass Georg hier nicht bleiben kann. Er bekommt aber angeboten, als Security-Beauftragter zu arbeiten, solange sich die Lage im Wald nicht beruhigt. Später dann könne er ja das Totholz und die verkohlten Stämme rausholen. Zu tun gebe es genug, meint der Graf. Vielleicht sollte man das gesamte Gelände einfach roden und daraus Bauland machen, sagt er weiter. Georg hört seine Stimme nur noch gedämpft und hat Probleme, sich auf den Beinen zu halten, dem Grafen zu folgen. Sein Wald soll für immer verschwinden? »Bis da wieder ordentlich was wächst, bin ich eh längst tot, da nützen mir neue Schonungen jetzt herzlich wenig«, beendet der Graf seinen Monolog.

Georg bleibt also nichts anderes übrig, als ins Auffanglager zu fahren. Ich bin jetzt obdachlos, denkt er ungläubig. So schnell kann das gehen. Bei den TV-Berichten über die Zustände in den Flüchtlingscamps in den letzten Jahren hat er immer recht schnell weitergezappt. Wer wollte das Elend schon sehen, war ja eh immer dasselbe. Nun ist er selbst dran. Wegzappen geht nicht mehr. Als Georg später ins Camp kommt, trifft er Lea in der Essensschlange wieder. Er schaut etwas beschämt zur Seite, doch sie lächelt ihn verschmitzt an. Sie hat sich anscheinend schon an diesen Wahnsinn gewöhnt, und obwohl er einfach abgehauen ist, ist sie immer noch nett. Es gibt Suppe und Brot, bei dieser Hitze eigentlich eine Zumutung. Später sitzen sie vor den provisorischen weißen Häusern, vor ein paar Jahren ist hier mal ein Flüchtlingsheim gewesen. Die Anlage liegt auf einem Hügel, etwas außerhalb der Ortschaft. Der Gebirgszug hinter ihnen hebt sich leicht dunkel vom milchigen Himmel ab. Es steigen schwarze Rauchsäulen auf, der Brandgeruch ist immer noch da, alle scheinen sich daran gewöhnt zu haben. Vor ihnen liegt die mitteldeutsche Ebene wie ein flacher Teller, an einigen Stellen ragen weiße Windradspitzen heraus. Georg hat sich nie an die steppenartige Landschaft gewöhnt, auch deshalb wollte er nie weg aus seinem Wald. Auf den ehemaligen Feldern wächst nur noch dieses helle, dünne Gras, außer ein paar Krähen hat er noch nie Tiere auf den Feldern gesehen.

Die meisten im Camp warten hier schon seit Wochen auf Hilfen von der Regierung, kaum jemand ist versichert. Tatsächlich sind die monatlichen Versicherungsquoten seit ein paar Jahren so hoch, dass nur noch Wohlhabende sich den vollen Schutz leisten können. Auch Georg hat keine Police. Dabei hätten sie es eigentlich wissen müssen. Doch nach dem Hochwasser ist die Versicherung so teuer geworden, dass der Vater beschloss, den Vertrag zu kündigen.

Obwohl der Wald schon seit Jahren immer wieder gebrannt hat, dachten sie immer, eine schützende Hand werde schon verhindern, dass ihr Forsthaus von 1890 dran glauben müsse. »Mein Ururopa wird schon gewusst haben, wo er das Haus hinbaut, war ja nicht blöde«, hat Vater immer gesagt. Er war vielleicht nicht blöde, denkt Georg jetzt. Aber er wusste noch nichts vom Klimawandel. Nun gelten andere Gesetze.

In der Essensschlange hat er gehört, dass es nicht genug Löschflugzeuge gibt. Früher konnten sie immerhin noch Hubschrauber aus anderen Ländern anfordern. Doch seitdem die Europäische Union sich schrittweise aufgelöst hat, sorgt jedes Land für sich. Nur noch im Notfall greift man sich unter die Arme. Derzeit wüten wohl noch Brände in Tschechien, Italien und in Südfrankreich. Es brennt an vielen Stellen gleichzeitig, es brennt länger und mittlerweile auch zu allen Jahreszeiten.

Lea reicht ihm ein Bier, sie spricht viel davon, was anders hätte laufen können. All die Warnungen, die alle in den Wind geschlagen haben. Die lächerlichen Förderprogramme der Regierung, die viel zu mickrig waren, um die Region vor der Dürre zu schützen. Sie spricht über Gerechtigkeit, dann über den Grafen. Dabei weiß sie doch genau, dass Georgs Vater in seinen Diensten stand. »Ich fange auch bald an, für ihn zu arbeiten«, sagt Georg daraufhin. »Was weißt du schon, warum die Feuer kamen, vielleicht habt ihr Ökos auch einfach zu viel Totholz im Wald gelassen.« Eigentlich wollte er es nicht so schroff sagen. Aber weil er nicht gewohnt ist, viel zu sprechen, hören sich seine Worte hart und kalt an. Lea verstummt, trinkt ihr Bier. Eigentlich schade, denkt Georg dann. Aber was soll er schon mit einer, die ihm die ganze Zeit erzählt, was hätte besser laufen können. Es ist, wie es ist. Und warum, ist jetzt auch nicht mehr wichtig.

Best Case

An einem heißen Sommermorgen wacht Georg von einem kreischend lauten Ton auf. »Mööööp, mööööp, möööööp …« Sein Handy vibriert, es macht diesen ohrenbetäubenden Lärm. »Feueralarm« steht da in dicken Lettern, weiß auf schwarzem Grund. Er drückt den Button »Alarm zur Kenntnis genommen«, der furchtbare Ton verstummt. Sein Kopf ist schwer von Müdigkeit und den Tequila-Shots vom Vorabend. Er hat mit einigen Freunden in der Waldhütte gesessen, einem kleinen Verschlag auf einem Hügel mit fulminanter Aussicht, den nur sie kennen. Es war eine warme Sommernacht, und sie haben wie immer den Moment verpasst, an dem man besser geht, wenn der nächste Tag noch was werden soll. Einer hat gescherzt, dass Georg vielleicht morgen von der Feuerwehr geweckt würde statt von einem Mädchen.

Er hat recht behalten. Der Feueralarm ist nach einer durchsoffenen Nacht zwar ziemlich nervtötend, aber Georg lebt insgesamt ruhiger, seit das Land dieses Frühwarnsystem für Waldbrände verpflichtend gemacht hat. Er hatte sich schon lange dafür eingesetzt, auch weil er mit seinem Vater in einem Försterhaus im trockenen Ostharz lebt. Als er noch kleiner war, haben sein Vater und er auf ihren Runden einmal Touristen dabei erwischt, wie sie in einem trockenen Sommer bei Waldbrandstufe 5 bei einem Picknick auf dem Waldparkplatz rauchten und die Kippen wegschnipsten. Georgs Vater, ein fast zwei Meter großer durchtrainierter Mann, machte keine halben Sachen. Er rief sofort die Polizei, alle bekamen eine Anzeige. Georg spürte schon damals, wie angespannt sein Vater war, wie er sich sorgte um den Wald, ihr Zuhause, und seine Verzweiflung, weil er nicht ständig durch den Forst Streife gehen konnte. »Ich bin nicht Förster geworden, um Feuerteufel zu jagen«, schimpft er öfters.

Das Revier des Vaters liegt im Regenschatten des Harzes. Auf der Ostseite des Harzes, wo sich ihr Försterhaus befindet, kommt oft kein Regen mehr an, die Sonne schien hier schon immer überdurchschnittlich viel. Seit die Sommerdürren zum Normalzustand geworden sind, ist nicht mehr viel übrig von den einst idyllischen Mittelgebirgen mit den dichten Fichten- und Tannenwäldern, verwunschen und sagenumwoben. Diesen Harz kennt Georg nicht mehr. Er ist mit den toten Bäumen aufgewachsen. Die Berghänge voller vertrockneter Fichten sind für ihn normal. Seit seiner Kindheit ist er daran gewöhnt, ständig in Habachtstellung zu sein: Dass etwas nicht stimmte, merkte er vor allem, wenn sein Vater nervös wurde. War es zu trocken, hatte man Angst vor Bränden, und bei Wind mussten sie im Haus bleiben, denn umstürzende tote Fichten könnten gefährlich werden, warnte der Vater immer, und bald warnten auch viele Schilder davor und schreckten damit Touristinnen und Touristen ab. Sie saßen dann in ihren Hotels, weil es entweder zu viel Wind gab oder gerade wieder irgendwo ein Feuer schwelte.

Wenn es dann mal regnete, fanden sie das auch nicht so gut. Aber der Vater war dann ganz vergnügt und zuversichtlich. Wenige Tage später aber streiften sie zusammen durch den Wald, und der Vater murmelte etwas von »schon wieder alles so trocken« und grub seine Hand in den Waldboden, um zu prüfen, wie es um die Bodenfeuchte stand. Die Fichten, die im Harz so häufig wuchsen und die ihre Vorfahren gepflanzt hatten, waren Flachwurzler, erklärte der Vater Georg. Sie kamen nur an das Wasser an der Oberfläche ran, die meisten wurzelten nur einen halben Meter tief. Doch gerade die oberen Bodenschichten trockneten am schnellsten aus, so wie sie auch am schnellsten wieder feucht wurden.

Die Trockenperioden im Sommer wurden mit der Zeit immer länger, Georgs ganze Kindheit über redeten alle nur davon, wie einfach es früher mal gewesen sei. Der Wettermann im Fernsehen erklärte die Veränderungen bei jeder Dürre aufs Neue mit dem gestörten Jetstream, einem Windband, das sich in 15 Kilometer Höhe bewegt, angetrieben von den Temperaturunterschieden zwischen der Arktis und den Tropen. Das Windband schwächelte aber, weil sich die Arktis immer schneller erwärmte. »Der Motor ist kaputt«, sagte der Meteorologe. »Deshalb bleibt das Windband öfter mal stehen, und zwar länger, als uns lieb sein kann.« Irgendwann wussten alle, was der Jetstream war und dass er sich zu langsam bewegte. Das Windband war also an ihrer Situation schuld, so merkte es sich Georg. Denn es regnete wochenlang nicht, das Thermometer kletterte jeden Tag über 30 Grad, bei den Rundgängen knackten die trockenen Stöckchen, knisterte das trockene Laub, federten ihre Schritte über das weiche Nadelbett unter den Fichten und Tannen.

Auch der Winterregen konnte das fehlende Wasser der restlichen Monate irgendwann nicht mehr ausgleichen. Das gilt auch für den Rest von Sachsen-Anhalt. Bereits in den 2020er-Jahren waren die Regenmengen am Rande des Ostharzes vergleichbar niedrig wie in Südspanien, nur fiel es damals noch nicht auf, weil die Sommer noch nicht ganz so heiß waren. Doch mit den steigenden Temperaturen gab es auch mehr Verdunstung, das Wasser verschwand aus der Region. Und je wärmer es wurde, desto mehr saugten die Bäume und Pflanzen das Wasser aus den Böden.

Auf Satellitenaufnahmen konnte man das Übel der Trockenheit recht deutlich verfolgen: Östlich des Gebirgszuges gab es bereits vor der großen Dürre von 2029 die Hälfte des Jahres nur wenige grüne Quadrate, die wie kleine Inseln inmitten eines Meeres von Flurstücken lagen, deren Oberfläche alle Arten von Gelb- und Brauntönen zeigte. Im Gebirge selbst dann diese hellbraunen und gelben Flecken, es waren die abgestorbenen Bäume, teilweise auch die nackten sandigen Böden an den Stellen, wo die Bäume schon entfernt worden waren. Legte man die Bilder mehrerer Jahre nebeneinander, so wie es Aktivistinnen und Aktivisten auf Social Media gern machten, konnte man die dramatische »Vergelbung« und »Verbraunung« der Flächen sehen.

Es traf nicht nur den Harz. Wälder in ganz Europa litten. Die Menge des Schadholzes stieg jährlich auf neue Rekordhöhen. Der Wald verlor überall an Widerstandskraft, nicht nur die Feuer in den trockenen Sommern, sondern auch Stürme und Insekten wie der Borkenkäfer setzten den Bäumen zu.

Bereits in den 2020er-Jahren starben im Harz fast zwei Drittel der Fichten. Fernsehteams aus aller Welt kamen, um den Geisterwald zu filmen, auch Georgs Vater gab Interviews, es war kurz aufregend, bis alle wieder abzogen, die Interviews sich versendet hatten. Der Vater hatte sie auf seinem Rechner gespeichert und zeigte sie Georg später immer wieder. Dann kamen die ersten großen Waldbrände, die bundesweit für Aufmerksamkeit sorgten, im Nationalpark Brocken brannte es wochenlang, man forderte Unterstützung aus Italien und Frankreich an, Millionen Liter Wasser gingen nieder, zurück blieben verkohlte Stümpfe, ein Friedhof von einem Wald.

Die Brände sind geblieben, auch heute noch, fast 20 Jahre später, gibt es immer wieder Feuerherde, jeden Sommer und manchmal sogar im Winter. Georg geht vor die Tür, prüft die

Windrichtung und checkt dann die Werte auf seiner App: Bodenfeuchte, Windgeschwindigkeit, Lufttemperatur und die Prognose für den Rest des Tages. Dann öffnet er die digitale Karte, lokalisiert den Alarm.

Am Ende des Grundstücks blöken die Schafe, sein Hund Carlos liegt verschlafen auf der Steinterrasse und hebt müde den Kopf. »Vater?« Georg ruft über den Hof. Der Alte ist bestimmt in seiner Werkstatt, zumindest steht die Holztür offen. Er hat wieder sein Hörgerät nicht im Ohr, denkt Georg. Der Vater sitzt an seinem Basteltisch, schmirgelt gerade ein Holzstück ab. »Ich muss los, Schwelbrand bei Bärendorf.« Der Vater nickt und schiebt ein »Is schon gut« heraus. Seit er in Rente ist, sitzt er meist hier und zimmert Stühle, zieht den Lack von alten Türen ab oder schnitzt kleine Figuren. Jetzt managt Georg alles, sie haben seit ein, zwei Jahren die Rollen getauscht. Das ist auch nur fair, denkt Georg, schließlich hat der Alte sich die ersten 18 Jahre um ihn gekümmert.

Früher hatte der Vater noch geglaubt, dass sich schon alles wieder einrenken würde. In einigen Ausnahmejahren sah es auch so aus. Es regnete monatelang durch, die Wasserreserven erholten sich, die Absterberate der Bäume ging drastisch zurück. In solchen Jahren fühlte sich der Vater bestätigt, er ging öfter zu den Treffen der SaD (»Stolz auf Deutschland«) und hörte sich die Vorträge von grauhaarigen Klimaleugnerinnen an, die sich benahmen wie eine verschworene Loge. Damals arbeitete er noch für den Grafen, der seit eh und je die Auffassung vertrat, dass diese »Warmzeit« ähnlich wie jene im Mittelalter nur ein vorübergehendes Phänomen sei und schon wieder von selbst verschwinden werde. Der Graf wurde schließlich sogar Bürgermeister, und sein Engagement für die populistische SaD brachte ihm zuerst viel Ansehen in der abgehängten Region, die ausgeblutet war durch die Abwanderung von Fachkräften und jungen Menschen.

Sein politisches Kalkül verlor aber an Wucht, je länger die Extremwetter und die Dürre anhielten. Seit Jahren nahm die Popularität des Grafen ab, mittlerweile ist er für viele nur noch der komische Vogel vom Gutshof, der längst widerlegten Mythen anhängt. Die Erzählung des Grafen verlor auch deshalb an Einfluss, weil die Situation sich für die Menschen nicht verbesserte. Selbst wenn er recht hatte und die menschengemachte Klimakrise von den Ökos erfunden wurde, war sie nun mal da und traf die Region hart.

Früher ist die Gegend ein angesagter Touristen-Hotspot gewesen – für die Leute aus Berlin ebenso wie für Reisende aus Hannover, Bielefeld oder Norddeutschland. Die angrenzende Ortschaft hatte sogar mal ein Viersternehotel, Pensionen, Cafés. Viele kamen zum Wandern, Picknicken und für Erholungsreisen. Dann kamen immer weniger, weil die Wälder zu gefährlich wurden, die Brände die Luft verpesteten und niemand durch diese Baumfriedhöfe laufen wollte. Außerdem bekamen die Anwohnerinnen und Anwohner Angst. Jeder, der auch nur in der Nähe eines Waldstücks wohnte, fühlte sich latent bedroht. Das war der Tiefpunkt.

Georg und seine Kumpels, die sich noch aus Schulzeiten kannten, traten mit 16 Jahren der Freiwilligen Feuerwehr bei, das war kurz nach dem Katastrophenjahr 2029. Das Desaster war nicht mehr zu übersehen, die Region extrem gebeutelt von den heftigen Bränden, der Trockenheit, den Stürmen und dem Starkregen – damals kam in nur einem Jahr alles zusammen. Anfangs waren die Einsatzleiterinnen und Einsatzleiter noch recht planlos und oftmals auf die Löschflugzeuge anderer Länder angewiesen. Da es damals schon mehrere Großwaldbrände in Europa gleichzeitig gab, konnten die europäischen Partner oft nicht helfen. Und am Boden zu löschen brachte die Jungs nach wochenlangen Löscharbeiten bei Temperaturen von über 40 Grad an den Rand des körperlichen Zusammenbruchs. Sie wurden im Dorf wie Helden verehrt – aber oftmals konnten sie nicht mehr viel tun.

Das änderte sich mit der Reform des Klimaanpassungsgesetzes, das Bund und Länder Anfang der 2030er-Jahre beschlossen. Nachdem jahrelang immer erst reagiert worden war, als die Dürren, Überschwemmungen und Brände bereits passiert waren, setzte die Politik schließlich auf Prävention. In mehreren Gutachten rechneten Wissenschaftlerinnen und Wissenschaftler durch, wie viel die Klimaschäden die Steuerzahler jährlich kosteten: Feuerwehr, Katastrophenschutz, Entschädigung für Bauern und Waldbesitzerinnen, Wiederaufbau von öffentlichen Gebäuden aufgrund von Überschwemmungen, ausufernde Kosten im Gesundheitswesen aufgrund von Hitze und Luftverschmutzung … die Liste war lang und die Beträge schwindelerregend hoch. Die Bekämpfung dieser Katastrophen wurde deshalb zur nationalen Priorität. »Bis zum letzten Ortsvorsteher und Verwaltungsbeamten« sollten die Reformen durchdringen, erklärten die Berliner Minister und Ministerinnen in Interviews, jeder solle merken, dass sich etwas ändere.

Das war wenige Monate, nachdem Georg in die Freiwillige Feuerwehr eingetreten war. Das Gesetz sah eine neue Brandschutzstrategie vor, die es in sich hatte. Um die Wälder besser zu schützen, brauchte es vor allem mehr Personal – und so wurden arbeitslose Einheimische und junge motivierte Menschen wie Georg angeworben. Das kam in der Gegend gut an, in der es seit jeher wenig Industrie und wenig Perspektiven gab.

Georg erhielt eine spezielle Ausbildung, und nach einem Jahr war er Teil der Harzer Waldbrandstaffel. Sie wurden nicht nur von Brandexpertinnen ausgebildet, sondern auch von den Vorgesetzten seines Vaters. Forstbeamte, Feuerwehr und auch die Polizei arbeiteten von da an Hand in Hand. Die Brandstaffel war eine Art mobile Einsatztruppe, die mal von der Feuerwehr, mal vom Forstamt und auch von der Polizei eingesetzt wurde.

Brandstiftung wurde streng bestraft, es gab wendigere Fahrzeuge, und man führte das Frühwarnsystem ein. Dafür brachte Georg gleich zu Beginn seiner Ausbildung solarbetriebene Sensoren in rund drei Meter Höhe an Bäumen an. Diese schlugen Alarm, wenn die Konzentration von CO_2, Kohlenmonoxid und anderen Gasen einen bestimmten Grenzwert überschritt. Wenn nicht jemand direkt unter dem Sensor rauchte, war das nur bei einer echten Brandquelle der Fall.

Einer dieser Sensoren hat heute Morgen auf Georgs App Alarm geschlagen. Die Werte sind recht hoch. Da es wieder lange trocken und heiß gewesen ist, muss man den Alarm sehr ernst nehmen. Georg postet den Standort in der Chatgruppe seiner Einheit, fährt mit seinem Elektro-Rover und der Löschausrüstung für kleinere Brandherde los und sammelt auf dem Weg noch seinen Kollegen aus dem Nachbarort ein. Er hat sich seinen feuerfesten Blaumann angezogen, aber das T-Shirt weggelassen, denn es ist schon in den Morgenstunden recht heiß, wieder keine Wolke am Himmel, das ewige Blau, ohne Hoffnung auf etwas Regen. Laut seiner App: Luftfeuchtigkeit von unter 30 Prozent, Temperatur um 11 Uhr: 28 Grad, Bodenfeuchte am Forsthaus bei 23 Prozent, extrem trocken also.

Kurz vor Bärendorf fahren sie an den neuen Schonungen vorbei. Hier verwüstete vor über einem Jahrzehnt ein Waldbrand mehr als 100 Hektar Wald. Danach pflanzte sein Vater zusammen mit Werkstudentinnen und Werkstudenten klimaresistente Laubbäume. Es war die erste Maßnahme unter dem neuen Anpassungsgesetz. Sie wachsen zwischen den toten Fichtenstümpfen, die man dort beließ, um den Waldboden nicht aufzureißen. Die meisten der Orientbuchen, Roteichen und Robinien sind ganz gut angewachsen. Von dem Brand ist nun kaum mehr etwas zu sehen, nur noch an den schwarzen Spitzen der alten Fichtenstümpfe kann man erahnen, welches Inferno hier gewütet hat. Allerdings liegt die Schonung exponiert auf einer Anhöhe, ohne den Schutz eines umgebenden Waldes, daher überleben auch bis zu 40 Prozent der Setzlinge nicht. Die Ausfälle gibt es auch wegen des Rotwildes. Hirsche und Rehe knabbern gern an den jungen Trieben, oft finden sie nach ein paar Jahren doch ein Loch im Zaun. Georgs Vater hat irgendwann gemerkt, dass es einfach zu viele Tiere sind. Mehr Tiere als früher? Sie fraßen die Rinden der Bäume und am liebsten die Triebe von Jungbäumen. Ihren Bestand hatte er selbst jahrelang für den Grafen hochgepäppelt, indem er sie im Winter fütterte, obwohl das illegal war. »Ich will ja auch was zum Schießen haben«, hatte der Graf ihm immer gesagt.

Doch weil das Forstamt den Vater besser bezahlte und nachdem er mehrere Schulungen zum Klimawald gemacht hatte, ging er auf Distanz zum Grafen. Vielleicht lag es auch daran, dass nun alle an einem Strang zogen, sie sich mit den Feuerwehrleuten, der jungen Harzer Waldbrandstaffel und dem Gemeinderat regelmäßig trafen. Es gibt Krisensitzungen, Weiterbildungen, einmal im Jahr gemeinsame Fahrten und von der Gemeinde organisierte Feste. Es ist ein neues Gemeinschaftsgefühl entstanden. Als Förster genoss Georgs Vater erstmals echtes Ansehen. Er war nicht mehr nur Verwalter, sondern offiziell Retter des Waldes. Das hat den alten Mann so kurz vor der Rente noch mal richtig stolz gemacht.

Gleich dahinter ist Bärendorf. Dort stehen so wenig Häuser, dass der Ort eigentlich nicht als Dorf durchgeht, sondern als Weiler. Er liegt auf einer Anhöhe, umgeben von Nadelwald. Während Georgs Forsthaus im Tal auf rund 300 Metern gebaut ist, liegt der Weiler auf fast 600 Metern abgelegen mitten im Gebirge. Dort leben rund 30 »Ökos«, wie Georg und sein Vater sie nennen. Früher wechselten sie mit denen kein Wort, mittlerweile kommen sie ganz gut miteinander aus. Als sie eintreffen, sieht Georg schon eine kleinere Rauchsäule. Eine Anwohnerin winkt ihm bereits aufgeregt entgegen. Dann bemerkt er, dass es Lea ist. Sie wohnt schon ewig in diesem Weiler. Eine richtige Kommune hat sie sich hier eingerichtet, mit Künstlern und Aussteigerinnen. »Georg, gut, dass du kommst, ich hab es schon heute Morgen gleich gerochen und dir sofort geschrieben.« Er hat ihre Nachricht in der Eile gar nicht gesehen, sagt ihr aber, dass der Alarm ohnehin angeschlagen hat. »Doppelt hält besser«, sagt sie und lächelt ihn strahlend an. Er beruhigt sie, alles sei unter Kontrolle.

Georg und seine Kollegen laufen in den Wald, es qualmt in einem Radius von rund 20 Quadratmetern. An der rechten Seite des Schwelbrandes wurde die Glut durch eine Schneise gestoppt. Sie trennt zwei Waldstücke voneinander und verhindert das schnelle Überspringen des Feuers. Auf der rechten Seite liegt der Weiler. Diese Brandschneisen sind extrem wirksam, machen aber auch viel Arbeit. Georgs Waldbrandstaffel ist ständig damit beschäftigt, die Schneisen frei zu halten. Vor ein paar Jahren hat man dann begonnen, auf das spanische Schaf-Modell zu setzen. Die Harzer Brandstaffel legte sich dafür mehrere Schafherden zu, Georg übernahm 30 Tiere. Sie werden bei Bedarf an den Stellen im Wald ausgesetzt, die besonders brandgefährdet sind und wo die Schneisen sauber sein müssen. Das spart nicht nur Arbeit, sondern führte sogar zu einem ganz neuen Wirtschaftszweig: Die Kommune von Lea hat sich erfolgreich dafür beworben, aus der Schafsmilch Käse zu machen, der dann unter den Mitarbeiterinnen und Mitarbeitern verteilt und auch an Touristen verkauft wird: »echter Harzer Brandschutz-Käse«.

Das Feuer in dem Waldstück ist noch so klein, dass sie beschließen, es mit Wasser zu löschen und dann etwas Sand aufzutragen. Meist bricht das Feuer an Stellen aus, an denen noch Nadelbäume stehen, wie auch hier am Weiler. Das wissen Lea und ihre Mitstreiter und sind deshalb auch recht schnell nervös, wenn es lange trocken ist. Sie haben schon in Eigeninitiative begonnen, Laubbäume anzupflanzen. Das hat das Forstamt als Empfehlung an Grundstücks- und Waldbesitzer ausgegeben, »zu ihrer eigenen Sicherheit und der ihrer Nachfahren«, hat es geheißen. Zwar brennen auch Laubbäume, aber bei Fichten, Tannen und Douglasien wird das Feuer schneller entfacht – auch weil die Waldböden aufgrund der Nadeln am Boden trockener und entzündlicher sind.

Lange stritten sich die Expertinnen im Forstamt hingegen noch mit Ökoverbänden und der Feuerwehr über Totholz im Wald. Georg hat für die komplette Räumung des Waldes plädiert. »Alles raus, dann brennt da auch nichts, und wir kommen besser durch.« Leute wie Lea und der lokale Naturschutzverein widersprachen vehement – das könne man nicht machen, schließlich zerstöre das den Lebensraum von

Vögeln, Insekten, Amphibien oder Nagetieren. Am Ende einigte man sich darauf, das Totholz, wo es unbedingt nötig war, zu häckseln und dann als Bodenschutz wieder in den Wald zu bringen. Das war zwar teuer, diente dafür aber beiden Anliegen recht gut.

Nachdem sie fertig sind, lädt Lea Georg noch auf einen Kaffee ein. Sie gehen in die frisch renovierte Scheune, die Fachwerkbalken sind neu gestrichen, die Fenster aus hellem Holz gefertigt. An dem langen Tisch sitzen auch noch andere Bewohnerinnen, die meisten davon arbeiten für die Begrünungsinitiative, eine Stiftung der Hydrologin Sandra Ingelheim. Die hatte bereits vor 20 Jahren damit begonnen, in Sachsen-Anhalt überall grüne Modellprojekte aufzubauen. Mithilfe einer Stiftung kaufte sie systematisch degradiertes Land – also so gut wie unfruchtbare und ausgelaugte Böden – von Landwirten und Waldbesitzerinnen auf oder pachtete Grundstücke von Gemeinden und der Kirche. Mit ihren Studenten, Doktorandinnen und mittlerweile Hunderten engagierten Bürgerinnen und Bürgern renaturierte sie vor allem Moore und Auen unten im Harzer Vorland. Manchmal halfen sie auch der Forst beim Bepflanzen einiger Waldflächen. An der Elbe haben Ingelheim und ihre Stiftung große Uferflächen wiederbelebt, Auenwälder gepflanzt, Deiche zurückgesetzt. Das gelang, da die Schifffahrt Ende der 2020er-Jahre nahezu aufgegeben wurde. Ein echter Erfolg der Bewegung ist die Änderung des Wasserhaushaltsgesetzes vor 15 Jahren. Die Reform stellt sicher, dass das Entwässern von Böden verboten wurde, außerdem gibt es nun Vorschriften, wie das Wasser in der Landschaft zu halten ist: mit Regenauffangbecken, einem Verbot von Drainagen, mit denen früher das Wasser aus dem Acker geleitet wurde, einer Bodenbedeckung von Äckern sowie der Bepflanzung mit Hecken und Bäumen auf Freiflächen.

Die renaturierten Landschaften haben schließlich viele in der Region davon überzeugt, den Wasserschutz zu unterstützen, auch wenn es dabei nicht in erster Linie um die Landwirtschaft ging. Die profitierte allerdings von der teilweisen Erholung der Grundwasserpegel. Und so mussten auch der Graf und seine Partei irgendwann einlenken.

Lea will Georg ihr neuestes Projekt zeigen. Sie hatte schon immer das Bedürfnis, Georg doch noch zu einem »Öko« zu machen. Irgendwie hat sie das Gefühl, dass der Waldschrat doch nicht so gleichgültig ist, wie er immer tut. »Im Grunde ziehen wir doch alle an einem Strang«, sagt sie immer. Georg hat eigentlich überhaupt keine Lust, seinen ohnehin angebrochenen Vormittag nun auch noch mit einer Gruppe von Naturschützern zu verbringen. Aber wer kann bei Lea schon Nein sagen, sie hat wohl etwas für ihn übrig – und er auch für sie.

Obwohl ihm immer noch der Kopf dröhnt, steigt er also ins Auto und fährt Lea hinterher. Nach einer halben Stunde verlassen sie das Gebirge, fahren Richtung Teufelsmauer nach Haschenheide. Dort treffen sie auf Ingelheim und eine Gruppe interessierter Abgeordneter aus dem Landtag. Sie sollen eine Führung durch ein renaturiertes Feuchtgebiet bekommen. Ähnlich wie beim Waldumbau kosten die Maßnahmen zwar erst mal Geld – aber schaffen auch Arbeitsplätze. Doch irgendwer muss das alles bezahlen. Was beim Waldumbau gelungen ist, soll nun auch für andere Flächen möglich sein, finden Lea und ihre Mitstreiterinnen und Mitstreiter. Unter den angereisten Abgeordneten sind auch SaD-Mitglieder, sie steigen aus ihren nagelneuen Elektro-SUVs aus und grüßen in die Runde. Es sind auch Anwohnerinnen aus der Umgebung dabei, die Stimmung ist gut und aufgeschlossen, sie marschieren los, in Richtung des grünen Wäldchens. Ein schmaler Weg führt über eine Wiese, die Gräser reichen kniehoch, dazwischen blühender Klatschmohn, Sumpfdotterblumen, Wiesenknöterich, Hornissen, Schmetterlinge und Stechmücken schwirren umher. Die Sonne steht inzwischen hoch, die Hitze ist fast unerträglich. »An dieser Stelle waren einmal Entwässerungsgräben des ehemaligen Ackers.« Ingelheim zeigt auf eine Stelle am Wegrand, an der sich der Graben nur erahnen lässt. »Wir haben sie vor einigen Jahren zugeschüttet, damit das Wasser nicht in den dahinterliegenden Bach abfließt, sondern im Boden bleibt«, erzählt sie. »Auch auf noch funktionierenden Äckern auf unseren Arealen bei Ballenrode haben wir das zusammen mit einigen Bäuerinnen und Bauern ausprobiert.« Sie haben etwa Schleusen in die Entwässerungsgräben eingebaut, damit die das Wasser im Boden halten und dieser nicht zu sehr austrocknet. Zwar reiche die Feuchtigkeit heute auf den meisten Äckern trotzdem nicht mehr für den Getreideanbau, räumt Ingelheim ein. Aber andere Nutzpflanzen wie Sorghum, Wildgerste oder Hirse, die trockenheitsresistenter sind, lassen sich in einigen Gegenden recht gut bewirtschaften. Mit effizienten Bewässerungsschläuchen können die Bäuerinnen und Bauern ihre Gemüsepflanzungen tröpfchenweise kontrolliert bewässern.

Sie erreichen einen kleinen Bach, die Menge staunt. »Wow, der fließt ja richtig«, meint ein älterer Mann. »Wie kann das sein, Ende Juli?« Ingelheim grinst und zwinkert Lea und Georg zu. Sie brennt für ihre Arbeit, seit 20 Jahren kämpft sie unermüdlich mit Renaturierungsmaßnahmen gegen die Trockenheit der Region an. Nur hat ihr in Sachsen-Anhalt lange kaum jemand zugehört. Deshalb sagt sie nun mit einer gewissen Genugtuung: »Das passiert, wenn Sie vernünftig mit dem Wasserhaushalt umgehen.« Ingelheim schaut in die Runde. »Das wurde in vielen Regionen in diesem Bundesland leider die vergangenen Jahrzehnte nicht getan, und deshalb fließen hier auch fast keine Bäche und Flüsse mehr – und wenn sie doch fließen, dann nehmen sie alles Wasser mit sich mit und tragen es weit fort von hier ins Meer. Wir müssen jedoch versuchen, das Wasser hier zu halten, gerade hier im trockenen Haschenheide.« Mit Unterstützung der Studierenden hat sie den kleinen Bach wieder aufgepäppelt. Sie haben Hecken und Bäume für mehr Schatten gepflanzt, um die Verdunstung einzudämmen. Junge Erlen klammern sich an das Ufer, daneben steht eine frisch gesetzte Hainbuchenhecke.

An einigen Uferstellen haben sie außerdem Baumstämme befestigt, um das sprudelnde Nass bei Niedrigwasser etwas einzuengen, damit es an kritischen Tagen nicht in die Breite geht und versandet. Und sie haben Biberpärchen angesiedelt. »Dort hinten sehen Sie den ersten Damm«, sagt Lea jetzt. Über das Bächlein ragen die an den Enden abgenagten Äste und Baumstämme empor, einige Blätter und Pflanzenreste haben sich darin verfangen. Das Wasser strömt darunter fort.

Es ist Leas Idee gewesen, die Biber anzusiedeln. Sie war begeistert von den tierischen »Ökoingenieuren«, wie sie von Naturschützern liebevoll genannt werden. Die Biber hatten innerhalb weniger Monate begonnen, überall kleine und größere Dämme an dem Bächlein zu bauen. Floss viel Wasser, rann es über die Ufer hinaus und vernässte auch umliegende Wiesen und Auen. »Sie helfen uns dabei, die Landschaft zu einem Schwamm zu machen«, erklärt Lea. Auf den so entstandenen Feuchtwiesen begann recht schnell das Leben zurückzukehren, Regenwürmer räkeln sich im Boden, Insekten, Libellen und Schmetterlinge flattern wieder durch die Luft.

Die Besucherinnen sind still geworden, lauschen im angenehmen Schatten der Erlen und Weiden dem Plätschern des Bachs, einige haben sich an den Wegesrand gesetzt. Sie genießen die frische Luft, die Sonnenstrahlen brechen nur an wenigen Stellen durch das Laub. Es ist, also wollte niemand mehr diesen Ort verlassen. Selbst den SaDlern fällt kein markiger Spruch mehr ein. »Aber wir können ja nicht überall nur Hecken und Bäume pflanzen«, setzt einer an. Doch es geht niemand darauf ein. Angesichts der kahlen Steppenlandschaft rundherum kommt ihnen Ingelheims Bächlein wie eine Oase vor. Sie spüren die Kühle und die Kraft des Wassers.

Lea hat sich erst vor ein paar Jahren mit Ingelheim zusammengetan. Sie ist eine Ikone in der Gegend, eine der wenigen, die seit Jahren gegen die Versteppung der Landschaft kämpft. Lange ist sie auch die Hassfigur der Landwirtschaft und der Industrie gewesen. Auch Georg und sein Vater haben sie lange belächelt. Doch am Ende traten die meisten ihrer Prognosen ein, nach den ersten Dürresommern erkannten viele Politiker und Behörden, dass sie die Unternehmen und die Industrie zu sparsamem Wasserverbrauch animieren müssen und die Landwirtinnen und Landwirte nicht jedes Jahr mit Milliarden Euro entschädigen können, weil die Böden immer trockener werden.

Doch solche Oasen wie in Haschenheide reichen nicht aus, erklärt Ingelheim. »Wir müssen zusammenhängende Grünstreifen schaffen, damit das Wasser bleibt. Und wenn es uns gelingt, Regenauffangsysteme zu bauen, auch den Wald weiter umzubauen, Laubbäume zu pflanzen, die weniger Wasser im Winter brauchen, könnten wir langfristig auch das Mikroklima in der Region wieder etwas erträglicher machen, vielleicht steigen dann irgendwann auch wieder großflächig unsere Grundwasserstände, wenn wir es richtig anstellen.« Laubbäume pflanzen wir längst, denkt Georg. Sie haben zusammen mit dem Forstamt im Harz in den letzten Jahren Tausende Roteichen, Robinien, Buchen und Ahorne gesetzt. Das gehört zur Brandschutz- und Wiederaufforstungsstrategie des Waldes. Nadelbäume werden nur noch in Ausnahmefällen genehmigt.

Gemurmel in der Menge. »Und wird dann wieder alles so schön grün wie früher? Und wer soll das alles bezahlen?«, fragt einer. Da mischt sich Lea ein. »Wir müssen die Wassermengen erst mal wieder richtig verteilen, es kann nicht sein, dass Leute wie der Graf Wasserrechte für Tausende Kubikmeter pro Jahr für ihre Luxusresorts und Sprudelfabriken bekommen«, sagt sie und schaut dabei Georg an. »Wir können uns eine begradigte Elbe, überdüngte Äcker, ein fortschreitendes Nadelbaumsterben und diese Waldbrände einfach nicht mehr leisten.« Die Regierung habe viel für den Harzer Wald und gegen Waldbrände getan, nun müsse die Renaturierung auch nach Mitteldeutschland weitergetragen werden. Auch hier müsse man Katastrophen verhindern und nicht nur Entschädigungen verteilen. Die Pilotprojekte der Professorin seien zudem viel günstiger als die Steuergelder für die Schadensbeseitigung. »Für Landwirte, Waldbesitzerinnen, Löscheinsätze gegen die Waldbrände und die Aufbauhilfen nach den Überschwemmungen sind allein in den letzten zehn Jahren 200 Milliarden über den Tisch gegangen, nur hier in Sachsen-Anhalt.« Aus der Menge ist »Was für ein Wahnsinn« zu hören, »das hätten wir mal lieber woanders investiert« und »das kann doch nicht sein«. Mit diesen Zahlen sind die Rechtspopulistinnen und -populisten ruhiggestellt, sie sind so irre hoch, dass alle verstehen, dass sich etwas ändern muss.

Das Gluckern des Baches hat Georg müde gemacht, und nun spürt er die Tequila-Nacht auch in den Beinen. Er stupst Lea von der Seite an und flüstert ihr was in Richtung »morgen zum Frühstück?« ins Ohr, sie müsse ja noch kommen wegen der Schafsmilch. Sie nickt und bringt ihn zum Wagen. »Schöne Stelle, vielleicht können wir hier mal herkommen, wenn weniger Leute da sind«, sagt er zum Abschied. Sie lächelt, dreht sich um und geht zurück zu der Gruppe. Ihr weißes Leinenkleid flattert im Wind. Er sieht im Rückspiegel, dass sie sich noch einmal zu ihm umschaut.

Quellen

Für dieses Kapitel wurden Interviews geführt mit: Karsten Rinke (Leiter des UFZ-Departments Seenforschung), Prof. Dr. Dietrich Borchardt (Experte für Aquatische Ökosystemanalyse und Management an der TU Dresden), Christian Kunz (Landesgeschäftsführer BUND Sachsen-Anhalt e. V.), Dr. Fred Hattermann (Hydrologe am Potsdam-Institut für Klimafolgenforschung (PIK)), Prof. Dr. Jens Schröder (Hochschule für Nachhaltige Entwicklung Eberswalde (HNEE)), Dr. Jörg Rechenberg (Umweltbundesamt (UBA)) und Sven Guttmann (Auen-Experte (WWF)).

Bundeswaldinventur-Bericht 2021, Bundesministerium für Ernährung und Landwirtschaft

H.D. Knapp et al. (Hrsg.): Der Holzweg. Wald im Widerstreit der Interessen, 2021

G. Forzieri et al.: Emergent vulnerability to climate-driven disturbances in European forests, in: Nature Communications, Februar 2021

Spreading like Wildfire: The Rising Threat of Extraordinary Landscape Fires, United Nations Environment Programme, 2022

Entwicklung eines finanziellen Anreizsystems für zusätzlichen Klimaschutz und Biodiversitätsleistungen im Wald, Umweltbundesamt, 2022

A. Wunsch et al.: Deep learning shows declining groundwater levels in Germany until 2100 due to climate change, in: Nature Communications, Volume 13, Article number 1222, 2022

M. Patacca et al.: Significant increase in natural disturbance impacts on European forests since 1950, Global Change Biology, Dezember 2022

NASA-Messungen zur Änderung in der örtlichen Wassermenge: Groundwater and Soil Moisture Conditions from GRACE-FO Data Assimilation for the Contiguous U.S. and Global Land

Nationale Wasserstrategie, Kabinettsbeschluss vom 15.3.2023

Versickerung von Klarwasser zur Erhöhung des Grundwasservorkommens, KLIMZUG-NORD »Kooperationsnetzwerk Wasser«, UBA

M. Chenxi et al.: Ensemble warming projections in Germany's largest drinking water reservoir and potential adaptation strategies, in: Science of The Total Environment, Volume 748, 15.12.2020

B. Goldfarb: Eager: The Surprising, Secret Life of Beavers and Why They Matter, White River Junction, Vermont, 2018

F. Hattermann et al.: Klimamodellauswertung 1961–2100: Brief Communication. An update of the article »Modelling flood damages under climate change conditions – a case study for Germany«, in: Natural Hazards and Earth System Sciences 16, 1617–1622, 2016

K. Rinke et al.: Auswirkungen der Dürreverhältnisse 2018–2020 auf die Grundwasserstände in Mitteldeutschland, in: Wasserwirtschaft, November 2022

K. Rinke et al.: Fast 700 000 ha könnten beregnet werden, DLG-Mitteilungen, UfZ, Magdeburg, Juni 2021

MIRIAM UND DAS WERK

»Pharma-Wirkstoffe und Chemikalien bereiten im Wasserkreislauf zunehmend Probleme, und insbesondere die Verschmutzung mit Pestiziden und Industrie-Chemikalien bleibt weiterhin eine bedeutende Gefahr.«

Nationale Wasserstrategie, Bundesumweltministerium März 2023

Worst Case

Seltsam sieht Tim aus, denkt Miriam an diesem Morgen. Seine Haut scheint bläulich, und er sitzt schlapp am Tisch, stützt sogar seinen Kopf auf. Dabei ist ihr Sohn normalerweise beim Frühstück immer so energiegeladen. »Was ist los, mein Timchen?«, fragt sie und legt ihm die Hand auf die Stirn. Sie ist nicht sonderlich heiß, eher lauwarm. »Mir ist übel«, sagt der Fünfjährige. »Du musst noch mehr trinken, es ist schon jetzt sehr heiß«, fordert sie ihn besorgt auf. Sie füllt ihm am Wasserhahn ein Glas auf und dreht den Hahn sorgfältig wieder zu, in der Dürre dürfen sie nur noch 100 Liter pro Tag und Familie nutzen, und selbst die sind sehr teuer. Tim stürzt das Glas herunter und legt seinen Kopf danach erschöpft auf die Tischplatte. Miriam hat das Gefühl, dass seine Lippen sich nur noch bläulicher färben. Ausgerechnet heute hat Stefan wieder Nachtschicht, sie seufzt. Wieder muss sie allein fertigwerden, allein mit einem kränklichen Kind. Stefan wird frühestens in einer Stunde nach Hause kommen. Sie fühlt sich stark erschöpft. Ihr Alltag ist so ausgefüllt mit ihrem anstrengenden Job im Altenheim, dem kleinen Tim, den Sorgen um die Arbeit von Stefan. Eigentlich hatte sie sich immer eine große Familie gewünscht, aber noch ein Kind zu bekommen traut sie sich heute nicht mehr zu. Sie kann sich gar nicht mehr erinnern, wann sie zuletzt unbeschwert war, vielleicht bei ihrem Junggesellinnenabschied in der Kölner Altstadt. Kurz darauf wurde sie schwanger, und sie glaubt, seitdem nicht mehr durchgeschlafen zu haben.

Und nun wieder ein neuer Zwischenfall, Tim ist offensichtlich krank. »Tim?«, fragt sie, aber der Junge guckt sie nur schläfrig an. Panisch schnappt Miriam sich ihren Sohn und trägt ihn in den Aufzug im Flur, hoffentlich funktioniert der wieder. Oh Gott, denkt sie, atmet Tim noch? Sie legt ein Ohr auf seine Brust und hört ein rasselndes Luftholen, immerhin. Die Fahrt nach unten kommt ihr wie eine Ewigkeit vor, wütend drückt sie immer wieder den Knopf für das Erdgeschoss. Das zehnstöckige Haus verfällt mehr und mehr. Seitdem bekannt geworden ist, wie gesundheitsschädlich die Industrie in der Nachbarschaft wirklich ist, stehen viele Wohnungen leer. Nicht nur in ihrem Haus, sondern auch in den zehn weiteren Hochhäusern ihres Viertels in Frankenthal. Die schmucklosen Häuser wurden schon in den 1970er-Jahren für die Arbeiterinnen und Arbeiter der nahe liegenden Industriezone rheinaufwärts hochgezogen. Von einstmals knapp 50 000 Menschen lebt heute nur noch rund die Hälfte in Frankenthal. Schließlich ist die Luft stark belastet, und auch ihr Trinkwasser hat die letzten Jahre immer mal wieder Grenzwerte gerissen. Hier schießen pro Sekunde 3500 Liter Abwasser aus den Rohren der Kläranlage der Chemiefabrik. Ausharren tun eigentlich nur noch die Leute, die hier arbeiten müssen und sich woanders keine Miete leisten können, so wie Miriam und Stefan. Das Paar träumte früher von einem kleinen Häuschen auf dem Land, aber dieser Traum hat sich wie so viele andere in den Klimakrisen zerschlagen. Die ärmere Bevölkerung kann sich die immer teureren Immobilien in kühleren, grüneren Lagen noch weniger leisten als früher. In manchen Nächten ballt sich Miriams Wut über diese Ungleichheit zu einem schmerzhaften Knoten im Bauch zusammen. Am nächsten Tag steht sie dann wie gerädert auf.

Wenige Minuten später erreicht sie mit ihrem verbeulten Kleinwagen die Notaufnahme im Zentrum der Stadt, unwillkürlich rechnet sie durch, wie viel teures Benzin sie für die Fahrt bezahlen muss. Selbst in dieser Notsituation geht sie im Kopf die Beträge durch, sie kann nicht anders, seitdem sie nach Stefans erstem Jobverlust die Miete nicht zahlen konnten und fast aus der Wohnung geflogen wären.

Im Empfangsraum sitzen schon unzählige Kinder mit ihren Eltern, auch Säuglinge sind dabei, einige schimmern bläulich. Doch Miriam ist nicht schockiert, der Anblick ist inzwischen nichts Neues mehr für sie: In den vergangenen Jahren der Dürre hat es immer wieder sogenannte Vergiftungswellen gegeben, weil Grund- und Trinkwasser bei den niedrigen Pegeln die Abwässer der Industrie zu immer höheren Dosen geführt haben. Entscheidend für die nachlassende Qualität ist aber vor allem die Privatisierung der Wasserwerke. Die Klärung des belasteten Wassers ist so teuer geworden, dass gerade ärmere Städte ihre Werke verkauft haben. In Frankenthal war dies vor fünf Jahren der Fall. Miriam erinnert sich noch daran, wie zeitgleich zur Geburt von Tim ein Kubikmeter plötzlich das Doppelte kostete – und anschließend Warnungen vor dem möglicherweise gesundheitsschädlichen Leitungswasser zunahmen. Häufig decken erst Bürgerinitiativen auf, wie belastet das Trinkwasser ist, viele der profitorientierten Werke hingegen versuchen, die Schadstoffe möglichst lange zu vertuschen. Schließlich müssen sie sonst für teuren Ersatz sorgen. Gerade hier, mitten in einer der größten Industriezonen Europas. Es ist schon zuvor zu Fällen von schlimmen Durchfällen, migräneähnlichen Kopfschmerzen, extremer Müdigkeit oder Herzrasen gekommen. Alles Folgen von verunreinigtem Wasser.

Im Dürresommer 2029, als die erste größere Vergiftungswelle der Bevölkerung zu schaffen machte, verstand Miriam erst, was alles in ihrem Fluss, nicht weit von der Siedlung entfernt, herumschwimmt: Schwermetalle wie Blei und Kadmium; Pestizide aus der Landwirtschaft; Industriechemikalien wie polychlorierte Dioxine und organische Mikroschadstoffe; Öl und Kohlenwasserstoffe nach Unfällen in der Ölindustrie; Pharmazeutika und Hormone, die über menschlichen Urin in die Abwässer gelangen; und dann noch Unmengen an Mikroplastik und anderen Kunststoffen, die durch den Abbau von Plastikprodukten ins

Wasser geraten. Dieser Cocktail wird durch die anhaltende Dürre in immer weniger Wasser geleitet, er wird immer weniger verdünnt. Das meiste davon fließt ins Meer, aber einiges diffundiert in das Grundwasser zurück und kann am Ende auch im Leitungswasser landen – gerade in Städten, deren Trinkwasserbrunnen nahe an Gewässern liegen.

In den vergangenen Jahren hat es daher verschiedene solcher Seuchen gegeben, wie Miriam die Wochen mit giftgetränktem Wasser nennt. Mal waren es die Pestizide, mal einige der sogenannten ewigen Gifte von Zusatzstoffen, die bei dem ständigen Niedrigwasser in viel zu hoher Konzentration aus dem Wasserhahn traten. Und die Behörden kamen nicht mehr hinterher, die Grenzwerte zu prüfen, geschweige denn die Schadstoffe herauszufiltern. Häufig schon stellte sich die Frage: Soll gar kein Trinkwasser mehr durch die Leitungen fließen oder sollen die Haushalte trotz erhöhter Werte weiter beliefert werden, versehen mit einer Warnung davor, das Wasser zu trinken? Heute jedenfalls hat Miriams Warn-App nicht ausgeschlagen, diese müssen inzwischen alle Bürgerinnen installiert haben. Letztendlich entscheiden sich die Wasserwerke je nach Region und Budget für eine der beiden Varianten. Reichere können es sich eher leisten, die Wasserhähne abzustellen und die Haushalte mit Kanistern zu beliefern. In Ludwigshafen beteiligt sich inzwischen wenigstens die Industrie an den Kosten für das Lieferwasser. Aber ob auch dieses Mal das Trinkwasser dafür verantwortlich ist, dass Tim und die anderen Kinder so bläulich anlaufen und sich elend fühlen? Es hat in den vergangenen Tagen zumindest keine Warnmeldungen gegeben, ob aus fehlender Transparenz oder weil die Werte unauffällig blieben, wird Miriam wie immer erst später wissen.

Endlich sind sie und Tim dran, die Ärztin wirkt gestresst. Sie bittet die beiden in den Untersuchungsraum und misst hastig

Tims Puls. »Sehr schwach«, sagt sie. »Ist es wieder das Wasser?«, flüstert Miriam ängstlich. »Das werden wir erst später wissen. Aber angesichts der großen Zahl an Betroffenen handelt es sich hier entweder um ein neues Virus oder eine Vergiftung«, erklärt die junge Frau und legt die Stirn in Falten. »Manche vermuten auch, es liegt an diesem neuen Medikament gegen Krebs, ›Alive‹, aber wir haben noch keine belastbaren Daten dafür.« Miriam nickt, aber ihr wird schwindelig bei dem Gedanken. Sie hat davon gehört, in den sozialen Medien kursieren schon lange die wildesten Vermutungen über diese neue Pille – erst gestern Abend haben sie und Stefan darüber gesprochen.

Das Medikament wird an seinem Arbeitsplatz produziert, in der benachbarten Chemiefabrik, Stefan ist dort als Produktionshelfer beschäftigt, er kontrolliert die Anlagen zum Abfüllen der Produkte, manchmal reinigt er auch die Maschinen. Die Arbeit ist anstrengend, immer muss er eine FFP2-Maske und einen Schutzanzug tragen. Häufig sitzen er und Miriam abends nur noch geschafft auf der Couch und gucken Filme, meist schlafen sie dabei ein. Trotzdem sind sie froh über den Job: Stefan ist in den letzten Jahren immer wieder arbeitslos gewesen, weil die Firma aufgrund des ständig zu niedrigen oder zu hohen Rheinwassers kaum noch mit Rohstoffen aus China und Südamerika beliefert worden ist und viele Angestellte entlassen musste. Die Situation hat sich erst vor Kurzem wieder stabilisiert, da man jetzt überwiegend Alive produziert, ein Medikament, das nicht auf importierte Stoffe angewiesen ist – die Firma hat sich ein neues Zytostatikum patentieren lassen. Schnell ist Alive zu einer der meistgenutzten Pillen in Deutschland geworden: Krebsgeschwüre im Anfangsstadium können damit erfolgreich zurückgedrängt werden, und außer leichten Bauchschmerzen sind bislang keine Nebenwirkungen bekannt. Da Krebserkrankungen seit Jahrzehnten zunehmen, wird es sehr freigiebig verschrieben. Nur Kinder dürfen Alive nicht einnehmen, obwohl auch sie immer öfter von dem unkontrollierten Zellwachstum betroffen sind – doch die Pillen können von ihrem unreifen Organismus nicht verarbeitet werden und haben in ersten Versuchen zu verschleimten Lungen geführt.

Die Ärztin schließt ein Pulsoximeter an Tims Daumen, er atmet angestrengt und schaut auf seine vom Infrarotlicht leuchtende Fingerspitze. »Sauerstoffsättigung knapp unter 90, das ist sehr niedrig«, sagt die Ärztin. »Es kann auch eine Methämoglobinämie sein. Das hatten wir schon häufiger mal bei vielen kleinen Patientinnen, wegen der Nitrate aus der Landwirtschaft, die das Grundwasser belasten. Die werden zu Nitrit umgewandelt und hemmen so den Sauerstofftransport im Blut.« Miriam nickt, ihr ist es eigentlich egal, was da genau passiert, solange ihr Kind wieder gesund wird. Ob die Fabrik ihres Mannes für seine Symptome verantwortlich ist? Undenkbar, wie furchtbar das wäre.

»Wir versuchen es erst einmal mit einer Sauerstoffmaske, wenn das nicht ausreicht, bekommt er Steroide«, erklärt die Ärztin. Tim wird auf eine Trage gelegt, sie stülpt ihm die Sauerstoffmaske über die Nase. Er sieht erleichtert aus, nachdem er ein paarmal tief ein- und ausgeatmet hat. Miriam lehnt sich an die Wand, die Stühle sind längst von anderen Eltern belegt.

Sie schaltet ihr Handy an und sucht online nervös nach Antworten. »Wie gefährlich ist Alive im Trinkwasser?«, tippt sie ein. »Die Gefährlichkeit eines Stoffes hängt immer von der Dosis ab«, liest sie als Erstes. »Je nach Präparat«, steht da, »werden bis zu 90 Prozent der Wirkstoffe wieder ausgeschieden und gelangen über die Toilette oder über Einleitungen der Fabriken ins Abwasser oder in die Flüsse. Deutsche Kläranlagen können die Bestandteile von Alive bislang meist nicht aus dem Wasser filtern, deshalb gelangen sie in Seen und Flüsse und reichern sich in der Umwelt an.« Ob die aber schädlich sind, kann Miriam nicht herausfinden. Sie ist frustriert, diese unergiebige Suche hätte sie sich auch gleich sparen können. Sie schließt für einen Moment die Augen und wünscht sich in eine Welt zurück, in der sie nicht ständig das Gefühl haben muss, um ihr Leben zu kämpfen.

Tatsächlich werden Arzneien zwar seit jeher darauf geprüft, wie der menschliche Organismus mit ihnen zurechtkommt – nicht aber darauf, was die späteren Ausscheidungen der Wirkstoffe für die Umwelt und damit auch für den Menschen bedeuten. Anders ausgedrückt: Die Reaktionen des menschlichen Körpers werden nach der Einnahme eines Medikaments sehr genau beobachtet und analysiert, die Folgen für das Trinkwasser hingegen kaum. Die Pharmarichtlinien sehen bis heute keine wirksame Umweltfolgenabschätzung vor. Zwar muss die Pharmaindustrie ihre eigenen Umweltbewertungen vorlegen, aber die bleiben im Grunde ohne Konsequenzen für die Zulassung: Selbst wenn das Wasser durch den Konsum eines Arzneimittels belastet wird, kann die Zulassung nicht alleine deswegen versagt werden. Das haben Miriam und viele andere Familien in Deutschland inzwischen verstanden: Die Grundrechte der Patientinnen und Patienten auf körperliche Unversehrtheit wiegen mehr als die möglichen Schäden für die Umwelt, etwa wachstumsgestörte Fische, so hat die Pharmaindustrie stets argumentiert. Dass der Mensch als Teil der Umwelt ebenfalls versehrt werden kann, blieb lange Zeit unbeachtet.

Und noch immer kann sich die Branche erfolgreich gegen volle Transparenz wehren. Zwar schaut Miriam auf ihren Social-Media-Kanälen öfter mal Videos von Bürgerinnen und Bürgern, die gegen die vielen Gifte in der Umwelt protestieren, manche ketten sich sogar an die Tore der Chemiefabrik in der Nachbarschaft. Aber sie hat nie die Kraft gehabt, sich diesen Gruppen anzuschließen.

Staatliche Institutionen tappen nach wie vor im Dunklen. Die Europäische Umweltagentur hat schon in einem Bericht von 2019 eingeräumt, nur rund 500 von 100 000 Chemikalien tatsächlich beurteilen zu können. Nur bei diesen 500 sei überhaupt klar, welche Folgen sie für Menschen und Umwelt haben könnten – blieben also 99 500, die im Grunde blind genutzt wurden.

Miriam seufzt. Sie hat Angst um ihr Kind, aber mehr und mehr schleicht sich auch die Angst um Stefans Arbeitsplatz ein. Sie macht sich Vorwürfe, jetzt überhaupt an seinen Job zu denken, aber in ihrem erschöpften Zustand sorgt sie sich auch um Stefans mögliche Arbeitslosigkeit. Sie hat Panik davor, wieder Bewerbungen schreiben, wieder auf dem Amt betteln und wieder besser bezahlte Nachtschichten im Altenheim schieben zu müssen, um die Miete aufzubringen. Sie war so froh gewesen, dass er wieder einen Job gefunden hatte. Schließlich war es hart gewesen, mit ihrem Einkommen als Pflegerin im Altenheim allein durchzukommen. Aber nun ist womöglich ihr Sohn von dem Produkt von Stefans Arbeitgeber betroffen! Miriam befällt eine stille Verzweiflung. Sie möchte nicht mehr in den Überlebenskampf von früher zurückfallen, einen Kampf um Lohn, und nun muss sie auch noch um die Gesundheit ihres Sohnes kämpfen.

Nach einigen Stunden geht es Tim zum Glück etwas besser, Miriam kann ihn mit nach Hause nehmen, seine Sauerstoffwerte haben sich wieder normalisiert. Sie flucht darüber, dass sie schon wieder tanken muss, Benzin und Diesel sind so unendlich teuer geworden. Sie fährt durch Frankenthal, diesen im Zweiten Weltkrieg nahezu vollständig zerbombten und heute recht schmucklosen Ort, ihr Zuhause seit 34 Jahren. Als Kind hat sie am Rhein gespielt, aber der Fluss ist schon seit vielen Wochen nur noch ein Rinnsal, wie so häufig in den vergangenen Sommern. Er gleicht eher einer Kloake, ist trüb, an manchen Stellen schäumt es. Schließlich sind hier die größten Industrien Deutschlands angesiedelt, auf ihr Konto geht rund die Hälfte des gesamten Wasserverbrauchs in der Region. Der Chemiegigant in Miriams Nachbarschaft und der gesamte Industriepark sind sogar die größten in Europa. Hier werden Medikamente und Kunstdünger, Biozide, Kunststoffe und Silikone hergestellt, aus Dutzenden Brunnen zapft der Industriepark pro Stunde etwa 20 000 Kubikmeter Wasser – genug, um in einer Sekunde 30 Badewannen zu füllen. Die Rechte dafür hat sich der Parkbetreiber, eine große Unternehmensgruppe, noch in den 2020ern auf viele Jahre gesichert. Wegen der starken Lobby der Branche und hohen Parteispenden hat bislang noch keine Regierung daran zu rütteln gewagt.

Dort, wo viel Wasser entnommen wird, wird unweigerlich auch viel zurückgeleitet, also über Rohre wieder in den Fluss geführt. Ein Teil als nahezu sauberes, aber wärmeres Wasser, das zuvor die Produktion gekühlt hat. Ein weiterer Teil sind übrig gebliebene Reststoffe aus der Industrie, die sogenannte Schadstofffracht. Genehmigungen dafür erteilen die Wasserbehörden, sie haben aber kaum eine Handhabe, die Einleitung von zugelassenen Stoffen zu verbieten. Und überhaupt – wer soll jemals prüfen, wie viele Kubikmeter tatsächlich aus den Rohren fließen, die aus den Industrieanlagen in den Rhein führen? In Zeiten von Niedrigwasser können viele Bürgerinnen und Bürger erstmals mit eigenen Augen sehen, was für riesige Rohre das sind – und aus ihnen kommt meist nichts Gutes.

Als Miriam ein paar Minuten später an der Chemieanlage vor ihrem Wohnblock links einbiegt, sieht sie eine Menschenmenge vor den eisernen Toren stehen, die Leute schwenken Pappschilder mit Totenköpfen, auf einigen steht »Giftmischer«, auf anderen »Ihr habt unsere Kinder auf dem Gewissen«. Offensichtlich haben es die blau angelaufenen Kinder schon in die Nachrichten geschafft. Miriam fährt im Schritttempo an der wütenden Menge vorbei und entdeckt ihre Flurnachbarin Claudia, eine Freundin von ihr. »Claudia!«, ruft sie aus dem Autofenster heraus. Claudia kommt zum Wagen, ihr Gesicht ist erhitzt. Ob es die glühende Sonne ist oder doch die Wut? Ihre Augen sind zu schmalen Schlitzen verengt. »Richte deinem Mann mal schöne Grüße aus, die sollen ihre Scheißpillen woanders herstellen«, zischt sie Miriam entgegen. Grußlos dreht sie sich um und fügt sich wieder in den Chor der Demonstranten ein. Offenbar sind auch ihre Kinder betroffen.

Miriam fährt in die Tiefgarage, Tim ist inzwischen auf dem Rücksitz eingeschlafen. Sie weckt ihn vorsichtig auf, sie will endlich mit Stefan sprechen, er muss doch wissen, was da los ist. Scheiße, jetzt ist auch noch der Aufzug wieder kaputt. Sie ruft Stefan an, der längst zu Hause sein müsste. Als er abhebt, schnauzt sie nur, er solle gefälligst ihren vergifteten Sohn hochtragen! Ein paar Minuten später sind sie in der Wohnung angekommen, wortlos und außer Atem setzen sie sich auf die durchgesessene Couch. »Die Ärztin sagt, sie hätten Alive in Verdacht, für die Atemnot von Tim. Was ist da los, Stefan? Weißt du irgendwas?«, fragt Miriam aufgebracht. Stefan wischt sich mit seinem Handrücken den Schweiß von der Stirn. »Ja, heute waren den ganzen Tag Leute vom Umweltamt in der Fabrik. Aber meine Chefs sagen, Alive kann es nicht sein. Sie haben uns das hier gegeben.«

Stefan zeigt ihr eine Pressemitteilung des Konzerns, die kurz darauf nahezu wörtlich in den Nachrichten zitiert wird. Die Firma habe mögliche Auswirkungen des Medikaments sehr sorgfältig geprüft, Alive habe alle Hürden zur Zulassung problemlos genommen, sowohl in Deutschland als auch bei der Europäischen Arzneimittelagentur, es sei eines der wichtigsten Mittel im Kampf gegen Krebs. Miriam kennt die Worte schon fast auswendig.

Dann aber kommt noch ein neues Argument, das bislang eher die Kritikerinnen der industriellen Gifte vorgetragen haben: Die Deutsche Ärztekammer und viele weitere Forschende würden ja schon seit vielen Jahrzehnten warnen, dass gerade die Mischung aus verschiedenen Chemikalien im Abwasser es unmöglich mache, überhaupt verlässliche Aussagen über potenzielle Gesundheitsrisiken zu treffen. Und mit jedem Jahr seien mehr Stoffe auf dem Markt, die entweder durch menschliche Ausscheidungen im Abwasser landen oder aber von der Industrie selbst in Flüsse geleitet würden. »Nun ausgerechnet Alive für mögliche Folgen dieses Gemischs verantwortlich zu machen ist purer Populismus, und ein Zusammenhang mit den vermehrt auftretenden Unpässlichkeiten von Schulkindern angesichts Tausender Chemikalien nicht nachzuweisen.«

»Glaubst du das?«, fragt Miriam ihren Mann entgeistert, der nun gierig an einer Zigarette zieht. Nicht mal, wenn sein Sohn noch eine Stunde zuvor eine Sauerstoffmaske tragen musste, kann er sich zusammenreißen, denkt Miriam wutentbrannt, aber sie sagt nichts, die Stimmung ist ohnehin schon im Keller. »Keine Ahnung«, erwidert Stefan entnervt, »woher soll ich das wissen? Und außerdem, wenn das so schädlich ist – sollen doch die Kläranlagen mal besser funktionieren.« So geht es schon ewig hin und her in dieser Stadt: Die Industrie verharmlost die Gefahren ihrer Einleitungen, die Klärwerke argumentieren, die Stoffe dürften erst gar nicht eingeleitet werden. Gerne hätte die Stadtregierung dem Besitzer der Wasserwerke die Lizenzen entzogen, aber bislang konnte sie nicht gerichtsfest beweisen, dass er seinem Reinigungsauftrag bewusst nicht nachkommt. Und so bleibt alles, wie es ist.

Noch Anfang der 2020er-Jahre war in Brüssel ein damals wegweisender Vorschlag zur Revision der sogenannten Industrieemissionsrichtlinie IED gemacht worden: Sie sollte regeln, wer wie viele Stoffe in Flüsse und Luft einleiten darf. Viele Wasserversorger versuchten, das Gesetz noch zu verschärfen, um die hohe Qualität des Trinkwassers in Zukunft halten zu können. Bis dato, und auch jetzt noch, Jahrzehnte später, betreffen die Regelungen aber überhaupt nur jede fünfte Firma. Die Chemieindustrie hatte einfach die stärkere Lobby in Brüssel, die Vorschläge von Wasserwerken, Umweltchemikern und Hydrologinnen wurden abgewiesen, strengere Regelungen in die Zukunft verschoben. Sie kamen nie. Sehr zur Freude von mehr als 50 000 Industriebetrieben in der EU, zu denen auch Geflügel- und Schweinehaltungsbetriebe gehören.

Auch die REACH-Verordnung, ein historischer Meilenstein für die Registrierung von Chemikalien, sollte reformiert werden. Aber sie scheiterte damals an konservativen Parteien: Während sich Umweltgruppen und mehrere EU-Staaten für eine schnelle Verschärfung einsetzten, warnten Europaabgeordnete der CDU und CSU im Chor mit Industrievertretern vor negativen Folgen für die Firmen. Die chemische Industrie leide unter den hohen Energiepreisen, die »Verschärfer« hätten den Sinn für die Realitäten verloren, hieß es.

Die Folgen dieser Politik für die deutschen Chemieriesen spürten die meisten Menschen so richtig erst mit den Klimakrisen Ende der 2020er-Jahre. Die trockenen Flüsse enthielten manchmal mehr Gifte als neutrale Flüssigkeit. Das hatte sich selbst nach dem großen Dürresommer 2029 kaum geändert. Obwohl damals die Grenzwerte für Schadstoffe in sämtlichen

Flüssen überschritten wurden, durften die Firmen so viel wie zuvor einleiten. Einige Chemikalien sind zwar aus dem Verkehr gezogen worden, aber jedes Jahr kamen neue hinzu. Davon können die Bewohner in der Siedlung von Miriam, die ihr Trinkwasser über Brunnen nahe des Rheins beziehen, ein Lied singen. Dutzende Male gab es Warnungen, das Wasser aus dem Hahn nicht mehr zu nutzen, weil irgendein meist eben unbekannter Stoff zu Durchfall führen könne oder zu Blutarmut oder zu Hautausschlag. Mit der Klimakrise und den daraus folgenden Dürren erhöhten sich überall die Giftdosen – die von Nitraten im sinkenden Grundwasser, die von Chemikalien und Arzneimittelresten in Flüssen. Sie wurden mit immer weniger Wasser verdünnt. Durch die teilweise Privatisierung der Wasserwerke hat das deutsche Trinkwasser zudem seine einst international beachtete, zuverlässig hohe Qualität verloren.

Häufig wurden die Hochhäuser mit Lastwagen voller Plastikflaschen oder Kanistern beliefert, und schon nach wenigen Tagen stapelten sich die leeren Flaschen meterhoch neben den gelben Tonnen. Aber auch starker Niederschlag brachte Miriams Wohnviertel keine Erleichterung. Als es in der Vergangenheit einmal zu einem Starkregenereignis kam, sind sogar viele Tonnen Chemikalien aus dem Industriegelände auf die Grünflächen und Spielplätze gespült worden, monatelang durfte sie keiner mehr betreten, bis Abraumbagger die obersten Schichten abtrugen.

Meist kamen die Warnungen allerdings zu spät – so wie heute: Erst jetzt empfängt Miriam eine Meldung auf ihrem Handy, dass sie »bis auf Weiteres« das Leitungswasser zum Trinken meiden solle. Die Feuerwehr werde für Ersatz sorgen.

Inzwischen stehen tatsächlich schon zwei Feuerwehrwagen vor den Häusern, sie verteilen Wasser. »Geh mal runter und hol unsere Kanister«, raunzt Miriam Stefan an. Er nickt, froh darüber, dem Gespräch entkommen zu können. In ihrem gefühlten Überlebenskampf sind ihnen wohlwollende Worte und herzliche Gesten abhandengekommen. Sie funktionieren nur noch als Eltern.

Schnell rennt Stefan die acht Stockwerke runter – aber bis zum Lkw mit den Kanistern kommt er gar nicht erst: Die Menschenmenge vor dem Haus ist angewachsen, offenbar sind noch Familien aus anderen Vierteln dazugekommen. »Verräter!«, schreit ihm ein Nachbar ins Gesicht. »Ihr wisst doch gar nicht, was eure Kinder haben!«, brüllt Stefan zurück, aber in dem Mob geht seine Stimme unter. Von Weitem sieht er einen Polizeiwagen auf sie zukommen, neuerdings schmeißen die ständig irgendwelches Tränengas – oder Knallgranaten, wie sie früher nur von den berüchtigten französischen Beamten bekannt waren. Die Wasserwerfer stehen wegen der Dürre schon seit Jahren in der Garage. Stefan sieht den Rauch aufsteigen und zieht sich ins Haus zurück. »Beenden Sie diese unangemeldete Demonstration!«, schallt es aus den Lautsprechern der Polizeiwagen. »Und bitte trinken Sie kein Wasser aus dem Hahn. Nutzen Sie ausschließlich die kostenlosen Kanister.«

Erst noch unschlüssig, stellen sich die Menschen schließlich artig in die Schlange vor den Feuerwehrwagen, aus Sorge, sie könnten bald wieder abfahren oder zu wenig Flaschen dabeihaben. Aber die wütende Nachbarschaft vor der Tür hält Stefan davon ab, aus dem Haus zu treten, er steigt die acht Stockwerke schnaufend wieder hoch. Schlangestehen für Wasser, das sind die Bewohnerinnen und Bewohner des Viertels gewöhnt, aber er fühlt sich plötzlich unendlich müde. Wie soll das alles nur weitergehen? Er weiß durch seine Arbeit schon lange, dass die Produkte aus dem Supermarkt, dem Sportgeschäft, dem Baumarkt oder auch dem Spielwarenladen mit jedem Jahr mehr Gifte enthalten als zuvor. Hinter jedem Werbeslogan – mottenfrei, antibakteriell, geruchshemmend, hygienisch, lange haltbar – verbergen sich versteckte Chemikalien. Sie sind überall, auf Schneidebrettern, Klobrillen, Frischhaltedosen, Kopfkissen und Matratzen, Radlerhosen, Sportsocken, Babyrasseln, Mousepads. Eine Zeit lang hatte Miriam versucht, für ihren kleinen Tim auf all diese Gegenstände zu verzichten, aber das war in dem Plastik- und Warendschungel nahezu unmöglich gewesen, vor allem mit ihrem geringen Gehalt. Hölzerne Kinderrädchen und Biogläschen hatte sie sich schlicht nicht leisten können.

Stefan betritt wieder die Wohnung. »Wo ist unser Wasser?«, ruft ihm Miriam entgeistert entgegen. Keinen Schluck mehr will sie aus dem Wasserhahn entnehmen. »Ich kam nicht dran«, grummelt Stefan nur und geht, ohne ihr in die Augen zu schauen, ins Schlafzimmer. »Ich bin müde.« Da sitzt sie wieder allein, mit dem schlafenden Tim auf dem Sofa, ohne Trinkwasser. Mit jeder Minute wird sie durstiger, in den oberen Stockwerken sind die Sommertemperaturen ohnehin schwer auszuhalten.

Sie schnappt sich einen Beutel und stürmt das Treppenhaus hinunter. Unten stellt sie sich in die Schlange. Sie hat sich fest vorgenommen, nicht auf die Vorwürfe der Nachbarn einzugehen. »Wie lange wollt ihr noch für die Dreckschleuder arbeiten?«, sagt eine Frau aus ihrem Wohnhaus gehässig. »Ich putze euren Alten den Hintern im Heim ab«, entgegnet Miriam. »Pah!«, sagt die Frau und spuckt tatsächlich vor ihr aus. Miriam wird übel, vielleicht auch, weil sie tatsächlich seit heute früh nichts mehr getrunken hat. Endlich ist sie dran, gierig nimmt sie einen Schluck aus dem schweren Kanister. Zwei darf sie mitnehmen. »Wir sind zu dritt« protestiert sie, »wir brauchen mehr.« – »Das ist alles für heute«, sagt der Feuerwehrmann und steigt in seine Führerkabine. Das kann nur bedeuten, dass das Trinkwasser hier wirklich großflächig verseucht ist, denkt Miriam. In so einem Fall kommen sie häufig mit den Wasserkanistern gar nicht mehr hinterher, zu viele Haushalte müssen beliefert werden.

Einst sollten Fernleitungen den Giftcocktail der Industrieregion verdünnen. Schon immer haben wasserreiche Regionen die Metropolen beliefert – keine größere Stadt war je in der Lage, ihren eigenen Bedarf zu decken. Trier und das Rheinland leben vom Wasser aus der Rur in der Eifel und der Mosel, der Westerwald liefert nach Koblenz, die Pfalz nach Kaiserslautern, Berlin wird von 650 Tiefbrunnen versorgt, die im größeren Umkreis der Hauptstadt liegen. Der Großraum Mannheim und Ludwigshafen pumpt sein Trinkwasser für die Haushalte meist aus dem Grundwasser hoch, aber auch einige Brunnen nahe des Rheins werden angezapft – diese haben besonders hohe Giftwerte. In Dürrezeiten fallen einige von ihnen trocken, nicht mehr alle Menschen können dann versorgt werden. Häufig wird das Trinkwasser knapp und rationiert. So beschloss die Mainzer Landesregierung erstmals Mitte der 2020er-Jahre, über eine Fernleitung Wasser aus den Bergregionen Bayerns zu den Industriewerken zu pumpen, um dort die Produktion zu kühlen und die vielen chemischen Einleitungen zu verdünnen. Das kostete das Land viele Milliarden Euro: Ursprünglich hatten Rohre für Fernleitungen einen Durchmesser von 1,50 Meter und konnten 6500 Liter Wasser pro Sekunde führen, 6,5 Kubikmeter also. Viele solcher Leitungen waren schon Anfang des 20. Jahrhunderts verlegt worden, damals waren sie allerdings für die Trinkwasserversorgung reserviert gewesen. Ihre Größe war aber für die Verdünnung des Rheins deutlich zu gering, der Fluss trug selbst bei Niedrigwasser einige Hundert Kubikmeter pro Sekunde mit sich. Also wurden die Rohre dreimal so groß, und es brauchte auch gleich zwei davon. Zudem ließ sich Bayern seinen Export fürstlich entlohnen. Das Land wusste, dass die Region am Rhein alles für ihre Industrie tun würde.

Abgekämpft schleppt Miriam sich die Treppen hoch, wenigstens heute wird das Wasser reichen. Sie hofft, dass gleich morgen früh Nachschub kommt. Sie lässt sich erschöpft auf die Couch fallen, sofort schläft sie ein.

Erst am frühen Abend wacht sie wieder auf, wischt sich den feinen Schweißfilm von der Stirn und sieht nach Tim. Er scheint sich etwas erholt zu haben, er und Stefan sitzen am Küchentisch, Tim knabbert auf einem Stück Zwieback herum. Miriam holt ihren Laptop und setzt sich zu ihnen, ihre Warn-App hat sie über eine Rede des Bürgermeisters Malte Walter aus dem benachbarten Ludwigshafen informiert. Wenn es ernst wird, schweigt der Frankenthaler Stadtchef meist, und Walter tritt stattdessen vor die Mikros. Der hat noch nie ein kritisches Wort über die Chemiekonzerne in seiner Stadt verloren – schließlich hatten die ihm mehr oder weniger den Wahlkampf gesponsert, mit ihren Spenden hatte er die besten Videos drehen, die meisten Radioclips abspielen können. Und noch immer drohen sie bei jeder Gelegenheit damit, ihre Werke zu schließen, sollten die örtlichen Wasserbehörden die Einleitungen in den Fluss stärker sanktionieren. Selbst eine höhere Beteiligung an den Kosten für die Wasserfilterung lehnen sie ab, obwohl diese jedes Jahr teurer wird.

Das Prinzip »The Polluter Pays« – der Verschmutzer zahlt – hatte die EU zwar schon in den 1990er-Jahren verabschiedet, aber eigentlich nie so recht angewandt. Sonst hätten Arznei- und Düngemittelfabrikanten längst die Wasserwerke aushalten müssen, das taten aber, wie überall, Bürgerinnen und Bürger über ihre Abwassergebühren. Selbst drüben in Ludwigshafen, mit der höchsten industriellen Belastung in ganz Deutschland, zahlen die Verursacher keinen Cent. Lediglich die Wasserkanister sponsern sie neuerdings.

Walter fängt an zu reden, Miriam stellt den Ton an. Hinter dem grauhaarigen Herrn hängt ein Poster mit einer Luftaufnahme von Ludwigshafen und Frankenthal – zu sehen sind ein sich schlängelnder Fluss, viele Schlote und große Industrieareale. »… muss ich Ihnen leider mitteilen, dass wir die Ursache für die ungewöhnlichen Krankheitsfälle unter den Kindern in unseren beiden Städten noch nicht gefunden haben. Manche vermuten, und ich betone, *vermuten,* dass die Ursache im Trinkwasser liegt. Ich kann nur sagen, wir konnten bislang keine besorgniserregenden Stoffe finden. Vielleicht haben die Symptome auch psychische Ursachen. Möglicherweise handelt es sich auch um ein Virus, wir werden auch dieser Spur nachgehen. Gleichwohl, um die maximale Sicherheit zu gewährleisten, nutzen Sie bitte zum Trinken, Essen und Zähneputzen bis auf Weiteres nur das Wasser aus den Kanistern, die Ihnen Ihre Kommune zur Verfügung stellt. Ich danke für Ihre Aufmerksamkeit.« Wenige Sekunden später ist die Bühne leer, die vielen Journalisten haben sich umsonst zugeschaltet, ihre Fragen bleiben unbeantwortet.

Kein Wort zu Alive. Dabei sprudeln die Sozialen Medien über vor wilden Vermutungen zu der Arznei. Echte Beweise hat aber niemand – das Besondere an Alive ist gerade, dass der Wirkstoff im Körper keine nachweisbaren Spuren hinterlässt. Die Chemieexpertinnen und -experten des Landesumweltamtes, die heute am Rhein Proben nehmen, werden die üblichen Stoffe suchen: Sie haben Testkits für Nitrate, bakteriologische Tests für so etwas wie Escherichia coli. Am wichtigsten in Miriams Viertel waren schon immer die Toxizitätstests, sie fahnden nach Schwermetallen, Pestiziden und Phenolen – und nach Arzneien wie Antibiotika und Schmerzmitteln. Aber für Alive, hat ihr Stefan erzählt, gibt es keine Testmöglichkeit. In der Firma ist man darüber erfreut – denn das ist ja auch das stärkste Verkaufsargument für Alive: Es ist eine hochwirksame Pille, die keine Rückstände im Körper hinterlässt und auch im Urin und Wasser nicht mehr aufzufinden ist, selbst nicht mit den neuesten teuren Analysen wie den verschiedenen Chromatographien und Massenspektrometrie, die die Stoffe in der Probe voneinander trennen und sichtbar machen.

Um den Stoff zu finden, fehlt also schlicht die technische Möglichkeit. Vielleicht ist aber auch eine andere Chemikalie die Ursache für Tims Leiden? Wie so häufig tappen die Behörden im Dunkeln. Die chemische Industrie ist der Kontrolle, wie seit Jahrzehnten, immer eine Nasenlänge voraus, es ist ein ewiges Katz-und-Maus-Spiel. Miriam ist nach den offiziellen Verlautbarungen nicht schlauer als vorher. Null Transparenz. Sie beobachtet Tim, wie er nunmehr den vierten Zwieback zerkrümelt. Wie soll sie ihn nur schützen? Bislang ist er noch eines der wenigen Kinder gewesen, die nicht schon früh eine chronische Krankheit entwickelt haben, etwa Diabetes, eine Schilddrüsenunterfunktion oder Asthma.

In diesem Moment ploppt wieder eine Wasser-Warnmeldung über ihre App auf. »Die bayerische Regierung hat entschieden, die Wasserfernleitung in die rheinland-pfälzischen Industrieregionen bis auf Weiteres zu stoppen.« Darunter sieht Miriam ein Bild vom bayerischen Ministerpräsidenten Bernd Huber, das Foto trägt die Unterzeile: »Mir ham heuer nix mehr abzugeben.« Miriam weiß nicht, was sie fühlen soll.

Best Case

Miriam sitzt mit ihrem Sohn Tim am Frühstückstisch, als ihr Mann Stefan hereinplatzt. Er kommt gerade erst von der Nachtschicht nach Hause, sprudelt aber sofort los: »Sie haben eine neue Superpille entwickelt, ›Alive‹ soll sie heißen.« Miriam und der fünfjährige Tim gucken ihn erstaunt an, wovon redet er da bloß? »Die löst sich quasi komplett auf und ist völlig unschädlich fürs Wasser«, erzählt Stefan begeistert. Jetzt versteht Miriam – ihr Mann arbeitet als Produktionshelfer in der Chemiefabrik nebenan. Sein Job dort war in den letzten Jahren immer wieder bedroht. Seit die Fabrik nachweisen muss, dass sie keine Schadstoffe in den immer wieder flachfallenden Rhein leitet, steht sie vor riesigen Herausforderungen – und musste das Angebot stark einschränken. Aber schon seit Längerem heißt es in der Fabrik, die Entwicklungsabteilung sei einem wahnsinnig guten Stoff auf der Spur – einem, der die gängige Chemotherapie für Krebspatienten ersetzen und sich noch im Körper wieder zurück in unschädliche Eiweiße zersetzen könne. Nun geht es offenbar in die Testphase.

»Und jetzt kommt das Beste: Sie zahlen uns viel Geld, wenn wir uns als Testpersonen für Alive zur Verfügung stellen. Also eine Aufwandsentschädigung dafür, dass wir drei das benutzte Wasser aus der Fabrik trinken. Sie müssen wissen, ob auch Kinder kleinste Rückstände vertragen können.« Miriam verzieht skeptisch das Gesicht. Das hört sich doch etwas abenteuerlich an. Aber Stefan lässt nicht locker. Er erklärt, dass der Stoff schon im Labor, auf Zellkulturen, an Tieren und schließlich einigen Erwachsenen getestet wurde – mit jeweils »bestem Ergebnis«. Dass sie nur eine Familie von

Hunderten wären. Wie wichtig dieser Schritt für die Firma sei, um schnell die Zulassung zu erlangen, und wie harmlos der Stoff, was für eine goldene Zukunft ihrem Viertel bevorstünde, wenn die Fabrik tatsächlich diesen Superstoff verkaufen könnte, und wie dieser allen krebskranken Menschen helfen könnte. Und auch, wie Alive helfen würde, seinen Job abzusichern, das scheint ihm ebenfalls wichtig zu sein. Stefan geht es dabei allerdings nicht nur um den Lohn, er identifiziert sich stark mit seiner Firma und ist stolz darauf, lebensnotwendige Produkte herzustellen, das weiß Miriam. Er hat in den vergangenen Jahren viel mitgemacht in der Fabrik, war immer mal wieder nur in Kurzarbeit angestellt. Aber jedes Mal kann er sich aufs Neue begeistern, wenn es heißt, es gebe ein potenziell wirksames und zugleich für die Umwelt unschädliches Produkt. »Also gut«, sagt sie schließlich, »was müssen wir tun?«

»Wir müssen nur das Wasser aus der firmeneigenen Kläranlage nutzen, das ist alles. Die haben dort inzwischen einen Standard wie in einer Trinkwasseranlage. Keine Sorge, das ist superrein«, fügt er noch schnell hinzu. »Wir werden dafür mit Kanistern aus dem Werk beliefert – und jeden Abend kommt eine Krankenschwester vorbei, die Blut abnimmt und prüft, wie es uns so geht. So habe ich das jedenfalls verstanden. Sind ja alles noch ganz neue Protokolle.«

Obwohl sie sich nicht ganz sicher ist, ob sie sich überhaupt für mehr Medikamente einsetzen sollte, und ihr das mögliche Gesundheitsrisiko widerstrebt, gibt Miriam letztlich nach. Sie ist eigentlich ein vorsichtiger Typ, aber Stefan hat zuletzt häufig recht behalten mit seinem Optimismus. Ohnehin hat sie wieder Vertrauen in die Behörden gefasst, seitdem diese nach der großen Dürre 2029 die Regeln für die Chemikalienproduktion drastisch geändert haben: Plötzlich stand die Gesundheit der Bürgerinnen und Bürger im Mittelpunkt, das hatte sie, die langjährige Nichtwählerin, wieder mit dem Staat und seinen Kontrollbehörden versöhnt.

Früher hatte es allein in Europa 20 000 verschiedene Medikamente auf dem Markt gegeben, mit jedem Jahr waren mehr zugelassen worden – und genauso hatte die Menge an toxischen Stoffen in Produkten und damit im Trinkwasser jedes Jahr zugenommen. Insgesamt konnten 100 000 Substanzen vor einigen Jahrzehnten nachgewiesen werden, aber nur 500 davon waren überhaupt ausreichend untersucht. Arzneirückstände im Wasserkreislauf waren ein großes, aber lange Zeit unbeachtetes Problem gewesen. Ob Röntgenkontrastmittel, Antibiotika, Schmerzmittel, Betablocker – es war ein riesiger pharmazeutischer Cocktail, der häufig noch nach der Reinigung im Wasser schwamm. Doch wurde das Null-Schadstoff-Ziel schneller als gedacht angegangen, die Umwelt ist seit Mitte der 2030er-Jahre weitgehend schadstofffrei. Bis auf die »Forever Chemicals«, die ewigen Gifte, die noch eine Altlast aus früheren Jahrzehnten sind.

Die Bewohner des Viertels sind erleichtert, dass die Regeln strenger geworden sind und solche Tests für die Folgen von Produkten auf Trinkwasser und die Umwelt überhaupt stattfinden: Sie hatten ständig mit vergiftetem Wasser zu kämpfen gehabt, immer wieder hatten sie nur noch aus Plastikflaschen trinken dürfen oder gar Angst gehabt, den Hahn auch nur aufzudrehen. Bis dann die entscheidende Wende kam. Stefans Fabrik wurde dazu verpflichtet, sich ein Vorbild an Chemelot zu nehmen, dem größten Chemiepark in den Niederlanden: Von dort fließen die Abwässer in einen Nebenfluss der Ur – ein holländisches Naturschutzgebiet und zugleich die Trinkwasserquelle für vier Millionen

Niederländer. Heute ist die Ur einer der reinsten Flüsse des Landes. Aber auch das Nachbarland hatte erst aus der Not gelernt: Im Jahr 2015 hatten Biologinnen flussabwärts von Chemelot Muscheln entdeckt, die plötzlich massenhaft ihre Schalen geschlossen hatten, ganz offensichtlich, um sich vor einer Substanz im Wasser zu schützen. Die Muscheln waren das einzige Warnzeichen – die Laborwerte waren bis dahin unauffällig geblieben. Schließlich stellte die Wasserbehörde fest, dass das Gift Pyrazol von einer Fabrik aus Chemelot das Wasser kontaminiert hatte. Monatelang konnte hier kein Trinkwasser mehr hergestellt werden.

Seitdem dürfen die dort ansässigen Firmen nur noch Abwässer einleiten, wenn sie zuvor die Folgen für die Ökologie und Trinkwassergewinnung analysiert haben – und die Testverfahren mussten verbessert werden. Jeder eingeleitete Stoff muss identifiziert werden und den sogenannten ABM-Test (Allgemeine Bewertungsmethode) durchlaufen. Dieser gibt Aufschluss darüber, ob die eingeleitete Menge ein Gesundheits- oder Umweltrisiko darstellt – und zwar mit echten Proben aus den Gewässern, nicht mit irgendwelchen theoretischen Projektionen, mit denen sich die Kontrollbehörden zuvor begnügt hatten. Die niederländischen Expertinnen und Experten waren schließlich selbst überrascht, wie viele Stoffe aus den Anlagen sie noch gar nicht kannten und neu beurteilen mussten: Mehr als 630 potenziell schädliche Produkte gelangten in die Gewässer. Umgehend wurden einige von ihnen verboten oder nur in sehr viel geringerer Dosis erlaubt. Wenn es für einen Stoff hingegen noch gar keinen Grenzwert gab, was häufig der Fall war, musste er von der Firma erarbeitet und von unabhängiger Stelle geprüft werden – oder er durfte eben nicht mehr eingeleitet werden.

Chemelot hatte entscheidend auch die Überarbeitung der sogenannten Industrieemissionsrichtlinie IED in der EU beeinflusst. Mit ihr wurden die Hersteller zum ersten Mal verpflichtet, ihre Wirkstoffe auch dahingehend abzuklopfen, wie sie sich auf die Umwelt auswirkten. Die IED sollte regeln, wer wie viele Stoffe in Flüsse und Luft einleiten darf – und die Wasserversorger pochten damals außerdem erfolgreich darauf, ihre Zulassung strenger zu regeln. Ihr Argument: Die EU könne keine sinnvollen Grenzwerte für quasi unbekannte Stoffe festlegen. Zum ersten Mal setzte sich die chemische Industrie in Brüssel nicht durch, zum ersten Mal kam ihre finanzstarke Lobby nicht gegen die Argumente von Forschenden, Medizinerinnen und Medizinern an. Während das Europäische Parlament noch 2011 einen Antrag zur Aufnahme von Umweltkriterien in die Nutzen-Risiko-Prüfung mit großer Mehrheit abgelehnt hatte, wurde sie 15 Jahre später schließlich eingeführt. Zu eindrucksvoll waren die Bilder eines seltsamen Fischsterbens in der Oder wenige Jahre zuvor gewesen. Und man hatte aufmerksam nach Frankreich geschaut: In dem Nachbarland mussten schon im Jahr 2022 viele Dörfer mit Tanklastwagen oder Plastikflaschen versorgt werden, weil es entweder gar kein Trinkwasser mehr gab oder es zu stark verunreinigt war.

Außerdem hatten eindringliche Berichte über »Forever Pollution«, also die ewige Verunreinigung durch Gifte wie die PFAS, die Gruppe der per- und polyfluorierten Alkylsubstanzen, die in der Umwelt nicht oder nur sehr langsam abgebaut werden, die Öffentlichkeit aufgeschreckt. Es wurde nachgewiesen, dass sie Krebs verursachen, und der amerikanische Chemiegigant DuPont sogar zur Zahlung von mehr als 600 Millionen Dollar Schadenersatz an Bauern und Bäuerinnen verurteilt.

Auch einige Arzneimittelwirkstoffe gehören zu den ewigen Verschmutzern, sie sind nicht abbaubar und reichern sich in der Umwelt an. Die EU machte öffentlich, dass 92 Prozent der »toxischen Ladung« im Abwasser aus der Pharma- und Kosmetikindustrie stammten – denn ihre Reststoffe wurden über den Urin direkt in die Kläranlagen gebracht. Viele weitere Industrieladungen gelangten über die Flüsse ins Meer. Miriam hatte als Pflegerin im Altenheim, lange Zeit der Arzneiumschlagplatz Nummer eins, jeden Tag gesehen, wie viele Pillen die Menschen tatsächlich schluckten – zehn Packungen pro Kopf gingen in Deutschland jährlich über die Ladentische der Apotheken. Sie und die Pharmaindustrie waren die großen Gewinner des allgemeinen Wegschauens, jedes Jahr hatten sie mehr umgesetzt, Beträge in Milliardenhöhe. Jeder und jede hatte sich daran gewöhnt, nach einem Arztbesuch zur Apotheke zu gehen – in anderen Ländern war das schon früher ganz anders gewesen, in Schweden etwa erhielten Patientinnen und Patienten bereits in den 2020er-Jahren nur bei jeder fünften Konsultation ein Pillenrezept.

Die neue Regel aus Brüssel, die eigentlich die Wasserqualität während der Klimakrise retten sollte, hatte riesige Auswirkungen auf den Alltag der Menschen: Nicht nur verschwanden viele andere unsinnige Produkte, etwa bestimmte Glanzlasuren für Brötchen oder Stoffe, die Touchpads angenehm weich machten, wieder vom Markt. Auch die Pharmaindustrie und die gesamte Gesundheitspolitik gerieten unter Beobachtung. Plötzlich lautete die Frage in den Ministerien und Arztpraxen nicht mehr: Wie kann ich eine Krankheit behandeln? Sondern: Wie kann ich eine Erkrankung präventiv verhindern?

Bei vielen Krankheitsbildern war das tatsächlich möglich, etwa bei Diabetes Typ 2, der sich durch eine gesündere Ernährung und mehr Bewegung zumindest mildern oder sogar ganz verhindern ließ. Nur hatte Prävention lange Zeit kaum zur politischen Strategie gehört.

Inzwischen erhalten Patientinnen und Patienten außerhalb von Krankenhäusern und Seniorenheimen in Apotheken nur noch eine Packung mit der genau verschriebenen Menge an Tabletten oder Tropfen. Allein durch diese einfache Regel ist nur noch rund die Hälfte aller Medikamente, die es vorher gegeben hat, im Umlauf. Auch die grassierende Selbstmedikation wurde so begrenzt: Hatten die Deutschen in den 2020er-Jahren noch jedes Jahr 500 000 Kilo Ibuprofen geschluckt – von denen dann rund 60 000 Kilo im Wasser landeten –, konnte die Zahl durch Kampagnen drastisch reduziert werden. Es war also doch möglich, was Miriam sich im Altenheim schon lange gewünscht hatte: Menschen mit mehr Aufklärung dazu zu bringen, auf toxische Stoffe und unnötige Medikamente zu verzichten.

Auch das Bundesgesundheitsministerium schaltete damals Anzeigen, etwa diese: »Bei leichten Kopfschmerzen – probieren Sie Entspannungsübungen oder gehen Sie an die frische Luft.« Denn zum Schutz des Wassers, das verstanden die Behörden nun in der Krise, mussten viele Gewohnheiten ersetzt werden. Werbung für all die Lebensmittel, die zu Krankheiten führen können, wie Chips und Schokolade, wurden als »gesundheitsschädlich« eingeordnet, die Produkte selbst mit hohen Steuern belegt. Limonaden, der Hauptgrund für adipöse Kinder, wurden sogar komplett verboten. Stefan beschwerte sich erst darüber, dass seine geliebten Chips und Schokoladen zum Fernsehgucken plötzlich so teuer wurden – aber inzwischen hat er sich damit abgefunden und genießt es auch, fitter zu sein.

Hinzu kam der weitreichende Klimaschutz, der Menschen gesünder leben ließ: Fahrradfahrerinnen und Fußgänger hatten überall Vorrang, Sportstunden in Betrieben gehörten ab sofort zum Alltag.

Manche Pillen verschwanden so gänzlich vom Markt: Die Umweltministerin hatte im Einklang mit der neuen EU-Richtlinie verfügt, dass jeder Fabrikant, der wasserschädliche Produkte oder Wirkstoffe herstellt oder in den Verkehr bringt, für die Beseitigung der Schäden aufkommen muss. Das vorher nur theoretische »The Polluter Pays«-Prinzip wurde erstmals umgesetzt. Auch in Miriams und Stefans Wohnung hat sich seitdem vieles geändert – allein im Badezimmer steht nur noch ein duftfreies Shampoo und liegt eine Seife. Unzählige Produkte, vom parfümierten Duschgel über silikonhaltige Augencremes bis zu mit Tensiden behafteten Haarspülungen und zweifelhaften Antifaltencremes, sind verschwunden. Erst seit die Hersteller ihren »eigenen Dreck wieder aufkehren müssen«, wie es die Umweltministerin eines heißen Herbstabends 2030 in der Tagesschau formulierte, wurden die Produkte finanziell uninteressant. Was vorher die Gemeinschaft tragen musste, war für die eigentlich Verantwortlichen schließlich zu teuer geworden. Die meisten Menschen waren überrascht, wie viele Artikel plötzlich nicht mehr im Regal standen – ohne dass sie wirklich fehlten. Übrig blieben nur noch einige Produkte von Naturkosmetik-Linien und Produkte mit wenigen, unschädlichen Inhaltsstoffen.

Nachdem Miriam, Stefan und Tim an zahlreichen Voruntersuchungen teilgenommen und viele Fragebögen ausgefüllt haben, kann der Testlauf beginnen. Wenige Wochen später steht der erste Kanister aus der Fabrik auf dem Tisch. Stefan hat sich noch am Vorabend schriftlich verpflichtet, dass seine Familie nur aus diesem trinken und mit diesem Wasser ihr Essen kochen würde. Miriam ist ein bisschen mulmig zumute, aber schließlich prosten sie sich lachend zu. »Auf Alive!«, sagt Stefan. Das Wasser schmeckt wie immer. Anschließend bringt Stefan Tim auf dem Weg in die Fabrik in den Kindergarten, Miriam fährt mit dem Fahrrad Richtung Altenheim.

Während der Fahrt genießt sie den Blick auf den Rhein. Auch wenn er mal wieder wenig Wasser führt und nur wenige Leichtbauschiffe zu sehen sind, hat er eine klare Farbe, und in seiner Nähe riecht es gut.

Für alle unvermeidlichen Abwässer gibt es inzwischen Kläranlagen. Vorbild war die Emscher, diese einst stinkende Industriekloake im Ruhrgebiet, in der kein Leben mehr zu finden war. Schließlich wurde sie mehr als 20 Jahre lang renaturiert und schon in den 2020er-Jahren zu einem beliebten Erholungsgebiet. Ebenso wie Miriams Rhein, bei dem dieser Prozess noch fast zwei Jahrzehnte länger benötigte, der aber heute wieder durch Auen mäandert. An denen geht sie auch immer mit den Bewohnerinnen und Bewohnern aus dem Altenheim spazieren, selbst die störrischsten unter ihnen kehren anschließend ruhiger in ihre Zimmer zurück.

»Guten Morgen, Frau Brüggemann«, begrüßt Miriam die alte Dame mit Spazierstock. Jeden Morgen erwartet sie sie um 9 Uhr an der Eingangstür. Frau Brüggemann nickt, nach einem Schlaganfall fehlen ihr manchmal die Worte. Miriam zieht ihren Kittel an und bringt sie zu ihrem Sportprogramm. Fitnesslehrer Dimitry hat einen Saal des Hauses in eine Spielwiese für Seniorinnen und Senioren umgewandelt. Hier heben sie Gewichte und machen seine Übungen nach, je nach Fitnessgrad sind sie durchaus anstrengend. Aber heute Morgen ist das Wetter noch kühl genug, Dimitry beschließt, seine Gruppe nach draußen zu einem kleinen Spaziergang zu führen. Miriam begleitet sie, einige von ihnen bewegen sich mit Rollatoren vorwärts.

Die meisten machen inzwischen gut mit, auch wenn die Familien zunächst sehr besorgt waren, ihre Eltern oder Großeltern mit dem Sport zu überlasten. Selbst wenn Dimitry lange erklärte, dass Bewegung in jedem Alter unerlässlich sei und auch die Stimmung hebe, hatten die Angehörigen große Bedenken. Erst die Ärztinnen und Ärzte konnten sie überzeugen: Sie verschreiben das Sportprogramm mittlerweile auf Rezept, auch eine Folge der strengen Arzneigesetze zum Wasserschutz. Das kann Miriam ihnen immer unter die Nase halten, wenn sie mal die Kurse schwänzen wollen.

Dass viele Menschen ihren Lebensstil geändert haben, sieht Miriam jeden Tag im Altenheim: Viel weniger Personen als früher werden mit Diabetes Typ 2 in das Heim eingewiesen, die Form der Krankheit also, die auf Übergewicht und zu wenig Bewegung zurückzuführen ist. Sie hatte Jahrzehnte zuvor explosionsartig zugenommen, ein immer größerer Teil der Rezepte war für Diabetiker bestimmt gewesen: Die meist übergewichtigen Menschen mussten täglich Medikamente einnehmen, die die Produktion von Insulin in der ermüdeten Bauchspeicheldrüse anregen sollten. Mit dem neuen Bewegungsprogramm, auch im Altenheim, und geringerem Zuckerkonsum konnten die allermeisten ihre tägliche Dosis stark reduzieren oder ganz aufgeben.

Wie häufig hatten sie im Altenheim früher ohne Ergebnis über die vielen Medikamente diskutiert, die die Bewohnerinnen und Bewohner schlucken mussten. In den Tablettenkästchen lagen manchmal 15 oder 20 Pillen, Miriam beobachtete häufig Nebenwirkungen und eine geistige Abwesenheit ihrer Patienten. Dabei hatten Expertinnen von der WHO schon viele Jahrzehnte vor der sogenannten Polypharmazie gewarnt – also davor, zu viele Medikamente gleichzeitig zu nehmen, ohne abschätzen zu können, wie die Stoffe interagieren.

Denn mit den Pillen verhält es sich so wie mit den Giften im Wasser: Der Cocktail an Stoffen ist unüberschaubar. Als die neue Devise hieß: so wenig Stoffe wie möglich, auch um das Wasser zu schützen, und schließlich noch die eingesparten Kosten dem deutlich aufgestockten Personal zugutekamen, ergab Miriams Job wieder Sinn. Sie hat jetzt mehr Zeit für die Patienten, und in vielen Fällen kann sie mit eigenen Augen sehen, was frühere Studien schon nahegelegt hatten: Den Menschen geht es mit weniger Medikamenten besser.

Auch Frau Brüggemann nimmt jetzt nur noch zwei Pillen täglich. Aber wie typisch für sie – sie muss nach 200 Metern Spaziergang zur Toilette, Miriam erkennt es schon am unruhigen Powackeln. Vielleicht sollte sie bald doch mal Einlagen tragen. »Soll ich Sie begleiten?«, fragt sie freundlich, und Frau Brüggemann nickt erleichtert. Untergehakt gehen sie zurück zum Heim, auf die Trenntoiletten. Die wurden – da, wo es möglich war – als Erstes in Altenheimen und Krankenhäusern aufgebaut, schließlich waren diese Einrichtungen zusammen für mehr als 40 Prozent aller Arzneimitteleinträge in das Abwasser verantwortlich. Schon 2023 hatte die Wasserstrategie der damaligen rot-grün-gelben Bundesregierung dies als »zirkuläre Sanitärversorgung« proklamiert, mit der eine »Stoffstromtrennung« möglich werden sollte. Von nun an gelangten die Abwässer von Frau Brüggemann und ihren Heimgenossinnen und -genossen getrennt in die Kläranlagen, als Urin, Fäzes oder Regenwasser, und so mussten viel weniger Kubikmeter behandelt werden als zuvor. Und Trinkwasser wird schon längst nicht mehr die Toilette heruntergespült. Einzelne Stoffgruppen werden so weder verdünnt noch miteinander vermischt oder querkontaminiert.

Miriam ist nach wie vor beeindruckt, wie schnell die Fässer im Keller von nur einer Station mit zehn Patientinnen und Patienten gefüllt werden, oftmals vergehen nur wenige Tage. Anschließend werden sie mithilfe von Lastwagen leer gepumpt, und diese Masse wird dann zu speziellen Anlagen gefahren, wo sie verbrannt und zu Energie umgewandelt wird.

Als sie gerade dabei ist, Frau Brüggemann beim Zuknöpfen ihrer Hose zu helfen, klingelt ihr Telefon. Es ist die Kita, zeigt ihr Display an. Miriam kriegt einen Schreck – ein Anruf mitten am Morgen kann meist nur drei Dinge bedeuten: dass Tim Fieber hat, dass er sich verletzt hat oder dass eine Erzieherin ausfällt und sie ihn abholen muss. »Ja, hallo, ist was mit Tim?«, fragt sie direkt in den Hörer. Sie hört die Antwort an, nickt. »Ich komme sofort«, sagt sie knapp und legt dann auf. Sie ruft ihren Kollegen Dorian. »Ich muss schnell ins Krankenhaus, Tim ist sehr schlapp und atmet angestrengt.« Zwei Minuten später sitzt sie auf ihrem Fahrrad und fährt zur Kinderklinik.

»Was ist los mit ihm?«, fragt sie den Krankenpfleger, als sie in das Zimmer kommt und auf ihren Sohn zustürzt. Der liegt schon mit einer Sauerstoffmaske in einem Krankenbett und streckt seine Hand nach ihr aus. Stefan ist auch schon da, sie hat ihn erst nicht bemerkt. »Er hatte wohl zu wenig Sauerstoff im Blut, und die Lungen sind etwas verschleimt«, sagt Stefan. Und fügt kleinlaut hinzu: »Vielleicht war es das Wasser.« Denn im Nebenzimmer, erzählt er, liegen noch zwei weitere Kinder, die ebenfalls in der Siedlung an dem Test für Alive teilgenommen haben. Die Ärztinnen telefonieren bereits mit der Gesundheitsbehörde. »Sie werden den Test bestimmt stoppen, ein Zusammenhang mit dem Experiment ist wohl möglich«, gibt Stefan zu. »Es ist nicht deine Schuld«, erwidert

Miriam, eine Spur aggressiv, denn insgeheim ist sie sauer, dass er sie zu diesem Experiment überredet hat. Tim richtet sich auf, er spürt die Spannung zwischen seinen Eltern. »Mir geht es schon viel besser«, sagt er. Der Krankenpfleger drängelt sich an ihnen vorbei zu Tim und schließt noch einmal den Pulsoximeter an dessen Daumen, der gleich rot zu leuchten beginnt. »Sauerstoffsättigung bei 95 Prozent, das ist wieder im Normalbereich«, sagt der Pfleger. »Sie können nach Hause gehen.« – »Woran liegt es denn?«, fragt Miriam. »Dazu kann ich Ihnen leider keine Auskunft geben.«

Sie packen ihre Sachen zusammen und verlassen die Klinik, Stefan hebt Tim in den Kindersitz seines Fahrrades. »Wir stoppen den Test, sofort«, sagt Miriam. Aber Stefan winkt nur ab. »Das Ding ist eh schon erledigt.« Schweigend fahren sie nach Hause. Sicherlich werden sie später, wenn Tim im Bett ist, noch mal darüber sprechen, wie sie einem offenbar riskanten Test zustimmen konnten. Vielleicht ist ihr Vertrauen in die Chemiebranche inzwischen sogar zu groß geworden. Miriam fühlt sich elend, ihren Sohn gefährdet zu haben.

Zu Hause angekommen, checkt Stefan seine Mails. Aha, da ist sie schon, die Ankündigung der Fabrik. Stefan liest vor:

»›Leider müssen wir Ihnen mitteilen, dass die vierte Testphase für Alive bis auf Weiteres gestoppt wurde. Wir können nach unseren Ergebnissen negative Effekte auf das Trinkwasser nicht 100-prozentig ausschließen. Auch können wir nicht vollkommen sicher sein, dass Trinkwasser mit Rückständen von Alive keine gesundheitlichen Folgen für Kinder hat. Wir danken dem Entwicklungsteam für seine großartige und unermüdliche Arbeit.

Aber es gibt auch eine gute Nachricht für die Belegschaft, die wir an dieser Stelle nun etwas früher als gedacht verkünden wollen: Wie Sie wissen, hat die Regierung beschlossen, die Produktion von lebensnotwendigen Medikamenten nach Deutschland zu holen. Darunter Insulin, das Medikament für Diabetiker mit Typ 1. Ludwigshafen wird einer der drei Produktionsstandorte sein.«

Stefan schaut Miriam an. Das ist tatsächlich eine gute Nachricht. Früher hatte Stefans Werk vor allem von Stoffen gelebt, die heute verboten sind. Pestizide etwa, die zu 95 Prozent auf Erdöl und Erdgas basierten – also auf gebundenem fossilen Kohlenstoff, der die Klimakrise befeuerte und die Böden so auslaugte, dass sie ihren Humus verloren und noch schlechter mit Dürren und Starkregen zurechtkamen –, waren teuer und erledigten sich mit dem »The Polluter Pays«-Prinzip ohnehin von selbst. Ebenso wie Kosmetik- und Putzmittel. So schrumpfte die Produktion in Stefans Fabrik in kürzester Zeit, und nur ein Teil der Belegschaft wurde durch die 30-Stunden-Woche gerettet. Denn zum ersten Mal wurde diskutiert: Was wollen wir wirklich herstellen und konsumieren, was macht den Alltag der Menschen besser und lebenswerter? Die zahlreichen Zusatzstoffe in Lebensmitteln, die Unmengen an Cremes, Gels, Seren, Tropfen, Masken und Lotionen aus dem Drogeriemarkt gehörten nicht mehr dazu, ebenso wenig wie die vielen toxischen Spül- und Waschmittel, die Scheuerlösungen, Sprays und Bodenreiniger für Wohnungen.

Viele Pillen wurden vom Markt genommen, andere gar nicht erst zugelassen. Dass nun ausgerechnet sein Sohn einen dieser offenbar schädlichen Stoffe zu sich genommen hat, hinterlässt bei Stefan ein bitteres Gefühl, darin stimmt er mit Miriam überein. Auch Wut empfindet er, gegenüber seinem Chef, der ihn überzeugt hat. Er hätte dies nicht zulassen dürfen. Aber irgendwer muss ja Versuchskaninchen spielen, denkt er sich zur Beruhigung, er schafft es immer, sich selbst in dramatischen Situationen mit irgendeinem Spruch zu trösten. Nächstes Mal, nimmt er sich aber vor, wird er dem Werbesprech seiner Firma skeptischer gegenüberstehen.

Nun würde die Fabrik aber immerhin ein anderes überlebenswichtiges Medikament herstellen. Insulin rettet Diabetikern mit Typ 1 das Leben: Die früher wasserschädlichen Zusätze für das flüssig dargereichte Hormon sind längst durch harmlose Wirkstoffträger ersetzt worden. So fallen die Folgen für das Trinkwasser sehr gering aus. Warum also sollte es nicht in Ludwigshafen produziert werden?

Quellen

Für dieses Kapitel wurden Interviews geführt mit: Björn Jettka (Greenpeace-Wasserexperte), Wolfgang Deinlein (Geschäftsführer Internationale Arbeitsgemeinschaft der Wasserwerke im Rheineinzugsgebiet (IAWR)), Diana Nenz (NABU), Daniela Stoycheva (Sprecherin der Europäischen Umweltagentur) und Constant Brand (Europäische Kommission).

Null-Schadstoff-Aktionsplan der EU, EU-Umweltkommission, 2021

Die Bundesärztekammer kritisiert die Revision der EU-Chemikalienrichtlinie REACH: Bundesärztekammer, 15.3.2023

Studie zu giftigem Flusswasser in Grundwasser: A. Uhl et al.: Making waves. Pulling the plug – Climate change effects will turn gaining into losing streams with detrimental effects on groundwater quality, 15.7.2022

Die Folgen von Wasserverschmutzung auf die menschliche Gesundheit: L. Lin et al.: Effects of Water Pollution on Human Health and Disease Heterogeneity: A Review, in: Frontiers in Environmental Science, 30.6.2022

Studie des Umweltbundesamtes, wie sich Schadstoffe in Gewässern mindern ließen, Umweltbundesamt 2014

Zahlreiche Studien zu Arzneimittelrückständen im Trinkwasser: Bundesumweltamt

Verbraucherzentrale NRW: »Biozide im Alltag – erkennen und vermeiden«, 11.1.2021

Zu den Folgen von krankhaftem Übergewicht und mangelnder Bewegung auf die Gesundheit: Obesity Atlas 2019

Vorschlag der EU-Kommission über eine Revision der Industrieemissionsrichtlinie, 5.4.2022

Internationale Recherche zu den »ewigen Giften« im Alltag: foreverpollution.eu/

ROMAIN UND DER BERG

»Die alpinen Winterwasserspeicher Eis und Schnee werden schwinden, der Abfluss sich infolge zurückgehender Schnee- und Gletscherschmelze vom Sommer in den Winter verschieben. Im Sommer und Herbst werden sich der Abfluss der Fliessgewässer und der Wasseraustausch der Seen vermindern.«

Beiträge zur Hydrologie der Schweiz, Bundesamt für Umwelt, März 2021

Worst Case

An einem warmen Winternachmittag hängt über dem Tal ein graues Wolkenband. Es könnte eine Schneewolke sein, denkt Romain und zieht an seiner Pfeife. So viele Grautöne, die Struktur aufgequollen und diffus. Wie eine schwangere Kröte hängt sie zwischen den Bergrücken. Der Schweizer genießt seine Mittagspause auf der Terrasse seines Hotels in einem bequemen Liegestuhl. Man hat hier Ruhe und einen fulminanten Blick auf die Gipfel der Alpen. Über der Wolke ragen die nackten grauen Bergspitzen heraus, angestrahlt von der Nachmittagssonne. Im Speisesaal scheppert es, Remy räumt gerade die Teller vom Mittagessen ab. Das Hotel liegt auf 1200 Meter Höhe, runter zur Siedlung geht es fast 800 Meter steil abwärts, an den Hängen winden sich die Serpentinen in engen Kurven hinab. »Bonjour!«, grüßt ein Pärchen im Vorübergehen. Romain hebt gemächlich seine Hand, zwinkert ihnen freundlich zu. Es sind seine einzigen Gäste.

Rechts neben der Terrasse fahren die Gondeln zum Pass den 2000er hoch und runter, über kleine Holzhütten, Geröll und die wenigen Schneefetzen am Hang hinweg. Wenn die Skitouristen unten im Tal ankommen, dann hört man sie, klack, klack, mit ihren Abfahrtsstiefeln, schwer wie Gipsbeine, die Straße entlanggehen. Sie verschwinden in einem der vielen mehrstöckigen Betonklötze mit den hölzernen Balkonen. Ohne ein weißes Schneejäckchen sehen die Gebäude nackt aus im Winter, zwischen den grauen Bäumen, kahlen Wiesen und Äckern. Eine einzige Tristesse.

Auch das »Les Pics Blancs« ist so ein Klotz. Hier hat man ebenfalls versucht, die hässliche Fassade aus den 80er-Jahren des letzten Jahrhunderts mit ein paar Holzbohlen vor den Balkonen zu kaschieren. Die Markisen sind knallrot, die Plastikfenster hellgrün verblasst. Nur wenn es schneit, fällt das nicht so auf. »Les Pics Blancs« heißt Romains Hotel, weil man früher die weißen Bergspitzen von den kleinen Balkonen bewundern konnte. Zipfel an Zipfel reihten sie sich aneinander. Doch mit der Zeit wurde das Weiß immer weniger, nur die Spitzen blieben.

Das kann doch nicht sein! Die Schneewolke hat sich verzogen, denkt Romain. Diese Saison wird das nichts mehr. Mal wieder. Dabei ist erst Mitte Januar. Früher ging die Wintersaison bis Ende März. Heutzutage können die Einheimischen froh sein, wenn es zwei Monate hintereinander regelmäßig schneit. Jetzt haben sie Sonne und blauen Himmel, sagt Romain bei jeder Gelegenheit leicht sarkastisch. Schönes Wetter für die Fremden. Eine Katastrophe für die Einheimischen. Immer Sonne und warme Winter bedeuten: nie Schnee, wenig Wasser.

Die Sonne scheint auf die Hänge neben Romains Terrasse. Ihre Strahlen lecken an der dünnen Schneedecke wie Kinder an einem Wassereis. Vom Rand her schrumpft das Weiß zu kleinen Flecken zusammen, die an den Hängen verteilt sind, zwischen kahlen Laubbäumen, Lärchen und wenigen grünen Tannen. Bei seinen täglichen Morgenrunden auf dem schmalen Wanderweg muss Romain aufpassen, denn das Schmelzwasser fließt über die Wege und gefriert über Nacht zu kleinen glatten Eisflächen. Seine alten ledernen Bergschuhe haben immer noch ein gutes Profil, trotzdem ist er schon mehrmals gestürzt. Er trägt immer denselben schwarzen Mantel, damit sehe er aus wie ein Dichter, sagen ihm seine Freunde. Das graue Haar zum Seitenscheitel gekämmt, ein Dreitagebart, der oft eher fünf Tage alt ist, der schwarze, speckige Hut legt einen Schatten über sein Gesicht. Wenn die Sonne morgens über den Berg klettert, hört er, wie es tröpfelt, wenn Hunderte Wasserperlen von den Granitfelswänden nach unten fallen. Jede hat beim Aufprall einen eigenen Klang, es ist eine Kakofonie der Schmelze.

Sind die Schneekristalle zerfallen, rauscht das Nass erst in kleinen Bächen, dann in angeschwollenen Flüssen fort, einiges sickert ins Grundwasser. Die für das Tal im Wallis so wichtige Schneedecke wird immer dünner, ihre Verweildauer kürzer, die Schneegrenze höher. Seine Eltern haben Romain erzählt, dass das »Les Pics Blancs« früher monatelang unter einer meterdicken weißen Decke gelegen hat, von den Schneestangen an den Straßenrändern hatten nur noch die Spitzen herausgelugt, die hässliche Hotelfassade hatte überall weiße Häubchen getragen und dann recht edel ausgesehen.

Was mehr Sonne, »schönes Wetter« und weniger Schnee für ihr Leben bedeutet, ist den Einwohnern des Tals erst nach und nach klar geworden. Romain hatte das schon lange gepredigt, doch viele haben ihn nicht ernst genommen. Weil er oft unter depressiven Verstimmungen leidet – er würde sagen, es handele sich bloß um Melancholie –, hielten sie ihn für einen Schwarzmaler. Doch irgendwann wussten es dann alle, es stand in den Zeitungen, es gab lange Fernsehberichte, war bis an die Stammtische gelangt: Der Kreislauf des Wassers, die Grundlage allen Lebens im Tal, war gestört. Der natürliche Ablauf war aus dem Takt.

Früher hatte der Schnee die Wasserspeicher gefüllt. So hielt das Schmelzwasser aus den Bergen bis August vor – dank des Schnees, der das wertvolle Nass speicherte und es nur langsam in die Flüsse und den Untergrund abgab. Was für ein Geniestreich der Natur, fand Romain. Sie hielt das Wasser in Form von Schnee und Eis zurück, um es dann über das Jahr verteilt in kleinen Dosen von den Bergspitzen ins Tal zu schicken und dort Leben zu ermöglichen: satte Alpweiden mit Kühen, Weinanbau, Obstanbau, Fischerei. Für Romain war es der Übermut des Menschen, der das Gleichgewicht zerstört hatte. Hatte man sich nicht stärker und überlegen gefühlt? Hatte man nicht lange geglaubt, alles noch mit Technologie retten zu können? Der Mensch hatte sich im Grunde für unbesiegbar gehalten. Was für ein Irrtum. Romain überlegt oft, wann das begonnen hat. Eigentlich hatten die Bergbewohnerinnen immer Respekt vor den Bergen gehabt, den unendlichen Kreisläufen der Jahreszeiten. Doch wie überall war mit der Zeit der Respekt der Gier gewichen, der Überheblichkeit, dem Hochmut.

Jemand klopft Romain auf die Schulter, reißt ihn aus seinen Gedanken. »Hej, Bonvivant, was sinnierst du da in den Tag hinein?« Alexandre setzt sich neben ihn und blickt suchend ins Tal, dorthin, wo Romains Augen sich verloren hatten. »Sei froh, dass du schon so alt bist und nicht mehr 30, dann würde dich das alles noch viel härter treffen«, sagt Alexandre mit seiner knorrigen Stimme, als würde er Romains düstere Gedanken erraten. »Chérie, hast du einen Kaffee für mich?« Romain winkt Remy heran, bestellt seinem Freund eine Tasse. »Weißt du, an manchen Tagen ist es besonders schwer, und da spreche ich nicht von den ausbleibenden Gästen, mir geht es auch nicht mehr darum, dass wir weniger Umsatz machen oder was weiß ich … was ist schon Geld, Alexandre, im Vergleich dazu, was wir hier verlieren.« Alexandre schaut ihn besorgt an, nickt und fährt sich mit seiner Hand durch den Bart. Das tut er immer, wenn ihn etwas beunruhigt. Sie sprechen gern über die Zeit, als es den Gletscher noch gab. Beide hatten schon recht früh gewusst, dass er verschwinden würde, und die Forscher hatten sogar genau sagen können, wann das sein würde. Aber als es so weit war, hatte es sich trotzdem ganz anders angefühlt als erwartet. »Verlust versteht man erst wirklich, wenn er unumkehrbar ist«, sagt Romain oft.

Als es den Plaine-Morte-Gletscher noch gegeben hatte, hatten sich die meisten in Sicherheit gewähnt. »Es kommt doch genug Wasser«, hatten sie gesagt. Die rechte Partei, die Schweizer Nationalen, hatten vor Panikmache gewarnt und auf allerlei Innovationen und smarte Technologien verwiesen. Außerdem dauere das alles noch mit dem Klimawandel, bis dahin werde man schon Lösungen gefunden haben. Doch die Prognosen der Glaziologen waren schon sehr früh klar gewesen: Steigt die Lufttemperatur, bleibt der Schnee aus, und in der Folge schmilzt der Gletscher schneller – denn ihm fehlt dann die schützende weiße Decke. Das gefährdete selbst den großen Packen auf 2500 Metern, der bislang den Wasserzufluss garantiert hatte, ein riesiger Gefrierschrank mit Millionen Kubikmetern Süßwasser. Er hatte die vielen kleinen Bäche gespeist, die später zur Simme zusammengeflossen waren und das Simmental versorgt hatten. Ein Teil seines Schmelzwassers hatte auch über die Raspille und die Tièche in die Rhône geführt. Sein Wasser war über diese Flüsse bis ins Mittelmeer und in die Nordsee gelangt. Keine noch so smarte Erfindung konnte diesen Wasserspeicher ersetzen. Er war eine Garantie gewesen, die langsam dahingeschmolzen war, weggeflossen, verdunstet. Der Unterschied zwischen Zuwachs und Verlust der Gletscher, den Forscherinnen auch die Massebilanz nannten, war seit den 2020er-Jahren stets negativ gewesen und hatte sich schließlich von anfangs minus 1 bis 2 Prozent pro Jahr auf 6 und schließlich über 10 Prozent beschleunigt. Es war ein sich selbst beschleunigender Schmelzprozess, bei dem sogar die Forschung mit den Messungen kaum hinterhergekommen war und Prognosen im Abstand von wenigen Monaten ständig nach oben hatten korrigiert werden müssen.

Der veränderte Wasserkreislauf hat aber auch Folgen weit über das Tal hinaus. Die großen europäischen Flüsse sind seit jeher davon abhängig, wie viel Schnee in den Alpen fällt. Die Schweiz wird nicht umsonst als »Wasserschloss Europas« bezeichnet. Dort regnet das Wasser ab und wird dann langsam in alle Richtungen in die Flüsse abgegeben, die durch viele Länder ins Meer hinausfließen. Doch der Speicher hat ein Leck, das System ist durch die höheren Temperaturen aus dem Gleichgewicht geraten.

Romain und Alexandre haben sich an die dramatischen Bilder jeden Sommer gewöhnt. Die Flüsse haben nun, zwei Jahrzehnte nach den ersten schlimmen Sommerdürren Mitte der 2020er-Jahre, meist von vornherein schon so wenig Wasser, dass ihre Austrocknung in den Dürrephasen nur eine Frage von Wochen ist. Die Pegel der europäischen Wasseradern sind dauerhaft zu niedrig, verschlimmert wird das noch durch die hohen Lufttemperaturen und wochenlangen Hitzewellen. So schrumpft der Rhein auf einen schmalen Wasserlauf zusammen. Im Fernsehen liefen neulich Bilder von großen Frachtern, stecken geblieben auf Sandbänken.

Auch für die Schweiz war das anfangs ein Problem, denn rund 10 Prozent aller Importe waren einst über den 1200 Kilometer langen Strom ins Land gelangt. Der gestörte Wasserkreislauf hatte innerhalb einer Generation ganze Wirtschaftszweige lahmgelegt, mehrere Anrainer in Bedrängnis gebracht und zu politischen Krisen geführt. So gab es etwa politische Spannungen zwischen Deutschland und den Niederlanden, weil der Zufluss des Rheins nicht nur durch die Dürre, sondern auch durch das groß angelegte Ableiten des Wassers in alte Tagebaue extrem abnahm. So grub ein deutscher Energieversorger und ehemals mächtiger Kohlekonzern den Nachbarn das Wasser ab – er zweigte Millionen Kubikmeter des Flusswassers ab, um die alten Braunkohlelöcher am Garzweiler zu füllen. Gleichzeitig verdunstete aber durch die heißen Sommer enorm viel, die Pegel des Rheins standen tief, und auch die »Tagebauseen« schrumpften zusammen. Ohne einen Mindestzufluss aus dem Rhein bekamen die Niederlande allerdings existenzielle Probleme: Das Rheinwasser wurde seit Jahrzehnten in die Grundwasserleiter gepumpt, um dem unterirdisch eindringenden Meerwasser entgegenzuwirken. Als das Flusswasser ausblieb, versalzte das Inland, die Bewässerung und auch Trinkwasserreserven waren in Gefahr – aber auch die Deiche wurden durch die Trockenheit brüchig. Das ganze Land war auf den Zustrom aus den Alpen angewiesen – und drohte zu kollabieren.

Am Funktionieren der Flüsse hingen auch in Deutschland Hunderttausende Jobs von Schiffern, Landwirten und Industriearbeiterinnen. Ebenso wie die Trinkwasserversorgung von Wiesbaden, Köln und vielen anderen deutschen Städten.

Die Containerschiffe konnten irgendwann nur noch in den Wintermonaten verkehren und später nur noch leichte Ware wenige Wochen im Jahr transportieren. Das Wasser der Rhône speiste sich noch Anfang des 21. Jahrhunderts zu über der Hälfte aus geschmolzenem Schnee in den Bergen – und nur zu rund 30 Prozent aus Regen. Im Rhein bei Basel stammten Anfang der 2000er-Jahre im Sommer noch bis zu 20 Prozent des Abflusses aus Gletscherwasser, ohne diese Zufuhr wäre der Fluss in den Sommermonaten schon früher unschiffbar geworden. Doch je weniger Schnee fiel und je höher die Temperaturen kletterten, desto größer wurde der Anteil des Gletscherwassers.

Bereits Anfang der 2020er-Jahre hatten Forscher gewarnt, dass der Plaine-Morte-Gletscher bei Crans-Montana irgendwann völlig verschwinden könnte, seine Rückzugsraten würden sich beschleunigen. Dessen ungeachtet hieß es, dass man die »Lage trotz Gletscherschmelze optimistisch« einschätze, wie ein Tourismusdirektor damals erklärte. Zu Beginn freute sich sein Verein noch darüber, dass mehr Leute kamen, um den schmelzenden Gletscher zu besichtigen, ein Selfie-Hotspot mit Aussichtspunkt und einer Menge Souvenirs zum Mitnehmen. Doch irgendwann verebbte das Interesse der Besucherinnen, die traurigen Überreste zu betrachten. Die Bewertungen für den Standort sanken von fünf Sternen auf nur noch einen: »Nette Aussicht, aber sonst nur viel Geröll, dafür zahl ich nicht 50 Franken für die Seilbahn«, kommentierte ein Besucher.

Mit dem Gletscher schwand langsam, aber sicher auch die Garantie für eine stetige Wasserversorgung für Zehntausende Menschen in der Gegend. In den 2030er-Jahren bildete sein Schmelzwasser schließlich einen Gletschersee auf 2000 Meter Höhe, und trotz aller Versuche, die Wassermassen zu bändigen, kam es Ende der 2030er-Jahre zu einer Überflutung des darunter liegenden Dorfes, weil der natürliche Damm brach und das Wasser Unmengen Steine und Geröll mit sich riss. Es geschah an einem sonnigen Nachmittag, als die Menschen gerade von der Arbeit nach Hause fuhren, einkauften und ihre Kinder von der Schule abholten. Zwar hatten Forscherinnen schon Jahre vorher versucht, mit einem künstlichen Kanal das Oberflächenwasser kontrolliert abzuleiten – doch das hatte nicht ausgereicht. Die Katastrophe mit unzähligen Toten wurde als klares Zeichen für den Kontrollverlust wahrgenommen. Ein Fingerzeig der Natur, dass man mit ihr keine Späße treiben sollte, so hatte Romain es gedeutet. Manche sprachen sogar von der Rache des Gletschers, der sich kurz vor seinem Ableben noch einmal Gehör hatte verschaffen wollen. Weltweit kam es seit Ende der 2020er-Jahre immer häufiger zur sturzflutartigen Entleerung solcher Gletscherseen.

Alexandre hat sich damals in der Gemeinde dafür eingesetzt, dem Gletscher einen Grabstein zu setzen. Sie machten daraus eine offizielle Zeremonie und stellten eine Gedenktafel auf. Die beiden Freunde fuhren monatelang immer wieder zu dem Ort, hielten am Gletschergrab mit Klimaforscherinnen Open-Air-Konferenzen ab, die Bilder gingen um die Welt. »Klima-Fallout und was das Gletschersterben kulturell und ökologisch für die Schweiz bedeutet« war eine der erfolgreichsten gewesen. Wissenschaftler saßen gemeinsam mit Politikerinnen, dem Direktor des UNO-Umweltprogramms und einigen Prominenten in einem Stuhlkreis zwischen Felsbrocken und schneelosen Bergspitzen. Aber irgendwann verebbte auch das Interesse der Gemeinde vollständig, der Lift zum Gletscher wurde abgeschaltet. Das war mittlerweile schon Jahre her, man hatte sich an den toten Gletscher gewöhnt, und die jungen Leute kennen ihn nur noch von alten Aufnahmen aus den 2020er- und 2030er-Jahren.

Das hat nicht nur für den Tourismus Folgen. Es gibt den Gefrierschrank in den Bergen nun nicht mehr, der das Winterwasser festhält. Noch Ende des 20. Jahrhunderts hatte das Tal mit frischem Schneeschmelzwasser zwischen April und Juni und anschließend mit dem Gletscherwasser von Juli bis September rechnen können.

Heute ist das völlig anders. Es steht schlecht um das Grundwasser, und auch kleine Bergbäche und Flüsschen versiegen schneller. Pro Jahr fallen 1600 Millimeter Niederschlag, davon verdunsten rund 700 und ein Teil fließt sang- und klanglos ab, bevor das Wasser genutzt werden kann. Über Staudämme, von denen in den vergangenen Jahren einige im Tal gebaut wurden, können die Gemeinden Wasser auffangen. Auch die kleinen Bäche an den Bergrücken werden immer intensiver gestaut, was Alexandre und Romain für ökologischen Wahnsinn halten. Denn der Preis für das gestaute Wasser ist hoch: Immer mehr Tiere und Pflanzen verschwinden, Teile der Berglandschaft werden seltsam stumm und leer.

Bereits in den 2020er-Jahren, vor der großen Wasserkrise des Tals, waren über 100 000 künstliche Wehre und Staumauern in den Schweizer Flüssen und Bächen installiert worden. Die Gewässer wurden zerteilt, gestückelt, umgeleitet, kanalisiert und gestaut. Tiere und Pflanzen hatten immer weniger Lebensraum, wenn die Bäche und Flüsse verbaut wurden und ihnen zur Stromgewinnung oder für die Landwirtschaft Wasser entzogen wurde. Besonders Fische brauchen zum Überleben ausreichend Wasser – für die Nahrungssuche, aber auch zum Laichen, für Wanderungen und als Unterschlupf. Hinzu kam, dass im Wasser Medikamentenrückstände, Insektizide und Pestizide dafür sorgten, dass das Leben dezimiert wurde. Viele Arten waren schon seit Jahrzehnten ausgestorben, etwa der Lachs, Huchen, Meerforellen oder Flussneunaugen. Andere Fische und Wasserpflanzen waren ebenfalls bedroht und zogen sich mit der Zeit in die wenigen unberührten Flüsschen im Gebirge zurück. Bereits in den alarmierenden Berichten des Schweizer Bundesumweltamtes aus den 2010er-Jahren hatte es geheißen, dass in der Schweiz weitaus mehr Arten gefährdet seien als in anderen europäischen Ländern. Als ein Grund wurden schon damals immer wieder der Siedlungsbau, aber auch das Stauen und Verbauen von Flüssen und Bächen genannt.

Romains Vater hat ihm alte Fotos hinterlassen, auf denen er mit stolzen Fängen abgelichtet ist – alles Fische, die es in der Schweiz längst nicht mehr gibt.

Romain gilt seit jeher als der komische Kauz des Dorfes, ist weniger mit den Menschen als mit der Natur verbunden. Sein Hotel »Les Pics Blancs« liegt abseits des Dorfes am Waldrand, und so empfindet er auch seine Rolle als Gemeindemitglied. Ihn verbindet eine Hassliebe mit dem Tal und seinen Menschen. Vergeblich hat er schon recht früh versucht, die Gemeinde von Renaturierung, dem Umbau des Waldes, dem Rückbau von Wehren und Skistationen zu überzeugen. Ohne Erfolg. Die Antwort auf die meisten Konflikte hieß, noch mehr Stauseen, Wehre und Kanäle zu bauen. Und trotz der vielen Versuche, die natürlichen

Wasserspeicher durch künstliche zu ersetzen, blieb der Streit um das kostbare Nass. Die Fronten waren verhärtet.

Romain leidet seit Jahren unter den Verlusten, die die Klimakrise, aber auch die Siedlungswut der Investoren mit sich gebracht haben. Fast alles, wofür die Bergbewohnerinnen einmal bewundert wurden, ist inzwischen verschwunden. Und jetzt führt er ein Hotel, das früher von den Gletscher-Touristen lebte, und muss seine Gäste irgendwie mit Trinkwasser versorgen. Auch seine geliebten Weinreben weiter unten im Tal leiden. Jahr für Jahr müssen sie früher geerntet werden, der Wein wird süßlicher, Romain müsste sie eigentlich immer mehr bewässern. Wenn die Gemeinde den Weinbauern zu früh im Jahr die Wasserentnahme aus den Bächen verbietet, schaffen es die Trauben nicht mal bis zur Reife. Deshalb gibt es in Romains Weinkeller immer öfter Lücken bei den Jahrgängen, so fehlen etwa der 2029er bis 2033er.

Alexandre, der mit Romain schon seit Kindheitstagen befreundet ist, stammt aus einer Familie von Landwirtinnen, die ihre Rinder früher auf die saftigen Wiesen des Wallis geschickt hatten. Auch sie hatten schnell den Wassermangel gespürt und um ihre Existenz gebangt. In den ersten Trockenjahren hatten die Hubschrauber des Schweizer Militärs noch Wasser auf die Alpweiden geflogen – eine Art Katastrophenhilfe. 2000 Liter Wasser auf 2000 Meter Höhe – das war damals noch eine echte Sensation. Es sei das erste Mal, dass das Militär zu etwas nutze sei, hatte Alexandres Vater gewitzelt. Doch später gab man das auf, es kamen einfach zu viele Anfragen. Ein Liter Helikopterwasser kostete damals immerhin 50 Franken. Goldwasser, wie die Bergbauern lästerten. Alexandres Vater verkleinerte schließlich seinen Viehbestand und gab manche Alpweiden komplett auf. Eine Kuh trinkt bei hohen Temperaturen bis zu 120 Liter Wasser am Tag.

Weiter oben auf der Alp musste auch die kleine Berghütte schließen. Dort hatten früher Wanderer einen Kaffee oder ein kühles Bier getrunken, und Alexandres Mutter hatte ihre berühmte Quiche verkauft. Doch es war unmöglich geworden, die Mengen an Wasser regelmäßig auf diese Höhen zu schaffen, wenn die natürlichen Läufe versiegten und es nur unregelmäßig regnete. Tankwagen kamen nicht dort hinauf, Pipelines gab es nicht.

Doch Alexandre hat diese Verluste besser weggesteckt als Romain. Das liegt sicherlich auch daran, dass er sich permanent für alles Mögliche engagiert, er wird einfach nie müde. Bereits seine Eltern waren in der lokalen Ökobauernbewegung aktiv. Er selbst hat nicht nur den Verein für den toten Gletscher ins Leben gerufen und sich in den Gemeinderat wählen lassen, sondern setzt sich seit Jahren mit einer Kampagne für ökologischen Tourismus, Wassersparen und die Renaturierung aufgegebener Siedlungen und Wintersportgebiete ein. Er hat nur noch wenige Kühe, die er weiter unten im Tal grasen lässt. Allerdings sind die Wasserpreise so hoch, dass er trotzdem Verluste einfährt. Das Wasser aus den Bächen dürfen sie oftmals schon ab Mai nicht mehr entnehmen, die meisten Brunnen fallen trocken. Alexandre hat fast seinen gesamten Landwirtschaftsbetrieb aufgegeben, bis auf wenige Gemüsebeete für die Selbstversorgung. Das Erbe seiner Eltern, die Berghütte und die Alpweiden, ist wertlos geworden ohne Wasser. Eigentlich ist Alexandre viel schlimmer dran als Romain.

Aber während Romain im »Les Pics Blancs« etwas abgeschieden den alten Zeiten hinterhertrauert, ist Alexandre der Lebendigere von beiden. Im Alter hat sich das noch verstärkt. Romain muss mittlerweile sogar Medikamente schlucken, weil er vor einigen Jahren gar nicht mehr aus dem Bett gekommen ist. Die Angestellten sahen ihn damals nur noch selten, sie bedienten sich aus der Kasse, die Rezeption war stundenlang nicht besetzt, und die Weintrauben vertrockneten an den Reben, ein ganzer Jahrgang wurde Opfer von Romains Depressionen.

Seitdem kommt Alexandre öfter vorbei. Er hängt an Romain wie an einem Bruder. Und er kann seinen Freund gut verstehen. Dem Niedergang der Region kann man zuschauen. Bereits ihre Eltern hatten über die Kommerzialisierung und den ganzen »Wintersportzirkus« geschimpft, doch auch sie hatten am Ende gutes Geld damit verdient. Damals war Abfahrtsski noch ein Volkssport, und Menschen aus vielen Ländern Europas kamen in das Tal, um sich wochenlang mit dem Lift auf den Berg ziehen zu lassen, dann mit einem Mordstempo die weißen Hänge herunterzurasen und sich abends in den Hütten mit Aperol Spritz zuzuprosten.

Skisport als Massentourismus war allerdings erst Mitte des 20. Jahrhunderts aufgekommen. Als in den 1950er-Jahren die ersten Lifte gebaut wurden und man sich bequem hochkutschieren lassen konnte, kamen Touristen aus der ganzen Welt. Dabei hatten viele Einheimische sowie Alpinistinnen die Ski bereits seit dem 19. Jahrhundert als Fortbewegungsmittel genutzt. Mit den Skiern ging es die Berge hoch, kilometerweite Wanderungen durch die Natur, die Abfahrt war da nur ein Vergnügen unter vielen. Alexandres Vaters, selbst passionierter Alpinist, hatte die Abfahrtsskifahrer immer als dekadente Ignoranten bezeichnet. »Es geht nur um die oberflächliche Lust, und der Preis des Ganzen ist egal, weder treiben die Menschen so Sport noch frönen sie der Natur …«, konnte der alte Mann stundenlang schimpfen.

Mittlerweile hat sich das Skifahren in den Bergen so gut wie erledigt. Auch die von Alexandres Vater so geliebten Skiwanderungen sind kaum noch möglich. »Zum Glück muss er das nicht mehr erleben«, sagt Alexandre öfter. Nur noch selten schneit es längere Zeit in den unteren Lagen. Erst ab 2000 Metern aufwärts kann man mit einer halbwegs sicheren Schneedecke rechnen. Abfahrtsski ist zu einem Luxusvergnügen für die obere Klasse geworden – ganz so, wie es zu Beginn des Skitourismus in den 1920-Jahren einmal gewesen ist. Skipisten künstlich zu beschneien scheint attraktiv, vorausgesetzt, man hat genug Wasser und Strom und ausreichend tiefe Temperaturen.

»Sie haben es wirklich getan«, sagt Alexandre, als ihm die Pause zu lang wird, während sein Kaffee dampfend vor ihm steht. Eigentlich will er seinen Freund nicht belasten. Aber besser, er überbringt ihm die schlechte Nachricht als jemand anderes. »Nowotnys Helfer sind letzte Woche in die Sitzung geplatzt und haben uns gedroht. Und gestern kam dann der Bescheid mit der Klage, genau so wie wir vermutet hatten.« Der Milliardär hat seine Drohungen also wahrgemacht und will sich rechtlich den uneingeschränkten Zugriff auf die so knappen Wasserressourcen sichern. Und das alles für seine teuren Luxushotels und eine sterbende Sportart, für weiße Pisten an braunen Hängen. Nowotny wird uns alle noch ruinieren …«, entgegnet Romain fast resigniert. Mit seinem Freund verbringt er ganze Abende damit, sich über den Erben eines Ski-Imperiums auszulassen. Einst gefeierter Investor, ist Nowotny für das Tal zur Bedrohung geworden: Er streitet sich mit der Gemeinde um Wasserrechte von Millionen Kubikmeter pro Jahr. Alexandre redet sich gleich in Rage: »Aber das dürfen wir nicht zulassen, immerhin gibt es noch unabhängige Gerichte in diesem Land – und die werden uns recht geben, immerhin sind die Produktion von Lebensmitteln und unser Trinkwasser sehr viel existenzieller als dieser Reichensport!« – »Natürlich ist es so«, entgegnet Romain, der sich müde anhört. »Doch seit wann geht es hier um Kriterien der Gerechtigkeit? Bisher waren immer Geld und Macht spielentscheidend.«

Alexandre glaubt anscheinend noch immer daran, dass er dagegen eine Chance hat, denkt Romain. Aber er will sich deshalb nicht streiten. Irgendwer muss es ja probieren. Auch wenn es aussichtslos ist.

Nach dem Kaffee holt Romain einen seiner Weine und gießt großzügig feinsten »Domaine des Pics Blancs« in zwei Kristallgläser. Der Alkohol und die Nachmittagssonne färben ihre Wangen rot, sie sprechen über die Chancen, den Prozess zu gewinnen, über korrupte Richter, die hohen Verluste von Alexandres Hof, seine durstigen Kühe, und schließlich landen sie wieder bei ihrem Lieblingsthema: dem gierigen Milliardär.

Tomáš Nowotny hatte vor fast zwanzig Jahren alle Bergbahnen im Tal von seinem Vater übernommen, bereits zu Beginn hatte es Zweifel gegeben, ob so ein Monopol wirklich im Sinne des Gemeinwohls war. Doch damals entschied sich der Gemeinderat dafür, dem reichen Investor den Zuschlag zu geben, es winkten Millioneninvestitionen in die Ski-Infrastruktur. Es hieß, moderne Lifts, Golfplätze und schicke Hotels zögen mehr Touristinnen an, das sei für alle gut. Auch den vielen Herbergen und Restaurants des Ortes wurde eine blühende Zukunft versprochen und außerdem sprudelnde Einnahmen für die gebeutelte Gemeindekasse. Der Wintersport als Cashcow, von der alle profitieren. Das klang verlockend. Mit dem Slogan »Beyond Ski« hatte der Milliardär alle eingewickelt.

Nowotnys Vater hatte die Bergbahnen im Tal Anfang der 20er-Jahre gekauft. Er war in seiner slowakischen Heimat mit Immobiliendeals reich geworden, hatte seine ersten Millionen nach dem Crash des Sozialismus gemacht. Damals hatte er volkseigene Betriebe und Wohnungsbaugenossenschaften zu Spottpreisen gekauft. Dank der Privatisierungswelle konnte sich Nowotny senior ein regelrechtes Immobilienimperium errichten. Kurz nach dem Kauf der Bergbahnen übernahm sein Sohn die Geschäfte.

Nowotny junior zog mit seiner Familie in das Schweizer Tal und bewohnt seither ein ansehnliches Anwesen. Seine zwei Söhne schickte er irgendwann zum Studieren in die USA, seine Frau gab gern Cocktailpartys für die High Society, geladen waren Banker, windige Unternehmerinnen, Lokalpolitikerinnen, Schauspieler und Models. Nowotny kaufte sich immer mehr in die Gemeinde des Tals ein. Erst waren es Restaurants, dann mehrere Hotels und schließlich auch Golfplätze. Aber es dauerte nicht lange, bis der erste Streit entbrannte.

Nowotny war der Ansicht, dass er dem Tal mit der Modernisierung einiger Skilifts einen großen Gefallen getan habe, und bestand gleich wenige Jahre nach seinem Großeinkauf auf einer staatlichen Förderung. »Eine Million Franken für Nowotny« titelten die Lokalblätter. Der Gemeinderat war entsetzt, hielt ihn hin, der Milliardär begann zu drohen. Dann schaltete er mitten in der Hochsaison sämtliche Skilifte ab. Die Touristen standen vor geschlossenen Toren, die Kabinen hingen bewegungslos in den Seilen. Auch im Hintergrund zog der Milliardär seine Fäden, bestach Gemeinderatsmitglieder, machte sich Freunde unter denen, die in der Ortschaft etwas zu sagen hatten. »Nowotnys Helferlein«, wie Romain und Alexandre sie nennen. Die leisteten ganze Arbeit. Am Ende zahlte die Gemeinde, um den Milliardär nicht zu vergraulen, seine Leute saßen nun überall.

Im Laufe der Jahre ließ er sich zusammen mit seiner Frau in seinen Luxushotels mit zahlreichen Prominenten ablichten, die er großzügig ins Tal einlud. Sie posierten mit Moët & Chandon-Flaschen im Schnee, bei Trüffelrisotto und Rindersteak in Gourmetrestaurants oder in kumpelhafter Umarmung auf dem Golfplatz. Nowotny war lange das wandelnde Klischee eines Neureichen, der sich mit teuren Autos, Markenklamotten, Privatjets und Villen in die Welt der Prominenten und Schönen eingekauft hatte.

Doch Ende der 2020er-Jahre war der Klimawandel einfach nicht mehr wegzudiskutieren gewesen – und es war klar, dass die Folgen überwiegend negativ waren. Auch und gerade für die Alpen und den Skitourismus. Zwar hatte sich Nowotny mehrmals als Klimaleugner geoutet, aber so richtig ernst hatte das niemand genommen. Dass Investoren, die ihr Geld noch in den 2020er-Jahren großzügig im Wintersport angelegt hatten, keine Klimaprognosen lasen, war naiv, aber nicht ungewöhnlich. Selbst in deutschen Mittelgebirgen wurden noch bis Ende der 2020er-Jahre mit staatlichen Förderungen teure Wintersportanlagen gebaut, trotz zunehmender Proteste.

Ab den 2030er-Jahren fiel dann immer weniger Schnee, selbst mitten im Winter war es zu warm und regnete. Irgendwann gab es nur noch einige Wochen eine Schneedecke, schließlich blieben die Ortschaften im Tal fast komplett schneefrei. Nowotny beschneit nun schon seit Jahren seine Pisten mithilfe von Schneekanonen, erst waren es nur 10 Prozent, später regelmäßig über 50 und heute, in den 2040er-Jahren, sind es schließlich fast 70 Prozent – und das den ganzen Winter hindurch, weil die Temperaturen am Tag oft bis zu null Grad ansteigen. Dafür verbraucht sein Unternehmen an die 2000 Kubikmeter Wasser pro Stunde. Das ist weit mehr als der Tagesbedarf der gesamten Ortschaft. Je nachdem, wie dünn die Schneedecke ist, wird mal mehr, mal weniger verbraucht. Zwischen November und Februar frisst der Kunstschnee in extremen Jahren fast die Hälfte des kommunalen Trinkwasservorrats. Dass diese Verschwendung nicht mehr Protest im Tal auslöst, verwundert Romain und Alexandre. Sie finden es unfassbar, dass alle immer noch an der Legende festhalten, der Milliardär sei der Notnagel der wirtschaftlich gebeutelten Region, die letzte Hoffnung für Arbeitsplätze und Steuereinnahmen.

Dabei hängt das Nowotny-Unternehmen am Tropf der Gemeinschaft: Es entnimmt das Wasser aus Grundwasserquellen, zapft Flüsse an und, wenn es gar nicht reicht, sogar die kommunale Trinkwasserversorgung. Auch im Sommer hält der Milliardär an seinen Geschäftsmodellen fest: Obwohl die gesamte Ortschaft an chronischem Wassermangel leidet, bewässert er weiterhin seine enormen Golfanlagen und füllt die Pools seiner Fünfsterneresorts. Und obwohl die Gemeinde ihn bereits seit Jahren um klärende Gespräche bittet, lässt der Mann nicht mit sich reden. Mit Bitten erreicht man eben nichts, hat Alexandre sich gesagt. Deshalb entschloss er sich schließlich zu klagen. Er wollte eine Neuaufteilung der Wasserressourcen erreichen, die Macht über das knappe Gut zurückerlangen. Irgendwer musste ja etwas tun. Die Ohnmacht der Gemeinschaft machte ihn fertig.

Der Milliardär hat zunächst sämtliche Vorladungen verstreichen lassen, sich auch nicht um Mahnungen gekümmert. Doch würde er sich einem Gericht auf Dauer nicht entziehen können, so jedenfalls sah es Alexandre. »Bergbauer gegen Multimilliardär« titelten die Lokalblätter, und ein Radiosender kam sogar, um Alexandre zu interviewen.

Romain unterstützt die Klage seines Freundes, die noch immer läuft, hat bei der Sache jedoch kein gutes Gefühl. »Er wird dich nicht gewinnen lassen«, warnte er ihn. Manchmal hat er sogar Angst um Alexandre. Bereits vor zwei Jahren war in einer Sommernacht eine Scheune auf Alexandres Hof in Flammen aufgegangen, im Netz ist er einem Dauerfeuer an Beschimpfungen und Verunglimpfungen ausgesetzt. »Ökofaschist« und »Wasserräuber« sind nur einige der Bezeichnungen für den Abtrünnigen. Nowotnys Leute machen permanent Stimmung gegen ihn, hetzen den ganzen Ort gegen Alexandre auf. Viele sind arbeitslos und sehen in dem Luxusinvestor weiterhin ihre einzige Chance auf Jobs. Sie haben einen Buhmann gesucht und ihn gefunden. Der hält dem Gegenwind aber seit Jahren stand.

Einige Wochen nach dem sonnigen Nachmittag auf der Terrasse von Romains Hotel findet der lang ersehnte erste Verhandlungstag im nahe gelegenen Sion statt. Das Gerichtsgebäude ist ein schöner Altbau aus dem späten 19. Jahrhundert, beige mit metallverkleideten Mansarden, über das gusseiserne Eingangstor schlingen sich Rebstöcke, der dazugehörige Park ist in ein graues Winterkleid gehüllt. Schnee liegt wie immer keiner. Vor dem Eingang steht ein historischer Springbrunnen mit einem breiten Marmorsaum. Im Becken liegen vertrocknete Blätter, das Rohr, aus dem es früher sicher mal plätscherte, ist verrostet.

Es ist nicht der erste Wasserstreit, den das Kantonsgericht verhandelt. Bereits in anderen Regionen gab es zahlreiche Prozesse, oftmals waren es Landwirtinnen, die gegen Umweltämter klagten. Dabei ging es im Sommer um die Entnahme von Flusswasser für die Bewässerung der Felder. Viele Behörden verbieten mittlerweile schon im Juni, das Wasser aus den Flüssen zu entnehmen. Diese sind dann oft akut vom Austrocknen bedroht. Sinkt der Wasserpegel weiter, würden Fische verenden, das Ökosystem des Flusses würde ausgelöscht. Wer hat also das Vorrecht: Fische oder Felder? Andere stritten darum, ob Hausbesitzer ein Anrecht auf die Befüllung ihres Pools haben, der Golfplatz für die Touristen wichtiger ist oder der Dorfteich.

In einem spektakulären Fall hat der Betreiber eines Wasserkraftwerks darauf geklagt, dass er ein alleiniges Anrecht auf den Stausee habe. Seine Klage wurde jedoch abgewiesen, denn seit geraumer Zeit gelten sogenannte Mehrzwecknutzungen von Stauseen, das heißt, alle Wassernutzerinnen haben grundsätzlich das Recht, Wasser aus den Stauseen zu entnehmen – allerdings bevor Strom gewonnen wird. Das bedeutet in der Konsequenz weniger Wasser für die Stromproduktion. Der Kraftwerksbetreiber argumentierte, dass durch die heißen Sommer und unregelmäßigen Niederschläge ohnehin weniger Wasser für die Stromproduktion vorhanden sei. Das klang zwar einleuchtend, aber Anwohnerinnen kritisierten, das Unternehmen exportiere seinen Strom eh nur zu Höchstpreisen nach Frankreich – die Gemeinde habe also wenig von seinen Geschäften.

Der Kampf um das Wasser ist knifflig, er stellt die Systemfrage, das ist Romain nach diesen ganzen Gerichtsprozessen klar geworden. Jeder will in der Prioritätenliste ganz oben stehen, jeder fühlt sich plötzlich relevant und unentbehrlich. »Man hätte weit vor der Krise klären müssen, wer welches Recht auf Wasser hat«, meinte er damals an einem ihrer Weinabende auf der Terrasse. »Hätte, hätte … so vieles hat man nicht getan.«

Alexandre und Romain fahren mit dem Bus nach Sion. Die Straße führt an nackten Berghängen entlang, die Laubbäume stehen kahl an den Felshängen, und bei vielen ist nicht klar, ob sie vertrocknet sind oder nur in der Winterruhe verharren. Bei den braunen Fichten hingegen ist der Befund recht eindeutig. Das große Fichtensterben begann bereits vor Jahrzehnten, mittlerweile gibt es bis auf 2000 Meter kaum mehr welche. Die Waldböden sind nicht nur trocken, sondern auch übersäuert. Die meisten Landwirte haben im Tal trotz zahlreicher Warnungen von Ökologen weiterhin ihre Felder übermäßig mit Gülle gedüngt. Dabei sind riesige Mengen des Stickstoffgases Ammoniak entwichen, das zu einer maßlosen Überdüngung der Böden in der Umgebung geführt und die ohnehin angeschlagenen Bäume hart getroffen hat. »Weißt du noch, wie wir hier früher durch die Wälder getobt sind?«, fragt Alexandre. Dann deutet er auf die vielen braunen Stellen an den Berghängen. »Das Sterben hatte da schon begonnen.« Romain nickt ihm zu.

Der Wald ist alt und krank, so wie sie auch, denkt er, spricht es aber nicht laut aus.

Vor dem Eingang des Gerichts wartet eine kleine Schar von Reporterinnen. Alexandre antwortet geduldig auf die aufgeregten Fragen, während Romain etwas abseits wartet. Er sieht dem Freund von Weitem zu, wie er dort steht mit seiner bunten Mütze, den krausen langen Haaren, die darunter hervorlugen, und seinem alten braunen Mantel mit dem beigen Fellkragen. Den hat Alexandre bestimmt schon 30 Jahre, und nun kommt er noch mal groß raus, denkt Romain schmunzelnd. Er spaziert um den Springbrunnen herum und erinnert sich an die Zeiten, als solche Wasserspiele noch normal waren. Es gibt wohl nichts Melancholischeres als einen Springbrunnen ohne Wasser, denkt er. Der trockene, nutzlose Grund ist so trostlos wie der Tag nach einem rauschenden Fest. Er betastet die welken Blätter, sieht am rostigen Rohr hinauf. Alles hat seinen Preis. Den höchsten hat die Verschwendung. Und wie wunderbar die Zeiten, als Verschwendung noch zum Kulturgut gehörte. Romain wird aus seinen Gedanken gerissen, Alexandre ruft ihn. Es geht los.

Von Nowotny ist nichts zu sehen, und auch sonst sind kaum Leute aus ihrer Gemeinde gekommen, um Alexandre den Rücken zu stärken. Wo sind die alle? Romain hat kein gutes Gefühl. Er hat seinem Freund Geld für die Klage gegeben, aber wenn dieser den Fall verlieren sollte, kann er seinen Hof endgültig schließen.

Die Verhandlung läuft zwei Stunden, der Richter lässt beide Parteien zu Wort kommen. Der Milliardär hat einen Vertreter und seinen Anwalt geschickt. Der Streit lässt sich recht kurz zusammenfassen: Alexandre bezweifelt die Rechtmäßigkeit der Wasserentnahme durch Nowotnys Unternehmen – aus den Flüssen, dem Grundwasser, dem Stausee. Sein Anwalt verliest die unglaublichen Kubikmeterzahlen, die Hotels, Schneekanonen, Luxusresorts und Golfplätze des Nowotny-Imperiums verbrauchen. Dem stellt er Zahlen aus der Landwirtschaft gegenüber: Wasser für die Kühe, Gemüsezucht, Kartoffeln, Weinanbau. Dann spricht er über die horrenden Preise, die Entnahmeverbote an Flüssen und Seen für die Landwirte und alle Einwohnerinnen des Tals in den langen Sommermonaten. Und dann über die Extrawürste des Milliardärs, der einen – ihrer Meinung nach – illegalen Deal mit dem Stauseebetreiber geschlossen hat.

Die Botschaft ist klar: Hier der ausladende Luxus von wenigen Reichen, dort die redliche Herstellung von landwirtschaftlichen Produkten, die Schweizer Tradition, die existenziellen Bedürfnisse. Nach dem Plädoyer dürfte es keinen Zweifel mehr geben, wer hier im Recht ist. Eigentlich.

Die Gegenseite hat allerdings einen Topanwalt angeheuert, sein Gesicht läuft leicht rötlich an, wenn er redet. Der behauptet, dass es nie eine Priorisierung vonseiten der Politik gegeben habe. Rechtlich sei also nicht geklärt, wer Vorrang habe. Es gebe keine gültige Rechtsgrundlage dafür, der Landwirtschaft oder Anwohnern den Vorzug zu geben. Nur Einzelurteile in anderen Landesteilen. Außerdem seien die Verträge mit dem Strombetreiber legal und notariell abgesegnet, dieser habe immerhin die Konzessionen auf 80 Jahre bekommen und könne selbst entscheiden, was er damit mache. Man habe sich durchaus einen Marktvorteil verschafft – aber das sei schließlich nicht verboten. »Und Herr Nowotny investiert sein Geld immerhin seit 20 Jahren in das Tal, er hat die Skilifte gekauft und modernisiert, er hat der Gemeinde im Tal damit Wohlstand verschafft, und das sollte diese zu würdigen wissen. Und die meisten tun das auch …« Bei diesen Worten sieht der Anwalt betont in Alexandres Richtung. Der schäumt vor Wut, kann sich kaum ruhig auf der Bank halten, doch sein Anwalt hält ihn zurück. Nowotnys Vertreter provoziert weiter, stellt den Kläger als einsamen Streiter dar, als verlorenen Ökokrieger, Don Quichotte, Witzfigur.

Der Richter verfolgt alles mit einem ausdruckslosen Gesicht, macht sich fast gelangweilt Notizen. Nach dem Ende des ersten Verhandlungstages gehen die Parteien ohne Ergebnis auseinander. Erst in der zweiten Runde soll es ein Urteil geben, die Presse spricht von einem Präzedenzfall. In der Region beobachten Landwirtinnen und Anwohner die Klage, David gegen Goliath, Bauer gegen Milliardär – das finden alle stark, keiner von ihnen hat sich aber selbst aus der Deckung getraut.

Doch Alexandre hat auch Feinde. Die zwei wichtigsten Lokalblätter des Tals hetzen gegen ihn. »Ökobauer fordert Investor heraus« titeln sie. Die Zeitungen sind Teil des verschachtelten Nowotny-Imperiums. Sie drehen die Geschichte so geschickt, dass die Leute vor Alexandre ausspucken, Busfahrer ihn an der Haltestelle einfach stehen lassen und weiterfahren. Sie setzen das Gerücht in die Welt, dass er eine persönliche Fehde mit dem Milliardär habe, er den letzten Wirtschaftsfaktor der Region, den Reichenwintersport, zerstören und alle mit seiner Ökoreligion zurück ins Mittelalter führen wolle.

In einer anderen Zeit, in einer anderen Welt hätte Alexandre vielleicht sogar recht bekommen. Doch vier Tage später, als zur nächsten Verhandlungsrunde gerufen wird, erscheint er nicht. Romain hat ihn vergeblich überall gesucht, hat angerufen, ist zu seinem Hof gefahren, doch Türen und Fenster waren verschlossen, seine geschiedene Frau war ebenso überfragt. Die Gemeindevertreter zuckten die Schultern, die Nachbarinnen schauten besorgt – aber irgendwie denken alle, dass ja klar war, dass ihm irgendwann mal was passieren musste. Sie alle hatten Alexandre das letzte Mal auf der Versammlung wenige Tage vor dem zweiten Gerichtstermin gesehen.

Romain war anscheinend der Letzte, der mit ihm zusammen war, bevor er verschwand. Er hatte mit seinem Freund nach dem ersten Gerichtstermin noch auf der Terrasse des »Les Pics Blancs« gesessen. Sie hatten sich über den Anwalt von Nowotny lustig gemacht. Die Sonne stand schon tief, warf lange Schatten, sie hatten sich in Decken gehüllt, es waren acht Grad, für einen Januar im Gebirge mittlerweile nicht ungewöhnlich. Romain paffte seine Pfeife, hatte wieder seinen Wein ausgeschenkt und war dabei, die Erwartungen seines Freundes etwas abzudämpfen, der war nämlich ziemlich euphorisch. Er sprach viel von Gerechtigkeit, davon, wie es ihm alle danken würden eines Tages, was es für die Wasserpreise im Dorf bedeuten würde, wenn Nowotny endlich faire Preise zahlen müsste, und wie man ihm die Zuteilung kürzen würde. Was man alles mit dem Tal machen könnte, wie die Lifte abmontiert würden, man endlich einen nachhaltigen Sommertourismus einführen könnte, den Wald wiederaufforsten … Es war eine lange Liste von Hoffnungen, deren Erfüllung einzig von diesem Gerichtsurteil abhängen sollte. Romain wusste, dass sein Freund übertrieb. Doch dessen Euphorie war so herzerwärmend. Er selbst sah ohnehin immer alles viel zu düster.

Alexandre war dann später leicht angesäuselt nach Hause gegangen, die Dämmerung war schon fast vorüber gewesen. Er war den schmalen Fußweg bergab gegangen, er war ihn schon Hunderte Male gelaufen, hatte immer gescherzt, dass der Aufstieg vor dem Wein beschwerlich sein konnte, es aber nach dem Gläschen zum Glück nur bergab ging.

Am nächsten Tag konnte er seinen Freund telefonisch nicht erreichen, eine Nachbarin vermutete, Alexandre sei offenbar nicht nach Hause gekommen in der Nacht. Nachdem Romain tagelang gesucht hat, findet er ihn schließlich. Sein Körper liegt merkwürdig verdreht an einem Felsen, das Blut am Kopf getrocknet, der Gesichtsausdruck entsetzt. Obwohl Romain auf einer Obduktion besteht, wird sein Freund bereits nach einer Woche bestattet. Die Polizei meint: typischer Sturz eines älteren Mannes, leicht angetrunken in der Dämmerung. Das sei nichts Ungewöhnliches. Romain wird regelrecht abgewimmelt. Langsam ahnt er, was passiert ist. Doch mit seinem schrecklichen Verdacht ist er allein, niemand steht ihm bei. Ihm ist, als würde er schreien, doch brächte keinen Laut heraus.

Seit diesen Tagen sieht man Romain nicht mehr auf der Terrasse seines Hotels sitzen. Er empfängt auch keine Gäste mehr, die Weintrauben vertrocknen im darauffolgenden Sommer, der Jahrgang fällt abermals aus. Niemand traut sich, den Milliardär ein weiteres Mal zu verklagen. Es gehen Gerüchte um über die Wasser-Mafia von Nowotny, man tuschelt hinter vorgehaltener Hand. Doch die meisten sind froh, dass wenigstens noch ein paar Leute im Tal bei ihm Arbeit finden.

Romain hat keine Angst vor Nowotny. Aber er hat alle Kraft verloren, wütend zu sein.

Best Case

An einem warmen Winternachmittag hängt über dem Tal ein graues Wolkenband. Es könnte eine Schneewolke sein, denkt Romain und zieht an seiner Pfeife. So viele Grautöne, die Struktur aufgequollen und diffus. Wie eine schwangere Kröte hängt sie zwischen den Bergrücken. Der Schweizer macht seine Mittagspause auf der Terrasse seines Hotels in einem bequemen Liegestuhl. Man kann hier einen fulminanten 180-Grad-Blick auf die Gipfel der Alpen genießen. Im Speisesaal räumt Remy gerade die Teller vom Mittagessen beiseite. Das Hotel liegt auf 1200 Metern, und hinunter zur Siedlung geht es fast 800 Meter steil abwärts, an den Hängen winden sich die Serpentinen hinab. »À bientôt!«, grüßt ein Pärchen beim Vorübergehen. Romain hebt gelassen seine Hand, zwinkert ihnen freundlich zu. Die Gäste sind erst gestern angekommen, damit ist mehr als die Hälfte der Zimmer belegt. Nicht schlecht für eine Januarwoche ohne Schnee.

Abgesehen von der fantastischen Lage ist das Hotel »Les Pics Blancs« ein recht hässlicher Klotz. Romains Großvater hatte versucht, die unansehnliche Fassade aus den 80er-Jahren des letzten Jahrhunderts mit ein paar Holzbohlen vor den Balkonen zu kaschieren. Die Markisen leuchten knallrot, die Plastikfenster dahinter in einem billigen Hellgrün. Wirklich kein schöner Anblick, denkt Romain immer wieder. Früher war das nicht so schlimm. Denn wenn es schneite, fiel es nicht so auf. Das Hotel liegt am Waldrand. Dort wuchsen früher sogar einige Tannen zwischen Straße und Hotel, drei davon auf dem Betondach des Parkplatzes, an dem die Treppe zur Rezeption vorbeigeht. Als sie während des Nadelbaumsterbens kahl wurden und irgendwann nur noch wie Gerippe über dem Eingang thronten, buddelte Romain sie aus und pflanzte stattdessen Kirschbäume und Spitzahorn.

Die kommen mit weniger Wasser und mehr Hitze gut zurecht. Wenn es im Sommer doch zu trocken wird, gießt er sie mit dem Wasser aus dem Grauwassertank. Romain hat sich im Keller eine ziemlich große Wasserrecyclinganlage eingerichtet, die das Wasser aus den Duschen und Waschbecken der Gästezimmer filtert. Daraus wird zwar kein Trinkwasser, aber für Toiletten, Duschen und den Garten kann Romain das Wasser gut gebrauchen.

Früher fuhr die Seilbahn neben seiner Terrasse den 2000er bis zum Pass hoch und runter, über kleine Holzhütten, über Geröll und die wenigen Schneefetzen am Hang hinweg. Vor ein paar Jahren wurden die Stützmasten im Rahmen des großen Rückbauprogramms der Gemeinde abmontiert, die Löcher der Betonfundamente mit Erde zugeschüttet. Die Schneise wächst nun langsam wieder zu, man hat dort aufgeforstet, unten wachsen inzwischen Bergahorn und Ulmen, weiter oben dann Fichten und Grünerlen. Auch Skipisten, auf denen früher täglich Hunderte Touristen hinuntersausten, wurden bepflanzt. Die Bergstationen riss man ab, und an manchen Stellen mussten Böden abgebaggert werden, die mit Diesel oder Ölspuren von den Pistenraupen kontaminiert waren. Die Kosten trug die Gemeinde, denn der Betreiber weigerte sich.

Nun führt ein schmaler Wanderweg auf den Pass. Drei Stunden dauert der Marsch vom »Les Pics Blancs« aus dort hoch. Aber es lohnt sich. Seit dem Rückbau kann man dabei auch längst verloren geglaubte Tierarten wie das Auerhuhn, Schneehasen und Feuersalamander beobachten.

Der Ausblick vom Wanderweg ist sensationell, obwohl die meisten Gletscher der Region stark geschrumpft sind und auch die Schneezipfel auf den Bergen sich drastisch verkleinert haben. Viele Alpweiden sehen gerade im Sommer noch immer etwas mitgenommen aus, sie sind schon lange nicht mehr so saftig grün wie in Romains Kindheit.

Seinen Gästen hat Romain vorhin noch den Weg beschrieben, auch wenn eigentlich alles ausgeschildert ist. Ausgestattet mit ein paar Broten wollten sie am Aussichtspunkt »Großes Horn« ein Picknick machen. Wenn sie noch höher steigen wollen, erklärte Romain, können sie auch das Gletscher-Mahnmal besuchen.

Auf 2500 Meter Höhe befindet sich eine Open-Air-Ausstellung über verlorene Landschaften in den Alpen, die trotz aller Bemühungen nicht mehr gerettet werden konnten. Zusammen mit seinem besten Freund Alexandre hat Romain vor ein paar Jahren zunächst nur eine Gedenktafel an dem stark geschrumpften Plaine-Morte-Gletscher aufgestellt – mit Aufnahmen von Beginn des 20. Jahrhunderts und einer Chronologie der Schmelze. Mit der Zeit wurde der Ort zu einem richtigen Lehrpfad über die Folgen des Klimawandels in den Bergen.

Während der heißen Sommer decken die beiden Freunde zusammen mit ihrem Gletscherverein die verbliebene Eiszunge des Plaine-Morte mit einem weißen Spezialvlies ab. Sie haben die Hoffnung nicht aufgegeben, ihn vielleicht doch retten zu können. Schließlich sollen die Temperaturen laut den Prognosen der Klimaforscherinnen gegen Ende des Jahrhunderts wieder etwas sinken – vorausgesetzt, der Eintrag des CO_2 in der Atmosphäre geht weiter so kontinuierlich zurück und die weltweit geschaffenen Wälder, renaturierten Feuchtgebiete und Moore bleiben erhalten, um die Konzentration des CO_2 langfristig zu senken.

Obwohl es einige Länder gibt, die im Laufe der Zeit aus dem Pariser Klimaabkommen ausgetreten sind, ist die weltweite CO_2-Besteuerung auf klimaschädliche Produkte seit Ende der 2020er-Jahre zu einer echten Erfolgsgeschichte geworden. Nur einige Diktaturen wie Russland und ehemalige Erdölstaaten haben nicht mitgezogen. Sie haben ihren ökonomischen Einfluss jedoch vollständig verloren, seit sich auch die asiatischen Länder den Klimavorhaben der großen Volkswirtschaften angeschlossen haben. Irgendwann setzten tatsächlich die ökonomischen Kipppunkte ein, an denen alte Technologien wie Verbrennermotoren oder auch Beton und die extrem klimaschädliche Massentierhaltung von CO_2-freundlichen Innovationen überholt wurden. Die neuen Produkte waren günstiger und meist auch effizienter, andere brauchte man weniger. Die alten Produktionszweige des 20. Jahrhunderts wurden schließlich nach einigen anfänglichen Rückschlägen komplett von Elektroautos, Fleischersatz und nachhaltigen Baustoffen verdrängt.

Trotz dieser Erfolge deuten die Szenarien von Wissenschaftlern Anfang der 2040er-Jahre auf mindestens ein weiteres Jahrzehnt heißer Dürresommer hin. Das ist die Rechnung für das zögerliche Handeln in den 2020er-Jahren. »Und diese Rechnung muss nun unser Gletscher bezahlen«, kommentiert Romain jedes Mal, wenn er Reisegruppen oder Studierende durch die Ausstellung führt. Es gibt noch eine kleine Chance, dass der Plaine-Morte nicht stirbt – aber es könnte knapp werden.

Seine Gäste werden es heute nicht mehr zu dem Mahnmal schaffen, es ist schon nach Mittag, und er hat ihnen geraten, spätestens zur Dämmerung wieder unten zu sein. Romain genießt es, seinen Hotelgästen nicht nur ein Bett und ein nettes Frühstück anzubieten, sondern sie für die Region zu begeistern. Zusammen mit Alexandre hat er ein Netzwerk für Tourismus-Transformation gegründet. Und sie haben alle Hände voll zu tun. Das Tal hat sich verändert, der schmelzende Gletscher ist nur eines von vielen Problemen. Doch er gönnt sich auch Ruhepausen, am liebsten auf seiner Terrasse, die Sonne im Gesicht, die Pfeife im Mund.

Das kann doch nicht sein! Die Schneewolke hat sich verzogen, denkt Romain und legt sich die Felldecke über die Knie. Diese Saison wird das nichts mehr. Mal wieder. Dabei ist erst Mitte Januar. Früher ging die Wintersaison bis Ende März. Jetzt können sie froh sein, wenn es zwei Monate hintereinander regelmäßig schneit. Dafür haben sie immer Sonne und blauen Himmel. Schönes Wetter, sagen die Touristinnen. Wasser sparen, denken die Einheimischen.

Jemand klopft Romain auf die Schulter, reißt ihn aus seinen Gedanken. »Hej, Bonvivant, was sinnierst du da in den Tag hinein?« Alexandre setzt sich neben ihn und blickt suchend ins Tal, dorthin, wo Romains Augen sich verloren hatten. »Hast du schon gesehen, da drüben, den Kran? Da bauen sie endlich dieses Monster von einem Lift ab, wird auch Zeit«, sagt Alexandre mit seiner knorrigen Stimme und lässt sich in den Korbstuhl fallen. »Hast du einen Kaffee für mich?« Romain winkt Remy heran, bestellt seinem Freund eine Tasse. »Ich hatte gestern ein langes Gespräch mit meinen neuen Gästen, ein älteres Pärchen, sie waren schon einmal vor 30 Jahren hier. Sie sagen, dass sie extra wiedergekommen seien, um die Veränderungen zu sehen.« Alexandre fährt sich mit seiner Hand durch den Bart. »Ja, genau das ist es, mein Lieber, erst hassen sie Veränderungen, und später setzen sie ihnen Denkmäler.« Er lacht schallend. »Die ganzen Veränderungen hier im Tal könnten sich bald sogar auszahlen, wenn man es clever anstellt. Ich sage dir, sie werden alle noch kommen und uns um unser Tal beneiden.« Romain schmunzelt und blickt nachdenklich über das gewaltige Bergpanorama, die nackten weißen Schneespitzen leuchten in der Abendsonne. »Und all die Bremser, die es uns jahrelang so schwer gemacht haben«, fügt er an. Bereits seit einigen Jahren kommen vor allem Städter im Sommer zu ihnen. In tieferen Lagen der Schweiz, aber auch in Regionen anderer Länder wie Südfrankreich oder Mitteldeutschland ist es dann einfach zu heiß. Die Menschen suchen jetzt Abkühlung, wo sie früher den Schnee gesucht haben.

Es hat die beiden Freunde jahrelange Überzeugungsarbeit und viel Beharrlichkeit gekostet, bis der Gemeinderat ein paar weitreichende Entscheidungen fällte. Manche kamen fast zu spät. Die Region kämpfte nach den Dürrejahren ab 2029 an unendlich vielen Fronten gleichzeitig. Da gab es die konservative Fraktion, die viel zu lange behauptete: »Es kommt doch genug Wasser.« Und das, obwohl die Prognosen der Glaziologen schon sehr früh sehr deutlich waren: Steigen die Lufttemperaturen und bleibt der Schnee aus, schmilzt der Gletscher schneller. Der große Packen auf 2500 Metern war immer eine Wassergarantie gewesen, ein riesiger Gefrierschrank mit Millionen Kubikmetern Süßwasser. Eine Garantie, die langsam dahinschmilzt, sagten Forscher dann immer. »Aber das wird auch das letzte Gletscherwasser sein.« Lange Zeit redeten sie vergeblich.

Alexandres Familie trafen die Folgen der Wasserknappheit in dem Tal anfangs besonders heftig. In den ersten Trockenjahren flogen die Hubschrauber des Schweizer Militärs noch Wasser auf die Alpweiden der Eltern – eine Art Katastrophenhilfe. 2000 Liter Wasser auf 2000 Metern – das war damals noch eine echte Sensation. Die Regierung konnte das aber nicht lange durchhalten und entschied sich, den Bergbäuerinnen anders zu helfen. Sie legte großflächig Förderprogramme für ökologischen Landbau und nachhaltigen Tourismus auf. Alexandres Vater hielt sich schließlich nur noch ein bis zwei Kühe für die Touristen und den Eigenverbrauch an Käse und Milch. Er begann mit ökologischen Anbauweisen zu experimentieren und spezialisierte sich schließlich auf nachhaltiges Wassermanagement. Alexandre hat viel von seinem Vater gelernt.

Der größte Erfolg war die Wiedereröffnung ihrer kleinen Berghütte. Sie hatte schließen müssen, als Alexandre gerade mal 15 Jahre alt war. Lange war es unmöglich gewesen, das nötige Wasser auf diese Höhen zu schaffen, Grundwasser und Quellen gab es nicht direkt an der Alp. Tankwagen kamen nicht dort oben hinauf, Pipelines gab es nicht. Doch schließlich bauten Alexandre und sein Vater ein Regenauffangsystem und renaturierten sogenannte Suonen, eine alte Kulturtechnik. Diese künstlichen Kanäle leiteten das Wasser aus den Bergen kilometerweit zu den Alpweiden, wo es durch seitlich gegrabene schmale Kanäle zur Bewässerung ausgeleitet wurde. Mit Hacken grub sich der Wässermann durch die Wiesen, während das sprudelnde Bächlein Richtung Alp drängte. Diese Kanäle zu unterhalten war arbeitsintensiv, denn sie wuchsen schnell zu. Dieses Bewässerungssystem, auf das man sich im Mittelalter verlassen hatte, war lange in Vergessenheit geraten – doch durch die Trockenheit erinnerten sich viele Bauern an die uralte Technik. Außerdem bekam die Hütte Trockentoiletten und ein ähnliches Grauwasser-Recyclingsystem wie Romains Hotel. Nun trinken Wanderer dort wieder einen Kaffee oder ein kühles Bier, und Alexandres Frau verkauft ihre berühmte Quiche. Nur in einigen Sommern, wenn die Dürre zu lange anhält, können auch die Suonen, die Regenauffangbecken und Grauwasseranlagen nichts ausrichten. Dann wird die Hütte geschlossen – aber nur vorübergehend.

Alexandres Familie hat Romain immer dabei unterstützt, auch in schweren Zeiten nicht aufzugeben. Obwohl sie in viel bescheidenerem Wohlstand lebten als er, wussten sie sich immer zu helfen, teilten ihr Wissen mit anderen, packten überall mit an. »Dann müssen wir eben umdenken«, hat Alexandres Vater immer gesagt. »Nützt ja alles nichts.«

Andere sind weniger einsichtig gewesen. Ein großer Bremser war lange Zeit der Milliardär Tomáš Nowotny. Trotz aller Warnungen hatte er sein Geld noch bis in die 2030er-Jahre in den Wintersport gesteckt, neue Seilbahnen gebaut, Schneekanonen installiert und in klimatisierte Schneefarmen investiert. Ungeachtet des Nieselregens, der seine Pisten dahinschmelzen ließ, hielt er verbissen an seinem Skigeschäft fest. Er glaubte Technologieversprechungen: etwa der angeblich wassersparenden Beschneiung mit neuester Sensorentechnik. Er hat sogar mit einem Flugzeug Silberiodid in Wolken injiziert, um es schneien zu lassen. Diese Geoengineering-Methode wurde ihm dann aber verboten, als es im Nachbarort in der Folge zu heftigen Schneestürmen und anschließend zu verheerenden Überschwemmungen kam. Schließlich klammerte er sich sogar an fragwürdige Studien amerikanischer Klimaleugner-Thinktanks, nach denen die heißen Sommer nur ein vorübergehendes Phänomen waren und die Welt in Wahrheit auf eine Kaltzeit zusteuerte.

Ein fataler Irrtum. Seine Investitionen schmolzen mit den steigenden Temperaturen regelrecht dahin. Und vor ein paar Jahren verweigerte ihm schließlich auch der Gemeinderat jede Unterstützung. Der Ski-Zar verkaufte daraufhin die Seilbahnen an die Gemeinde, die mit dem Rückbau begann.

Nowotny zog sich auf sein ansehnliches Anwesen zurück, das er nach der Übernahme der Bergbahnen bezogen hatte. Dort lebt der 55-Jährige mit seiner Familie. Als er vor 20 Jahren ins Tal gekommen war, hatte er sich immer mehr in die Gemeinde eingekauft. Erst waren es Restaurants, dann mehrere Hotels und schließlich auch Golfplätze gewesen. Doch diese Geschäfte nützen ihm nichts, wenn es im Winter nur regnet und die Sommer extrem trocken bleiben. Die Schönen und Reichen, die einst seine Luxusresorts mieteten, kommen nicht mehr. Die kahlen Hänge mit wenigen schmalen Streifen lassen keinen Winterspaß aufkommen. Und im Sommer kostet es ein Vermögen, die riesigen Golfplätze grün zu halten.

Noch einige Jahre lang profitierte der Ski-Zar vom »last chance tourism«. Damals drängelten sich die Touristinnen auf den schmalen weißen Bändern an den grünen Hängen. Die letzte Chance, Skitourismus noch zu erleben, dachten viele. Und das zu Recht. Dann verkürzte sich die Zahl der Schneetage derartig, dass Energie- und Wasserkosten die Liftpreise ins Astronomische trieben. Irgendwann kamen nur noch wenige. Und die richtig Reichen fuhren in höher gelegene Skigebiete, wo noch mehr Schnee lag.

Dann wurde es ziemlich schmutzig. Nowotny verklagte die Gemeinde auf mehrere Millionen Schadensersatz. Er habe das Wintersportgeschäft des Tals mit seinen Millionen gerettet und der Gemeinde über viele Jahre ein sicheres Einkommen verschafft. Durch ihn seien alle zu Wohlstand gekommen, Prominente aus Hollywood angereist und die Touristen hätten ihr Geld in der Ortschaft gelassen. Der immer noch sehr reiche Mann fühlte sich im Stich gelassen, ungerecht behandelt. Die Gemeinde war in seinen Augen schrecklich undankbar.

Das sahen die Mitglieder des Gemeinderates allerdings

anders. Sie hatten den Ski-Zaren lange genug mit Steuervergünstigungen und Wirtschaftsförderungen hofiert. Diese Subventionen schafften sie nach dem langen Dürrejahrzehnt ab, das Geld brauchte man dringender für Anpassungsmaßnahmen an den Klimawandel. Dann stiegen die Wasserpreise, und auch für Nowotny machte man keine Ausnahme. Der hatte noch versucht, mit dem Besitzer des Wasserkraftwerks einen schmutzigen Deal zu machen. Dabei ging es um riesige Mengen an Wasser aus einem Stausee, die Nowotny für sein Ski-Imperium abzweigen wollte. Als das herauskam, wurde der Vertrag für ungültig erklärt. Denn auch der Wasserkraftbetreiber hatte nur Konzessionen von der Gemeinde zugesprochen bekommen. Er durfte die Nutzungsrechte also gar nicht veräußern.

»Aber noch ist der Spuk ja nicht vorbei. Dieser Verrückte will es wirklich wissen«, sagt Romain. Er hat eine Flasche Wein rausgeholt, seinem Freund eingeschenkt. »Bis wir den los sind, dauert es noch ... Es sei denn, er verschwindet mit seinem Geld woandershin. Das wäre die einfachste Lösung ...« Alexandre nickt und nimmt einen Schluck, es ist ein »Domaine des Pics Blancs«, Jahrgang 2041. Er schmeckt süßer als früher, die Trauben haben einen höheren Zuckergehalt aufgrund der heißeren Sommer. Romain baut mittlerweile eine südspanische Sorte an, sie gedeiht prächtig an den Weinhängen weiter unten im Tal. Aber ohne Tröpfchenbewässerung wäre auch das nicht mehr möglich. Die hatte er sich schon recht früh angeschafft. Als er das Gut von seinem Vater übernahm, begannen gerade die Dürrejahre. Seine erste Investition waren die »smarten Schläuche«, die mit Sensoren versehen sind. Sie messen die Bodenfeuchte und geben dann automatisch so viel Wasser ab, wie die Weinreben brauchen. Alexandres Familie hatte ihm dazu geraten.

Sie sprechen über die finale Verhandlungsrunde. Dabei soll es um eine Entschädigung für Nowotny gehen. Er besteht weiterhin auf einem privilegierten Zugang zu den Wasserrechten – und weil ihm das verwehrt wurde, will er nun Geld für seine Gewinnausfälle. Alexandre überredet Romain mitzukommen. Der sagt schließlich zu, denn er hält es für gar keine schlechte Idee, das Spektakel zu sehen. Es wird bestimmt in die Geschichte des Tals eingehen. Der Wasserkrieg zwischen Gemeinde und Milliardär könnte dann endlich entschieden werden.

Die Verhandlung findet wenige Tage nach dem sonnigen Nachmittag auf Romains Terrasse im nahe gelegenen Sion statt. Das Gerichtsgebäude ist ein schöner Altbau aus dem späten 19. Jahrhundert, beige mit metallverkleideten Mansarden, um das gusseiserne Eingangstor schlingen sich kräftige Rebstöcke, der dazugehörige Park ist in ein graues Winterkleid gehüllt. Schnee liegt wie immer keiner.

Es ist eine von vielen Wasserklagen, die das Kantonsgericht seit Jahren verhandelt. Oftmals sind es Landwirtinnen und ehemalige Wintersportunternehmer, die gegen Umweltämter klagen. Es geht auch darum, wer in wassersparende Techniken investieren muss: Sollen die Mieter die hohen Wasserpreise zahlen oder sind Vermieterinnen verpflichtet, eine Grauwasseranlage einzubauen? Kann der Landwirt die Gemeinde auf Entschädigung verklagen, wenn sie ihm verbietet, dem Fluss Wasser zu entnehmen? Muss sie ihm Zuschüsse für ein wassersparendes Tröpfchensystem gewähren? Wer ist für Anpassungsmaßnahmen zuständig: Bürger oder Staat? Dazu hat es im vergangenen Jahrzehnt eine ganze Prozesswelle gegeben.

Früher hatte sich in der Schweiz, dem angeblichen »Wasserschloss Europas«, niemand für Wasser interessiert – es sei denn, es ging um die Stromerzeugung. Seit es aber knapp geworden ist, gibt es plötzlich viele Begehrlichkeiten. Und jeder will in der Prioritätenliste ganz oben stehen, jeder fühlt sich relevant und unentbehrlich.

Alexandre und Romain fahren mit dem Bus nach Sion. Die Straße führt an nackten Berghängen entlang, an vielen Stellen stehen die Laubbäume immer noch kahl an den Felshängen, und bei einigen ist nicht klar, ob sie vertrocknet sind oder nur in der Winterruhe verharren. Die vielen Fichten sind mit der Zeit durch Laubbaumarten ersetzt worden, die besser mit der Trockenheit zurechtkommen. Viele Stellen sind im Sommer mittlerweile wieder recht grün. Zwar leiden die Waldböden immer noch an Trockenheit. Doch mit Versickerungstechniken hat man zumindest teilweise versucht, die Böden feucht zu halten. Dazu gehören auch zahlreiche Rillen, unter anderem entlang von Wanderwegen. Wenn es regnet, kann sich das Wasser darin besser verteilen und fließt eher in die Breite, um im Wald zu versickern. An einigen Stellen wurden auch größere und kleine Regenauffangbecken errichtet, durch die das Wasser langsam in die Landschaft abgegeben wird. Das gelingt im Gebirge allerdings nicht überall. Dennoch haben sich einige Baumbestände etwas erholt, auch deshalb, weil die Landwirte im Tal die Ausbringung von stickstoffhaltiger Gülle reduziert haben und vor allem auf ökologische Methoden umgestiegen sind. Um den Boden feucht zu halten und Humus aufzubauen, haben viele Bauern außerdem begonnen, zwischen den Pflanzenreihen Stroh und Pflanzenreste auszulegen.

Vor dem Eingang des Gerichts wartet eine kleine Schar von Reporterinnen. Alexandre antwortet geduldig auf die aufgeregten Fragen, während Romain etwas abseits steht.

Er sieht dem Freund von Weitem zu, wie er dort steht mit seiner bunten Mütze und den krausen langen Haaren, die darunter hervorlugen, in seinem alten braunen Mantel mit dem beigen Fellkragen. Den hat Alexandre bestimmt schon 30 Jahre, und jetzt kommt er noch mal groß raus, denkt Romain schmunzelnd, als er um einen historischen Springbrunnen herumschlendert. Der hat einen breiten Marmorsaum. Im Becken hat man ein Beet angelegt, darin sind Krokusse gepflanzt worden, die wohl schon in einigen Wochen blühen werden.

Er versucht, sich an die Zeit zu erinnern, als solche verschwenderischen Wasserspiele noch normal waren. Die Haltung, dass alles immer und überall verfügbar sein muss, war eine der seltsamsten Kulturblüten des späten 20. und frühen 21. Jahrhunderts – zumindest in Mitteleuropa. Dabei hatte es immer Grenzen gegeben. Und die Klimakrise hat diese schließlich ziemlich brutal gezogen.

Romain wird aus seinen Gedanken gerissen. Die Reporterschar und die Fotografinnen rennen zum Tor, dort steigt Nowotny aus seiner schwarzen Limousine. Apropos Grenzen, denkt Romain. Der da ist einer, der die neuen Grenzen nicht akzeptieren will. Reiche Menschen können anscheinend besonders schwer verstehen, dass etwas nicht mehr unendlich verfügbar ist. Auch wenn sie noch so viel Geld auf den Tisch legen. Alexandre ruft ihn zu sich. Es geht los.

Der Gerichtssaal ist voller Menschen, viele unter ihnen sind Gemeinderatsmitglieder, aber auch Mitglieder des Gletschervereins und ihres Tourismusnetzwerks sind anwesend. Nowotny hat sich bereits gesetzt, die Fotografen schießen ihre letzten Fotos. Das Gesicht des Unternehmers ist wie versteinert, das Haar kurz geschoren, er trägt einen makellosen dunklen Anzug mit einer Krawatte in Bordeauxrot.

Der Richter muss mehrmals zur Ruhe rufen. Die Verhandlung läuft zwei Stunden, beide Parteien kommen zu Wort. Der Streit lässt sich recht kurz zusammenfassen: Nowotny verklagt die Gemeinde auf vergünstigte Wassermengen in astronomischer Höhe aus dem Stausee und dem neu gebauten unterirdischen Wasserreservoir. Er hat einen Topanwalt angeheuert, sein Gesicht ist durch hohen Blutdruck rötlich angelaufen.

Der argumentiert, dass Nowotnys Unternehmen in der Region Vorrang habe. Es sei systemrelevant, sagt er immer wieder. Denn wer im Tal als systemrelevant eingestuft wird, bekommt tatsächlich günstigere Wasserpreise und ein planbares Anrecht auf eine bestimmte Kubikmeterzahl pro Jahr. Es gebe keine gültige Rechtsgrundlage dafür, der Landwirtschaft oder Anwohnern den Vorzug zu geben, so der Anwalt weiter. Und dann beginnt er, das altbekannte Lied zu singen, bei dem viele der Anwesenden nur noch mit den Augen rollen können: Nowotny habe viel Geld investiert, seit 20 Jahren die Gemeinde ausgehalten und dem Tal Wohlstand verschafft. Andere würden reden und verhindern, sein Mandant habe sein Leben lang für das Tal geklotzt und keine Mühen gescheut … Er provoziert immer weiter, erklärt, die Gemeinde sei von einigen »Ökokriegern« unterwandert worden, die das gesamte Land deindustrialisieren würden … So geht es ohne Unterlass. Einige wenige klatschen. Der Applaus verhallt aber schließlich in einem eisigen Schweigen.

Dann ist die Anwältin der Gemeinde an der Reihe. Alexandre hat die erfolgreiche Juristin Katharina von der Reyen aufgetrieben, sie kennen sich aus der Klimabewegung, auch sie ist Mitglied im Gletscherverein. Von der Reyen ist eine schlanke, große Frau mit langen grauen Haaren, die zu einem verschlungenen Dutt gebunden sind. Sie hat bereits vor Jahrzehnten die großen Klimaklagen unterstützt, bei denen Kohlekonzerne zu Entschädigungen in Milliardenhöhe verurteilt worden sind. Sie ist in ganz Europa berüchtigt für ihre Klagen. Den Nowotny-Fall hat sie angenommen, weil sie in dem Milliardär ein hartnäckiges Überbleibsel der reichen Klimaleugner und Bremser sieht.

Natürlich zweifelt sie die Rechtmäßigkeit der Wasserentnahme durch Nowotnys Unternehmen an. Sie verliest die unglaublichen Kubikmeterzahlen, die seine Hotels, Schneekanonen, Luxusresorts und Golfplätze verbrauchen. Dem stellt sie Zahlen aus der Landwirtschaft gegenüber: Wasser für die Kühe, Gemüsezucht, Weinanbau. Sie zitiert aus zahlreichen Urteilen und Gesetzestexten, die seinen Anspruch recht eindeutig widerlegen: Bereits vor über 20 Jahren hat der Kanton eine Prioritätenliste verabschiedet, wer im Fall von extremer Wasserknappheit zuerst ein Anrecht auf Wasser hat und wer zuletzt. Ganz oben stehen die Verbraucherinnen, öffentliche Einrichtungen wie Schulen, Krankenhäuser oder Altenheime, deren Wasserpreise auch nur bis zu einer bestimmten Belastungsgrenze steigen dürfen. Dann kommen systemrelevante Betriebe wie Bäckereien, dann Sportvereine, und so geht es fort. Ganz hinten auf der Liste stehen dann erst Wintersportaktivitäten wie die Beschneiung von Pisten oder Luxus-Sportarten wie Golf. Eben all das, wofür Nowotny Wasser braucht.

Außerdem, argumentiert die Anwältin, habe die Gemeinde in den vergangenen Jahrzehnten massiv in ihr Wassermanagement investiert. Der Bau des Absenkbeckens, in dem Wasser bei hohem Wasserstand oder Starkregen von den Flüssen abgezweigt und gefiltert wird, oder das unterirdische Wasserreservoir für besonders große Notlagen sowie die zahlreichen Grauwasseranlagen und Regenauffanganlagen seien ausschließlich mit Steuergeldern oder von Anwohnerinnen finanziert.

Die Botschaft ist klar: hier der ausladende Luxus von wenigen Reichen, dort die redliche Herstellung von landwirtschaftlichen Produkten, die Schweizer Tradition, die existenziellen Bedürfnisse. Auf der einen Seite der reiche Unternehmer, der kaum Steuern zahlt und in den Umbau der Gemeinde nicht einen Cent investiert, dort die Bewohner des Tals, die alle mit ihren Steuern den Umbau mitfinanzieren.

Nach diesem flammenden Appell gibt es sogar Applaus von den Zuschauerbänken, der Richter muss wieder zur Ruhe rufen. Er kündigt eine Pause von 20 Minuten an, dann will er das Urteil verkünden. Unter aufgeregtem Gemurmel verschwinden alle aus dem Saal. In der Region beobachten viele Landwirtinnen und Anwohner die Klage, die Gemeinde gegen den Milliardär. Die zwei wichtigsten Lokalblätter machen mit großen Lettern auf: »Bürger gegen Luxusinvestor« und »Wasserkrieg im Wallis«.

Gegen drei Uhr nachmittags tickern die Agenturen: »Gemeinde gewinnt gegen Ski-Zar Nowotny«, und die Lokalblätter schreiben: »Bürger verteidigen ihr Wasser gegen Milliardärsansprüche«. Der Richter hat keinen Zweifel gelassen: Die Forderungen des Milliardärs sind haltlos. Das Wasser ist ein Gemeingut und die Gesetzeslage dank der Prioritätenliste des Kantons eindeutig. Nowotnys Unternehmen ist nicht systemrelevant, und der Richter sprach ihm angesichts der fortschreitenden Klimakrise auch keine relevante Rolle mehr in der Region zu.

Als die Sonne schon hinter den Bergzipfeln verschwunden ist, trudeln Alexandre, Romain und ihre Unterstützer wieder im Tal ein. Sie haben sich im »Les Pics Blancs« verabredet, Remy schiebt einige Tische zusammen, stellt Weinflaschen und Gläser auf den Tisch. Romain schaltet die Lichterketten an, die sich quer über die Terrasse spannen, die kleinen LED-Lampen leuchten in Rot, Grün und Gelb. Wenig später sitzen sie alle zusammen, in Decken gehüllt, es sind für Januar warme acht Grad. Sie prosten einander zu, reden und lachen, die Stimmung ist ausgelassen.

Romain sitzt am Kopfende des Tisches, neben ihm Alexandre, der angefeuert durch den erfolgreichen Prozess immer neue Pläne schmiedet. Er spricht davon, eine neue Wanderkarte und einen Lehrpfad durchs Gebirge zu entwerfen. Dieser soll den Wasserkreislauf des Gebirges erklären, vom »ersten Regentropfen auf dem Gipfel bis zum Fluss im Tal und in unsere Absenkanlage«, sagt er und blickt Romain erwartungsvoll an. Außerdem will er die alte Mühle am Ortsrand restaurieren und darin ein Wassermuseum für Touristen einrichten. Dort könnten auch Landwirtinnen aus dem Tal ihre regionalen Produkte verkaufen, und es könnte ein Restaurant entstehen mit Spezialitäten aus der Region und dem Wein von der »Domaine des Pics Blancs«, das wäre doch ein schöner neuer Baustein für ihre Sommertourismus-Strategie. Und wenn Nowotny seine Golfplätze zurück an die Gemeinde verkaufe, könne man diese als Versuchsflächen für hitzebeständige Gemüse- und Getreidesorten nutzen. Ein Gedanke nach dem anderen sprudelt aus Alexandre heraus.

Romain schmunzelt über seinen alten Freund. Was wäre er ohne ihn und seine Ideen. Ohne Alexandre hätte er wahrscheinlich schon lange aufgegeben. Während er ewig über den Verlust des Gletschereises jammerte, sich über die kurzen Winter und langen heißen Sommer beschwerte und über den Milliardär lästerte, hatte Alexandre schon längst Konzepte entworfen, mit dem Gemeinderat gesprochen und mehrere Projekte angeschoben. Anpacken statt meckern, leugnen und ignorieren.

Quellen

Für dieses Kapitel wurden Interviews geführt mit: Prof. Dr. Manuela Brunner (Assistenzprofessorin am Institut für Atmosphären- und Klimawissenschaften der ETH Zürich), Prof. Dr. Bettina Schaefli (Leitung Unit Hydrologie, Geographisches Institut, Universität Bern), Dr. Norbert Kräuchi (Dipl. Forsting. ETH/SIA MAS UZH in Applied Ethics, Abteilungsleiter Departement Bau, Verkehr und Umwelt, Abteilung Landschaft und Gewässer), Dr. Klaus Lanz (Leiter Forschungsinstitut »International Water Affairs«), Rolf Weingartner (Prof. em. für Hydrologie an der Universität Bern, Mitglied des wissenschaftlichen Beirats der Gletscher-Initiative), Tobias Wechsler (Geographisches Institut der Universität Bern) und Marie-Thérèse Sangra (WWF Valais).

K. Lanz et al.: Auswirkungen des Klimawandels auf die Wasserwirtschaft der Schweiz, in: Beiträge zur Hydrologie der Schweiz, Nr. 43, 2021
Auswirkungen des Klimawandels auf die Schweizer Gewässer, Bundesamt für Umwelt, 2021
Le Valais face aux changements climatiques. Effets et options d'adaptation dans les domaines de la gestion des eaux et des dangers naturels, Document de synthèse, 2016
P. Widmer: Rekordhohe Schweizer Gletscherschmelze 2022, Universität Zürich
M. Huss: Gletscherschwund setzt sich unvermindert fort, Schweizer Gletschermessnetz (GLAMOS), 16.10.2020
L. Maurer: Mehrzwecknutzung von Wasserspeichern im Oberwallis: Eine sinnvolle Klimaanpassungsmaßnahme? Masterarbeit, Geographisches Institut Universität Zürich, 30.1.2020
Waldbericht Nr. 6, 2021, Institut für angewandte Pflanzenbiologie (IAP, Schweiz)
Kann die Forschung unser Wasser retten?, SRF, 20.10.2022
Manipuliertes Wetter. Die Schneemacher, in: Der SPIEGEL, 26.2.2020
K. Friedrich et al.: Quantifying snowfall from orographic cloud seeding, in: PNAS, 2020
Altes Wissen, Almkultur & Almbräuche, Ländliches Fortbildungsinstitut (LFI, Österreich)
Teure Erfrischung: Trinkwasser aus 225 Brunnen, Zentralplus, 11.7. 2015
K. Stahl et al.: Auswirkungen des Klimawandels auf die Abflussanteile aus Regen, Schnee und Gletscherschmelze im Rhein und seinen Zuflüssen. Synthesebericht. KHR Bericht Nr. I-28. Internationale Kommission für die Hydrologie des Rheingebietes, 2022
T. Busset et al. (Hrsg.): Zur Geschichte des Wintersports, 2006
C. Reuß: Alpin-Ski im Harz? Wintersport wird zur Sahne auf dem Kaffee, MDR, 13.2.2020

Biodiversität in der Schweiz: Zustand und Entwicklung. Ergebnisse des Überwachungssystems im Bereich Biodiversität, Stand 2016, Bundesamt für Umwelt

ALINA UND DIE ERNTE

»Längere und intensivere Trockenphasen werden ein zunehmend großes Problem für die Landwirtschaft darstellen, in deren Folge es zu Ernteausfällen und Futterengpässen kommen kann. Diese Ernteausfälle können die Ernährungssicherung in Deutschland beeinträchtigen.«

Nationale Wasserstrategie, Bundesumweltministerium März 2023

Worst Case

An einem heißen Sommertag wird Alina vom Lärm der Presslufthammer geweckt, mal wieder. Das Luxusresort »Water World Monaco-Weißensee« direkt hinter ihrem Gatter soll um noch eine Villa erweitert werden. Schon vor der offiziellen Eröffnung waren rund 300 Luxushäuser auf Jahre vermietet oder verkauft worden. Heute werden sie von Ex-Monegassen bewohnt, die auf dem bayerischen Land finden, was sie einst in den Fürstenstaat geführt hatte: Sie sind unter sich, das gesamte Viertel ist umzäunt und bewacht, innen befinden sich Spas und Massagesalons, Weinhandlungen, Boutiquen und Eventagenturen. Vor allem aber zahlen sie für einen Luxus, der heute fast unbezahlbar ist: Jedes Haus verfügt über einen privaten Pool und Whirlpool. Und weil der Betreiber schon vor Jahren Sonderrechte zur Wasserentnahme teuer eingekauft hat, dürfen sie auch ihre Rasen und seltenen Rosenstöcke gießen. Die Vermögendsten haben sogar einen Zugang zu einem der Seen im Allgäu, dem Weißensee. Die meisten Exilantinnen und Exilanten haben in Monaco früher auf dem erst Mitte der 2020er-Jahre ins Meer gebauten Viertel Mareterra gewohnt, der steigende Meeresspiegel destabilisierte allerdings die Betonpfeiler. Nachdem der Garten der Villa eines kuwaitischen Ölprinzen halb ins Meer gerutscht war, haben sich die Multimillionäre europaweit auf die Suche nach inländischen Anwesen gemacht. Viele fanden sich im Allgäu wieder, schließlich gibt es da noch mehr Seen als in anderen Regionen Europas.

Alina steht auf, setzt sich mit ihrem morgendlichen Algendrink auf ihre Terrasse und schaut über die braunen Felder. Tiere hält sie keine mehr, dazu sind die Wiesen rundherum zu trocken geworden, sie können keine Kuh mehr ernähren. Bis ein Rind seine täglichen rund 100 Kilo Grünfutter bei diesen dürren Halmen zusammen hat, muss es schon einige Kilometer weit gehen und grasen. Ohnehin ist ihr Hof um etliche Hektar geschrumpft, da ihr ein monegassischer Investor für viel Geld einen Großteil des Landes abgekauft hat. Hätte sie das Angebot damals nur ausgeschlagen, dann würden ihr die weißen Villen mit der Glasfassade und den lauten Klimaanlagen an den Außenmauern jetzt nicht den Blick versperren und den Schlaf rauben. Allerdings hätte sie dann auch nicht den Job bekommen, der ihr und ihrer Familie genug Geld einbringt, um über die Runden zu kommen, und ein solches Einkommen ist in Zeiten von ständigen Ernteausfällen und extrem hohen Lebensmittelpreisen viel wert.

Heute arbeitet sie als »Gourmetexpertin« für eine der Villenbesitzerinnen des Luxusresorts, die Schweizer Familie Knutti: Früher emigrierten viele Bewohnerinnen und Bewohner des Alpenlandes nach Monaco, heute sind sie wieder in nördlichere Luxusresorts gezogen. Weil Alina sich als ehemalige Bäuerin mit frischem Gemüse, Obst und Getreide auskennt, engagierte Urs Knutti sie, um auf den umliegenden Märkten für seine Köche einzukaufen. Er erhoffte sich von ihr, dass sie biologisch produziertes Gemüse von den zahlreichen geschmacklosen, nährstoffarmen und immer noch mit viel Gift hochgezüchteten Lebensmitteln unterscheiden kann, die inzwischen die Läden überschwemmen. Die Biolabels sind nach einigen Phasen großer Ernteausfälle und verbreitetem Hunger nicht mehr viel wert, niemand kontrolliert sie. Die Verbraucherämter sind damit beschäftigt, Nahrungsprodukte aus dem Labor zu analysieren. Die sind inzwischen Standard, deshalb sind die Knuttis mit ihrer Vorliebe für echtes Gemüse und Brot fast schon aus der Zeit gefallen. Einzig die neuartigen ABM-Test-Produkte mögen die Knuttis gerne, maßgeschneiderte Törtchen etwa, die Alina für sie mit dem Drucker zubereiten soll. Der neueste Schrei, alle in diesem Hightechviertel haben inzwischen so eine Maschine, damit jeder seine eigenen kleinen Kunstwerke herstellen kann. Die Zutaten – Marzipan, Schokolade, Mürbeteig oder auch nahezu kalorienfreie, undefinierbare Pasten – kommen aus kleinen Plastikbeuteln und werden über feine Düsen kunstvoll übereinander aufgetragen. Alina verabscheut diese Astronautennahrung, denn sie hat nichts mehr mit den Lebensmitteln zu tun, die sie früher auf den Feldern geerntet hat, nichts mehr mit den Apfelkuchen aus ihrer Kindheit, aber einkaufen muss sie trotzdem dafür. Es gibt inzwischen sogar 3-D-Foodshops mit Regalen voller Tuben.

Aber eigentlich lechzen die reichen Bewohner nach gutem Essen, sie sind bereit, sehr viel für frische Pilze, Salate, junge Kartoffeln und Fenchelknollen zu bezahlen, auch das inzwischen fast unbezahlbare heimische Rinderfilet kauft Alina häufig für ihren Arbeitgeber ein. In dem abgeschotteten Viertel hat sich unter den Köchinnen zudem eine Art Schwarzmarkt für importierte Ware gebildet, einige wenige Schiffscrews bringen sie auch bei Niedrigwasser über den Rhein nach Süddeutschland und lassen sich beispielsweise viele Tausend Euro für kleine Mengen Nordseekrabben bezahlen.

Alina hat ihren einst viele Hektar großen Hof bis auf das Haus und ein kleines Stückchen Land aufgegeben. Der Bauherr für das »Water World Monaco-Weißensee« hatte ihr damals versprochen, ihr zu einem gut bezahlten Job bei einem der Villenbesitzer zu verhelfen, das werde ihr viel mehr einbringen, als sie mit Mais und Schlachtrindern auf dem eigenen Hof noch verdienen könne. Umgehend hatte er sie mit der Familie Knutti bekannt gemacht, die gerade eine Villa gekauft hatte und Alina anstellen wollte. Die Knuttis lockten sie mit geregelten Arbeitszeiten und 35 Tagen Urlaub im Jahr an – das Angebot war zu verheißungsvoll gewesen und in einem Moment gekommen, als sie zwar unermüdlich arbeitete, ihre Ernten aber trotzdem dürftig ausfielen und ihre Verzweiflung darüber immer größer wurde. Am Anfang genoss sie den ersten geregelten Job ihres Lebens, die Familie Knutti war zwar sehr reserviert, aber alles in allem war sie eine korrekte Arbeitgeberin.

»Los geht's«, spricht Alina sich jetzt aufmunternd zu. Sie muss unbedingt eine der Ersten auf dem Markt sein, das Angebot ist immer knapper geworden in den letzten Wochen, eine extreme Dürre in Südeuropa mit zahlreichen trocken gefallenen Flüssen hat die Importe von italienischen, französischen und spanischen Produzenten stark eingeschränkt. Alina zieht sich leise an, um ihren Sohn und ihre Zwillingsmädchen nicht zu wecken. Ihr Mann wird sie gleich in die Schule bringen. Sie schlüpft in den weißen Kittel, den die Schweizer ihr ans Herz gelegt haben – für sie muss Essen und auch dessen Einkauf klinisch rein sein, oder zumindest so aussehen.

Alina fährt mit ihrem E-Auto zum intern so getauften »Condamine-Markt«, angelehnt an den früher größten Markt in Monaco. Schließlich sind dessen Ex-Bewohnerinnen und -Bewohner heute die größten Kunden. Früher fand sie die benötigten Produkte noch näher am Weißensee, inzwischen muss sie weit pendeln, um noch ein Angebot zu finden, das den Schweizern gefällt. Sie parkt den Wagen vor der Markthalle, hier gibt es normalerweise all die Lebensmittel, die je nach Wetterlage und Importmöglichkeiten rar und daher extrem teuer sind. Aber die Stimmung ist heute anders, es scheint wenig los zu sein. Ein paar Einkäuferinnen, manche wie sie in gestärkten Kitteln, kommen mit leeren Körben aus der Halle. Alina eilt zu ihrem bevorzugten Stand, Seppel verkauft dort, ein ehemaliger Bauernkollege und ein altes Schlitzohr, das immer irgendwo Luxusprodukte findet. Doch heute ist seine Auslage nahezu leer. »Was ist denn hier los?«, fragt Alina entgeistert. »Die Spanier, die Droacksbatzen, lassen uns hängen: Ich hab nix mehr auftreiben können«, sagt Seppel. »Die haben die Reißleine gezogen und behalten das bisschen Wasser für ihre eigene Ernte.«

Alina hat es geahnt. Schon zuvor sind die südeuropäischen Hauptlieferanten immer mal wieder ausgefallen. Vor ein paar Jahren hatten Millionen Spanierinnen und Spanier gegen den Massenanbau in ihrem Land demonstriert: Die Bewässerung für die kilometerlangen Gewächshäuser in Südspanien saugte das Grundwasser und die Flüsse leer, die Menschen bangten buchstäblich um ihr Überleben. Auch mit Portugal gab es ständig Streit – eigentlich durfte Spanien nur dann Wasser aus dem gemeinsamen Fluss Tajo pumpen und zu den Orangen- und Tomatenfeldern leiten, wenn genügend Kubikmeter durchflossen, aber immer häufiger umgingen die großen Agrarkonzerne diese Regel. Schließlich war Spanien gezwungen, sein altes Modell, der Billiglieferant für die reicheren Nordländer zu sein, aufzugeben und das Wasser für die Ernährung der eigenen Bevölkerung zu nutzen. Von einem Tag auf den anderen leerten sich die nordeuropäischen Supermarktregale, und das, was Forschende schon seit vielen Jahren als »No-trade-Szenario« bezeichneten – also einen Versorgungsrückgang von Importen –, trat tatsächlich ein.

Schnell etablierte sich ein Schwarzmarkt, Avocados und Auberginen konnten nur noch von sehr wohlhabenden Menschen gekauft werden, und auch sie wurden häufig betrogen: Zuchtpilze wurden als frei wachsende Pfifferlinge verkauft, Sojaschnitzel aus dem Labor als Rinderfilets, Auberginenmus wurde mit Billigstärke gestreckt. Der Schwarzmarkt für falschen Champagner wurde ebenfalls riesig, seitdem in der französischen Erzeugerregion nahezu alle Weinstöcke nach der Dürre 2029 vertrocknet waren. Aber bislang hatte Seppel über Umwege und sicherlich auch ein paar finanzielle Aufmerksamkeiten für Schmuggler noch immer etwas auftreiben können.

»Tja, jetzt sind wir am Oasch geleckt«, sagt er. »Jetzt müssen wir wieder selbst schaffen.«

»Wie soll das denn funktionieren?«, fragt Alina. »Du weißt doch selbst, dass das Minimonaco uns das gesamte Wasser abgräbt!«

»Tja, aber essen müssen sie trotzdem. Sollen sie dich halt als Bäuerin anstellen.« Alina nickt unwillkürlich, ohne an Seppels Worte zu glauben.

Eigentlich war es vorhersehbar, dass sie nicht ewig alles aus anderen Ländern würden importieren können. Vorboten fragiler Lieferketten gab es schon lange, etwa als 2021 im Suezkanal das 200 000-Tonnen-Containerschiff MV »Ever Given« auf Grund lief und damit 400 weitere Schiffe blockierte. Der Suezkanal als kürzeste und schnellste Route zwischen Asien und Europa ließ damals rund 10 Prozent des gesamten internationalen Seehandels passieren – und damit auch viele Lebensmittel. Die »Ever Given« hatte Waren im Wert von einer Milliarde Euro geladen, darunter auch Kokosmilch, Nudeln, Geflügelprodukte und anderes Fleisch für die Niederlande und Deutschland. Dass sie stecken blieb, lag zwar nicht am Niedrigwasser, das es inzwischen so häufig gibt, zeigte aber erstmals, wie wenig sich Deutschland noch selbst ernährte. Auch in der Coronapandemie wurden Alltagsprodukte erstmals knapp. In den Jahren danach schrumpfte dann das Angebot an weltweiten Importen durch die vielen Klimakatastrophen drastisch: Mal fehlte der Hartweizen, weil in allen wichtigen Anbauregionen der Welt die Ernte zu niedrig ausfiel; Überschwemmungen in Frankreich etwa oder Dürren und Hitze in den USA und Kanada führten zu enormen Verlusten. Schließlich brachte die große Dürre 2029 die Ausfuhr von französischen, italienischen und spanischen

Tomaten, Salatgurken und Paprikas völlig zum Erliegen. Diese Gemüsearten waren bislang für deutsche Kundinnen und Kunden zu nahezu 100 Prozent importiert worden, die Regale im Supermarkt wurden von Tag zu Tag leerer. Damals deckte die heimische Landwirtschaft den Gemüsebedarf der Deutschen nur zu rund einem Drittel, Obst wurde sogar zu 80 Prozent im Ausland eingekauft.

Etwa zur selben Zeit konnte auch der Rhein viele Monate im Jahr wegen niedrigen Wasserstands nicht mehr mit ausreichend großen Schiffen befahren werden: Seitdem muss Deutschland seine Bevölkerung fast ausschließlich selbst ernähren. Dafür müssen rund dreimal so viele Menschen in der Landwirtschaft arbeiten wie zuvor, denn Länder wie Polen schicken ihre Arbeitskräfte nicht mehr nach Deutschland, zudem mussten viele Kulturen zusätzlich angepflanzt werden, die früher importiert worden waren. Früher hatte man noch gehofft, dass kleine Roboter einige Arbeitsschritte auf den Feldern übernehmen können, aber dies gelingt nur zu einem geringfügigen Teil: Sie brauchen zu viel Strom und sind auf den heißen Feldern zu pannenanfällig. Oft fehlt es daher an verschiedenen Lebensmitteln. Der drohenden Mangelernährung soll – vor allem im Winter – durch neuartige Algen- und Insektenprodukte entgegengewirkt werden.

Insekten will sie ganz sicher nicht züchten, das weiß Alina genau. Aber ob sie wieder auf dem Feld arbeiten könnte? Es ist nun schon einige Jahre her, dass ihr Hof zu den größeren im Ort gehört hat. Damals hat sie noch Mais für ihre 300 Kühe angebaut, einen Großteil ihres Geldes aber mit Energiemais verdient, wie die meisten ihrer Kolleginnen und Kollegen. Jedes Jahr säten sie mehr davon an, auf bis zu 50 Prozent ihrer Flächen. Am Ende der Saison wurde der gesamte oberirdische Teil der Pflanze mit großen Maschinen gehäckselt und durch Milchsäuregärung haltbar gemacht, dann wurde diese Masse in eine Biogasanlage gefüllt, um brennbares Methan zu gewinnen. Eigentlich, dachte Alina damals, ackere ich bloß, um am Ende meine Pflanzen zu verbrennen. Dafür war sie nicht Landwirtin geworden, aber eine Alternative gab es auch nicht. Der Energiemais war zu lukrativ, als dass sie auf ihn verzichten konnte. Auch wenn ihre Felder im Laufe der Jahre noch monotoner wurden: Längst wuchsen keine Adonisröschen mehr, kaum noch blaue Chicoréeblüten, dafür siedelten sich überall Brennnesseln an, die den scharfen Stickstoffdünger liebten. Brüssel verlangte für seine Milliardensubventionen kaum eine ökologische Gegenleistung. Auch mit der Agrarförderung ab 2023, die eigentlich die erste grüne hatte sein sollen, konnte Alina fast so wirtschaften wie vorher. Um die Gelder zu erhalten, musste sie lediglich einen kleinen Blühstreifen aussäen, lächerlich wenig. Einige ihrer Nachbarn hielten sich nicht einmal an diese Regel – sie wussten, dass es ohnehin niemandem auffallen würde.

Als im Sommer 2029 dann die große Hitze kam, konnte der hochgezüchtete Energie- und Futtermais damit nicht umgehen. Alina erinnert sich, wie sie Abend für Abend, wenn die Sonne nicht mehr ganz so stark brannte, über ihre braunen Felder ging, einen Klumpen Erde in die Hand nahm, ihn zu Staub zerbröselte und resigniert zu ihrem Mann Philippe sagte: »Das gibt nichts mehr dieses Jahr, wir können einpacken.« Die Menschen der Region waren damals fassungslos, denn sie galt als regenreich, zahlreiche Seen durchzogen das Land, und in vielen Kneippbecken konnten sich die Touristinnen und Touristen die Waden kühlen – die bayerische Region hatte noch nie um Wasser bangen müssen. Bis zu jenem Sommer.

Auch in Alinas Brunnen war das Wasser zu tief gefallen, um die Felder beregnen zu können, was zum ersten Mal nötig geworden war. Früher hatte niemand die breiten Sprengschlepper mit Traktoren über die Äcker ziehen müssen, meist war im Frühjahr genug Niederschlag gefallen, um die Maissaat austreiben zu lassen. Aber das war spätestens Ende der 2020er-Jahre vorbei. Damals erlaubte die Gemeinde sogar, das wenige Wasser aus den kleinen Bergseen in Tankwagen zu pumpen und dann zu den Feldern zu transportieren, eine ökologische Katastrophe, teuer und aufwendig, aber wenigstens konnten sie so noch ein paar Tonnen Futtermais retten.

Trotz dieser eilig auf den Weg gebrachten Hilfsmaßnahmen musste Alina 200 Kühe notschlachten, an die anderen musste sie am Ende sogar den Energiemais verfüttern. Er war zwar nicht so gut verdaulich, aber wenigstens verhungerten nicht alle Tiere. Nachdem der letzte Tiertransporter zum Schlachthof ihre Einfahrt verlassen hatte, ging Alina zu Philippe, der an der haushohen Gärmaschine stand, und brach in Tränen aus: »Ich will das nicht mehr«, sagte sie, »ich will nicht mehr.« Philippe nahm sie in den Arm, wusste aber nichts zu erwidern.

Auch die Heilsversprechen der Industrie versagten zunehmend. Alinas Böden wurden mit den Chemikalien aus aller Welt immer ärmer: Von Jahr zu Jahr musste sie mehr Dünger versprühen. Das Zeug war »teuflisch gut«, sagte Alina stets. Es konnte einen nahezu nährstofffreien Boden so aufmöbeln, dass ihr Mais schon nach wenigen Tagen zehn Zentimeter groß und dunkelgrün war. Aber diese sogenannte NPK-Lösung aus Stickstoff, Phosphor und Kalium nährte zwar die Pflanzen, aber nicht die Lebewesen im Boden. Asseln, Milben, Springschwänze, Engerlinge, Regenwürmer – sie alle konnten auf den chemisch gedüngten Äckern nicht überleben, sie brauchen Totholz und abgestorbene Pflanzenreste, um sie zu dem begehrten Humus umzuwandeln. Alinas Äcker aber waren wie die meisten vor und nach der Dürre nackt, komplett abgeerntet für die Biogasanlage, und damit uninteressant für die Bodenlebewesen und ungeschützt vor den starken Winden, die die letzten Humuskrümel mit sich trugen.

Auch deshalb nahm sie das Angebot der Schweizer an, der Gang über ihre staubigen Felder machte sie depressiv, und sie hatte Angst, ihre Familie nicht mehr ernähren zu können, ausgerechnet sie, die Bäuerin. Auch Philippe drängte sie zu diesem Schritt, er wollte weg vom Hofleben und nahm schließlich in dem abgeschotteten Viertel einen Wachposten an – er sollte die vielen Klimaflüchtlinge aus Südeuropa und heißeren deutschen Regionen davon abhalten, in den weiß getünchten Villen zu marodieren, oder die Klimaaktivisten davon, die Wasserleitungen aus dem Weißensee zu den Pools zu kappen. Die Bewegung hatte sich immer weiter radikalisiert, je heftiger die Klimakrise wurde, inzwischen ist kaum noch ein großer Wassernutzer vor ihren Aktionen sicher, eine neue radikale Gruppe hat sogar schon ein paar Leitungen gesprengt. Umso schärfer werden die Villen jetzt bewacht.

Alina fährt zurück, zum ersten Mal mit einem leeren Korb. Sie hätte Algen- und Insektenprodukte kaufen können, die inzwischen in stillgelegten Tunneln oder Tiefgaragen recht günstig angebaut werden und mit denen der ärmere Teil der Bevölkerung satt wird. Frühere Regierungen hatten in die Versuche mit Heuschrecken, Milben und Mehlwürmern viele Millionen Forschungsgelder investiert. Mehlwürmer beispielsweise können zunächst bei minus 20 Grad schockgefrostet und dann frittiert, zu Mehl verarbeitet oder als Hackfleischersatz verwendet werden – viele Hamburger werden inzwischen mit einer solchen Bulette belegt. Häufig werden die Mehlwürmer auch mit Zucker und Trockenobst zu proteinreichen Müsliriegeln verarbeitet. Algen wiederum haben den großen Vorteil, auch im Salzwasser zu wachsen, und werden als Pesto oder Smoothies verkauft.

Zu den inzwischen etablierten Zutaten gehört außerdem Sorghum, ein früher meist in Afrika angebautes, wenig wasserbedürftiges Getreide, aus dem Brote und andere Backwaren hergestellt werden.

Aber Alina traut sich nicht, vor den Schweizern mit diesem offensichtlichen Armeleuteessen aufzutauchen, das wäre für die Knuttis so, als hätte sie ihnen einen Topf Suppe aus einer der zahlreichen Armenküchen mitgebracht, eine abwegige Idee. Alina biegt also mit leerem Kofferraum in die Siedlung ein, lässt die Schranken mit ihrem Fingerabdruck hochfahren und grüßt mit einer flüchtigen Handbewegung ihren Mann Philippe, dem in seinem schwarzen Security-Anzug der Schweiß von der Stirn rinnt. Was ist nur aus uns geworden, denkt sie.

»Herr Knutti«, sagt sie zu ihrem Chef, noch während sie den Raum betritt, »es tut mir leid, aber ich konnte heute nichts einkaufen.« Urs Knutti guckt sie hinter seinem Laptop verwirrt an. »Was ist denn los? Geht es Ihnen nicht gut?«

»Wir haben ein Riesenproblem: Südeuropa liefert nicht mehr. Und die Nordländer behalten ja eh schon alles für sich.«

»Können Sie nicht mehr Geld bieten?«, fragt Knutti. Typisch, denkt Alina. Die Herren und Damen aus diesem Viertel haben bis heute nicht verstanden, dass manche Dinge inzwischen einfach nicht mehr käuflich sind. Sie sind daran gewöhnt, mit viel Geld Gemeinden wie die ihre dazu zu bringen, das letzte Wasser in Pools zu pumpen, Golfplätze zu bewässern und überflüssige Baustellen zu erlauben. Aber Lebensmittel kann nun mal niemand aus dem Boden stampfen. »Nein, Herr Knutti. Es gab heute nichts, auch nicht zu hohen Preisen. Vielleicht müssen wir wieder selbst anbauen, wenn Sie nicht mit Algen, Insekten und Sorghumbrot zurechtkommen wollen.« Knutti schaut sie entgeistert an. »Aber wie denn? Und wo? Wir haben ja gar kein Land!« Das stimmt. Obwohl Knuttis Grundstück riesig ist, zehnmal größer als sein früheres Loft in Monaco, ist nahezu jede Bodenfläche mit marmornen Fliesen versiegelt oder mit dekorativen Palmen bepflanzt – wie einst im Fürstentum. Allein der Pool und seine Liegeflächen nehmen ein Drittel des gesamten Grundstücks ein. Selbst wenn die Knuttis entsiegeln würden, würde das nicht ausreichen. Jeder Mensch benötigt ungefähr 3000 Quadratmeter Feldfläche, um sich gut ernähren zu können – mit Gemüse, Obst, Getreide und Kartoffeln. Die Knuttis und ihre Angestellten bräuchten also rund 40 000 Quadratmeter Acker, das sind vier Hektar.

»Ich habe da eine Idee«, sagt Alina, »für den Anfang. Einen Teil meines alten Landes habe ich noch, aber er ist inzwischen wertlos, weil der Boden trocken und tot ist. Wir müssten Wasser kaufen, viel Wasser.« Knutti nickt. Kaufen, das versteht er. »Ja, das ist doch ein Plan. Dann kaufen Sie Wasser!« Knutti wendet sich wieder seinen Finanzplänen zu, er ist ein hohes Tier in einer der größten internationalen Banken, die es noch gibt. »Herr Knutti, so einfach ist das nicht. Wo soll ich das Wasser hernehmen? Ich brauche viel, gerade jetzt, um den toten Boden wieder zu beleben. Außerdem haben Sie mich für 35 Stunden in der Woche angestellt. Damit kriege ich jetzt am Anfang grad mal ein paar Bund Radieschen und ein paar Kartoffeln hin, mehr nicht.« Knutti winkt ab. »Machen Sie sich darum keine Sorgen, ich zahle Ihnen jede Stunde extra. Besorgen Sie sich ein paar Feldarbeiter. Hauptsache, meine Familie isst weiterhin gut.«

Alina weiß allerdings, wie schwer es werden würde, ihre Felder wieder zu beleben. Seit vielen Jahren brieten sie ohne Schatten in der Sonne, die meiste Zeit des Jahres wuchsen hier nur einige dünne und anspruchslose Unkräuter, sie ähneln zunehmend der korsischen Macchia – stachelige, kniehohe Büsche haben sich angesiedelt. Dann, bei Starkregen, schwimmt die oberste Schicht weg und ergießt sich auf die umliegenden Straßen zum

Luxusviertel, denn keine Wurzel und keine Humusschicht halten die Erde mehr zusammen. Ihre einst fruchtbaren Böden sind im Grunde nicht mehr zu gebrauchen. Und außerdem, kann sie das überhaupt noch, Felder bestellen? Sie hat sich daran gewöhnt, in klimatisierten Häusern und Autos ihre Zeit zu verbringen, ihre frühere Kraft spürt sie nicht mehr.

Die biologische Nahrung, die Knutti so wichtig ist, würde sie erst in einigen Jahren wieder produzieren können, dann, wenn ihr Gemüse, Getreide und Obst durch bedeckte Böden und Leguminosen wieder gedeihen kann. Aber wie soll der Umbau funktionieren mit so wenig Wasser?

»Herr Knutti«, setzt Alina noch mal an. Knutti guckt unwirsch, er ist Gegenrede nicht gewohnt, für ihn ist das Gespräch längst beendet. »Ich werde auf diesem kaputten Boden nur mit sehr viel künstlichem Dünger schnelle Erträge erzielen können. Kuhdung oder anderen Mist gibt es ja kaum noch. Mit dem ganzen Dünger werden die Pflanzen sehr wahrscheinlich von diesem neuen Klimavirus befallen werden – dagegen muss ich sie spritzen.« Knutti schaut jetzt zum ersten Mal auf, er hat eine panische Angst vor Viren, schon damals, während der ersten Coronapandemie, hat er sein monegassisches Loft monatelang nicht mehr verlassen, seine Angestellten mussten seine Wohnung und die Einkäufe in Ganzkörperanzügen desinfizieren. »Dann tun Sie das«, herrscht er sie nun an. »Ich will keine Viren in meinem Haus haben.«

»Sie wissen aber auch, dass die Gifte ihre Nebenwirkungen haben?«, fragt Alina kleinlaut. Knutti wischt ihre Bedenken mit einer ausladenden Handbewegung fort. »Uns bleibt ja offensichtlich nichts anderes übrig.«

Alina weiß, dass auch die teuersten Produkte kaum noch gegen die Pflanzenviren ankommen. Sie sind an extreme Dürren angepasst – und werden weniger, sobald es regnet. Als der Boden nach der großen Dürre so ausgelaugt gewesen war und die Pflanzen geschwächt waren, war ein Virus mutiert, und so ist ein neues entstanden, das viel schlimmer ist als die bisher bekannten Scharkaviren, die Kartoffeln befielen, oder das Mosaikvirus, das ebenfalls trockene Zeiten liebte. Das Virus ernährt sich von tiefen Wurzeln, die befallenen Pflanzen verenden innerhalb weniger Tage. Auch gegen das neue Virus gibt es kein chemisches Mittel, und so versuchte man anfangs, Blattläuse und Thripse zu bekämpfen, weil man vermutete, dass sie das Virus von einer Pflanze zur nächsten trugen. Mit allen verfügbaren Insektiziden wurde gegen sie angegangen, aber nach nur wenigen Saisons wirkten sie nicht mehr: Die Insekten wurden resistent gegen die Gifte, immer größere Mengen mussten angewandt, immer neue, wenig getestete Stoffe ausprobiert werden. Zuletzt brachte ein Chemiemonopolist das Produkt »FutureHope« heraus, es tötete die Insekten zuverlässig – allerdings auch Nützlinge wie Marienkäfer, die die Blattlauspopulationen normalerweise in Schach hielten. Das Bundesamt für Verbraucherschutz und Lebensmittelsicherheit, das inzwischen das landesweit größte Budget beansprucht, hat dafür daher nur eine Notfallzulassung erteilt. Alina hat eine große Abneigung gegen dieses Produkt. Schon kurz nach der Markteinführung waren an vielen Gerichten lange Verfahren von konventionellen Landwirten mit auffällig häufigen Krebserkrankungen anhängig, und einige Endokrinologinnen publizieren bereits erste Studien, die aus ihrer Sicht den Zusammenhang zwischen dem Stoff und Leukämie belegen können. Aber noch ist keine juristische Entscheidung gefallen, und das Virus würde ihren kaputten Boden ganz sicher befallen. Was soll sie also tun? Nun hängt ihr Job an diesem Zeug, Knutti ist der Letzte, der künftig Heuschreckenbuletten verzehren würde oder gar ein Brot aus Mehl von getrockneten Mehl- oder Buffalowürmern. Und überhaupt, für dieses Zeug braucht er sie nicht als Einkäuferin, diese Lebensmittel gibt es in jedem Supermarkt billig zu kaufen. Also muss sie, mit oder ohne Virus, ihre Felder aufmöbeln.

Als Erstes muss sie sich um Wasser bemühen und eine Gießmenge bei der örtlichen Wasserkanzlei beantragen – das dürfte kaum ein Problem sein, hofft sie zumindest, denn es ist allgemein bekannt, dass die Beamtinnen und Beamten bestechlich sind. Sie leben von der Monaco-Siedlung und umgekehrt. Eine vernünftige Verteilung des wenigen Regen- und Flusswassers haben sie bis heute nicht hinbekommen, dabei hatte der monegassische Investor im Gegenzug für sein Luxusdorf versprochen, für alle technischen Möglichkeiten aufzukommen, die seinen großen Konsum ausgleichen könnten.

Tatsächlich hat er dann auch in Windenergieanlagen zur sogenannten atmosphärischen Bewässerung investiert, sie wurden bei Bauer Steinbeiß aufgebaut, weil seine Felder an den Fluss grenzten: Steinbeiß pumpte in kühleren Nächten Wasser hoch in die Rotorblätter, wo sie über Düsen als Tröpfchen an die Luft gelangten, über den Wind des Rades verteilt wurden und dann wieder auf die umliegenden Felder abregnen sollten. Sie könnten knapp zwei Fußballfelder weit gießen, hieß es. Und wenigstens drum herum den sinkenden Grundwasserpegel – verursacht durch die Wasserentnahmen für Pools – etwas stabilisieren. Auch der Weißensee wurde regelmäßig wieder aufgefüllt, damit die nunmehr künstliche Bepflanzung nicht gleich wieder vertrocknete.

Allerdings hat dieses System einen großen Haken: Die Windenergieanlagen sind einst für Flussmündungen konzipiert worden, für Orte also, an denen Süßwasser kurz darauf in das salzige Meer fließt und damit für das Flussbiotop und das Grundwasser ohnehin wertlos wird. Die Niederlande hatten lange vorgemacht, wie man mit Windmühlen unter dem Meeresspiegel liegendes Land entwässern kann. Aber hier im Allgäu gibt es keine Mündungen und auch kein zu nasses Land mehr: Der kleine Fluss führt inzwischen nur noch an wenigen Tagen im Jahr genügend Kubikmeter, um die Bewässerungsmaschine in luftigen Höhen laufen zu lassen – und das meistens genau dann, wenn es ohnehin geregnet hat.

Also bleibt Alina nur dieselbe Option wie vielen Landwirtinnen: Sie muss teuer dafür bezahlen, mit Tanklastern beliefert zu werden, oder sogar aus der Luft: Manche Bäuerinnen und Bauern, deren Felder etwas abgelegen sind, werden von Helikoptern angeflogen, die aus den höher gelegenen Staudämmen Wasser in große Tanks saugen, die dann an einem Kabel unter dem Hubschrauber hängen und per Knopfdruck geöffnet werden können. Eine Methode, die ursprünglich zur Brandbekämpfung gedacht war. Knutti kennt sie sicherlich noch aus seiner Heimat, die Schweiz hatte schon 2022 angefangen, Bergbauern mit Hubschraubern zu versorgen.

Alina macht sich auf den Weg, steigt wieder in ihren Wagen, dieses Mal aber nicht, um ihre Einkaufskörbe zu füllen, sondern um zur hiesigen Wasserkanzlei zu fahren: Das völlig überforderte Wasserministerium hat die Vergabe und Kontrolle der Wasserrechte privatisiert, nun wachen Juristinnen und Juristen über die Einhaltung der Vorgaben. Jedem Bürger steht seit Jahren je nach Region und aktuellem Dargebot nur noch eine begrenzte Menge an Wasser pro Tag zur Verfügung. Für Industrie und Landwirtschaft gelten jedoch Sonderrechte. Die sind so kompliziert zu erlangen, dass sich eigentlich nur noch große Firmen ausreichend geschulte Expertinnen leisten können, um die passenden Anträge zu stellen. Knutti beschäftigt natürlich auch einen Wasserrechtler seines Vertrauens, mit ihm will sich Alina treffen.

Sie parkt vor der Kanzlei, einem von einem britischen Stararchitekten entworfenen riesigen schneeweißen Betongebäude. Die spezialisierten Anwälte arbeiten inzwischen in ebenso imposanten Gebäuden wie früher Banker. Verteilungskämpfe um Fluss-, Brunnen- und Grundwasser sind zu einem der lukrativsten juristischen Felder geworden.

»Guten Tag, Herr Schneidermann«, begrüßt Alina den jungen Juristen im Leinenanzug. Die Monaco-Siedlung hat viele hoch bezahlte Anwältinnen und Anwälte wie ihn in die einst beschaulichen Dörfer gezogen. Alina hat ihn bei einem eleganten Abendessen bei Knuttis kennengelernt, sie brachte damals sündhaft teure Himbeeren für das Dessert, »frisch vom Feld«, wie Knutti betonte. Alina wurde Schneidermann als »Food Expert« vorgestellt, was ihr unangenehm war, weil es sich in ihren Ohren nicht wie ein wirklicher Job anhörte.

Jetzt kommt Alina sofort zur Sache. Wer mit ausreichend Geld auftritt, braucht nicht lange zu diskutieren. »Herr Knutti benötigt dieses Mal noch deutlich mehr Wasser, wir werden meinen kleinen Hof wiederbeleben«, sagt sie. Schneidermann zieht die Augenbrauen hoch. »Tut mir leid, Sie kommen zu spät. Dieselbe Idee hatten vor wenigen Wochen schon zwei Nachbarn von Herrn Knutti. Und sie haben dafür gut an unsere Gemeinde bezahlt.«

»Aber, aber ...«, stottert Alina. »Herr Knutti wird auch zahlen, er wird viel zahlen, sehr viel«, sagt sie. Schließlich hat er auf diese Weise auch seinen Seezugang erhalten und all die anderen Privilegien, die früher einmal als Bürgerrechte jedem zugestanden hatten. »Es tut mir leid, wir können zumindest in dieser Saison nicht mehr Wasser verteilen, vielleicht im kommenden Frühjahr wieder, nach den Winterniederschlägen.«

Alina wird bleich. Sie weiß, was das bedeutet: Knutti wird sie kurzfristig nicht mehr brauchen. Den Hof alleine bewirtschaften, mit dem unregelmäßigen Regen? Unmöglich. Erst recht in der heißen Saison. Schneidermann beachtet sie schon gar nicht mehr, diese Juristen haben eine Art, jemanden zu Luft werden zu lassen, dass sie sich plötzlich sogar nach schimpfenden Männern wie Seppel sehnt. Bei seinen Tiraden wird sie wenigstens nicht unsichtbar.

Alina fährt zurück zu ihrem Hof oder zu dem, was davon noch übrig ist. Sie hat noch Samen behalten, weiß aber nicht einmal, ob sie noch keimfähig sind. Vielleicht fängt sie einfach an, ein paar Salate zu säen, ein paar Maispflanzen, und sie mit ihrem eigenen, mit Wasser verdünnten Urin zu düngen, das Gießwasser kann vielleicht Philippe aus dem Viertel schmuggeln. Aber den Plan verwirft sie sofort wieder, das alles würde nur für ein kleines Beet reichen, ganz nett, aber letztlich zu unergiebig. Vielleicht muss sie weiterziehen, Richtung Norden, mit Philippe und den Kindern. Vielleicht würden sie sich dann auch wieder mehr zu sagen haben, mit einem gemeinsamen Projekt. Das fehlt ihnen, seitdem sie ihren Bauernhof aufgegeben haben. Oben, im Norden, wird das Wasser in einigen Regionen noch demokratisch verteilt, und auch Niederschläge fallen noch regelmäßiger. Ja, ich muss wohl mein Allgäu verlassen, denkt sie, ausgerechnet ich, die den Hof in der vierten Generation betrieben hat, werde zu einem der Millionen Dürreflüchtlingen werden, ohne Land und Heimat.

Es bleibt aber noch eine letzte Alternative: Sie kann konventionelle Waren kaufen und sie als ihre eigenen ausgeben. Solche Umdeklarierungen sind unter vielen Angestellten im Reichenviertel üblich, wenn sie mal wieder nicht die gewünschte Bioware auftreiben können. Und Knutti würde die Ernte auf ihren Feldern ohnehin nicht prüfen. Aber wenn doch? Alina weiß nicht, welche Option ihr grässlicher vorkommt: fliehen oder betrügen?

Best Case

An diesem Morgen wacht Alina schweißgebadet auf. Sie hatte noch bis in die Nacht gegrübelt, wie sie die Bauern in ihrem Umkreis überzeugen kann, sie möchte keine Einzelkämpferin mehr sein, möchte gemeinsam dafür eintreten, in ihrem bayerischen Dorf auch in der Dürre noch Obst, Gemüse und Getreide ernten zu können. Heute Abend wird sie vor den Landwirten sprechen müssen, das wird nicht leicht sein. Sie hat sich schon überall in Deutschland nach aussichtsreichen Ideen zum Wassersparen umgesehen, sie weiß Bescheid – aber werden die anderen ihr zuhören wollen?

Für sie geht es immer schnell ums Ganze, diese Haltung hat ihr schon viele schlaflose Nächte eingebracht. Als sich andere Landwirtinnen und Landwirte noch zufrieden mit den Katastrophenhilfen aus Berlin schlafen legten, erkannte Alina schon, dass ihre Höfe die ständigen Dürren langfristig nicht würden überleben können. Sie hatte sich im Laufe ihres Lebens immer weiter von ihren selbstzufriedenen Kolleginnen entfernt, einen »Kasperlkopf« nannten sie die einen oder, noch gröber, einen »Zornbinkel«, weil sie sich in Gesprächen so in Rage reden konnte. »Wenn hier bald unsere Felder vertrocknen, ist das eure Schuld!«, warf sie einmal dem Golfplatzbetreiber mitten auf dem Gemeindefest vor, sie schrie es nach zwei Maß Bier geradezu heraus und verließ danach eilig die Feier. Hinterher fühlte sie sich noch elender, sie wollte eigentlich nur in Frieden auf ihrem Hof leben, aber diese Ignoranten machten sie wahnsinnig. Sie begann sich zurückzuziehen und bewirtschaftete mehr oder weniger lustlos ihre Maisfelder und kümmerte sich um ihre Kühe.

Erst als die Menschen nach dem verheerenden Sommer 2029 anfingen, sich für Alinas Ideen von einer bäuerlichen Landwirtschaft zu interessieren, fand sie ihre Energie wieder. In den Jahren danach tat sie alles, um ihren Hof und auch andere zu retten.

»Liebe Freundinnen und Freunde«, sagt sie dann am Abend vor rund 50 skeptisch blickenden Zuhörern im Gemeindehaus und sieht aus dem Augenwinkel, wir ihr Nachbar Seppel schon beim ersten Wort feindselig das Gesicht verzieht. »Liebe Freundinnen und Freunde, die schlechte Nachricht ist: Wir können nicht so weitermachen wie bisher. Wir haben dieses Jahr die Hälfte unseres Maises verloren, ein Drittel vom Weizen ist vertrocknet. Und wie ihr wisst, werden die Dürren weiter zunehmen.« Seppel nimmt einen großen Schluck Weizenbier und ruft dann spöttisch aus: »Ist ja schön, dass wenigstens eine in die Zukunft gucken kann!« Alina lässt sich nicht beirren. »Die gute Nachricht ist«, sagt sie und hebt ihre Stimme, »dass wir viele Möglichkeiten haben, mit weniger Wasser ebenso viel oder sogar mehr zu ernten.« – »Zaubern kann sie auch noch«, lästert Seppel, und auch die anderen Landwirte fangen nun an, unwirsch zu grummeln. »All das Gerede bringt ja nichts«, sagt Alina resigniert, »ihr könnt auch morgen auf meinen Hof kommen und euch meine Projekte anschauen.« Allgemeine Zustimmung. Schon immer hatten die Landwirtinnen und Landwirte keine Lust, sich was vortragen zu lassen, sie waren es, die bei Wind und Wetter, bei Dürre und Starkregen auf dem Feld standen, Besserwisser am Rednerpult hatten sie noch nie beeindruckt. »Broadgfotzerte« sagten sie zu den vortragenden Wissenschaftlern oder Politikerinnen häufig, was so viel wie »Breitmäuler« heißt.

Am nächsten Morgen erscheinen tatsächlich alle auf ihrem Hof, bis auf Seppel. Der hatte ihr noch am Vorabend zugeraunt, dass er nicht gedenke, sich von irgendwelchen »Untergangspropheten« wie ihr beeindrucken zu lassen, ein paar Dürresommer habe es schon immer gegeben. Bedrohlich war er mit seinem Zeigefinger immer näher gekommen, aber Bauer Steinbeiß hatte ihn schließlich weggezogen. Eine Klopperei konnten sie jetzt alle am wenigsten gebrauchen.

Die Morgenluft ist glühend, schon um 8 Uhr zeigt das Thermometer 28 Grad an. »So a Bluadshitz, a so a vareckte!«, ruft Sabrina aus. Alina führt ihre Ortsnachbarinnen über den Hof. »Das sind meine Keylines«, erklärt sie. »Deine was?«, fragt der junge Florian. »Keylines, ich habe meine Hügel terrassiert, damit der Regen nicht nutzlos herunterstürzt. Die Terrassen sind erst flach, und am Rand stehen in einem Erdwall Walnüsse und Esskastanien. Und wie ihr seht, wachsen auf diesen Flächen die Kartoffeln noch hervorragend – da drüber sind sie schon arg mager. Ernten kann ich die Baumfrüchte zwar erst in vielen Jahren, aber sie spenden schon jetzt Schatten und halten das Wasser im Boden, das früher bei Niederschlag einfach nur den Hang heruntergeflossen ist.« Ein paar Bäuerinnen nicken. Sie erinnern sich an die letzten heftigen Regenfälle nach der Dürre – das Wasser war von den Bergkuppen abwärtsgerauscht und hatte sich dann in der Senke gesammelt: So blieb die Erde oben trocken und unten sumpfig, beides überlebten Gemüse und Getreide kaum.

Nun kommt Alina zu ihrem wichtigsten Punkt. »Vor allem aber habe ich keine nackte Erde mehr – ich lasse alle Pflanzenreste auf dem Boden liegen und gebe gehäckselten Heckenschnitt drauf. Daraus produzieren die Bodenlebewesen wertvollen Humus. Zwischen den Kulturen pflanze ich Gründünger wie Winterklee und Senf, so wird mein Boden jedes Jahr besser.« Sabrina bückt sich und nimmt einen Klumpen Erde in die Hand – er ist durchlöchert von Wurmgängen, und auf der oberen Krume ist in der Tat eine zentimeterdicke Humusschicht zu erkennen. »Mit nur einem Prozent mehr Humus«, doziert Alina, »kann ich auf einem Hektar 400 Kubikmeter mehr Wasser speichern.« Dass Humus darüber hinaus auch noch viel Kohlenstoff bindet und damit die Klimakrise abbremst, lässt Alina aus, sie weiß, dass ihre Besucherinnen und Besucher in diesen schweren Jahren vor allem nach praktischen Tipps suchen.

Dann führt sie die Gruppe zu ihren Rindern, 20 sind es heute nur noch statt 300 wie früher, das entspricht in etwa ihrer natürlichen Herdengröße. Sie hält inzwischen nur noch Milchkühe für Käse, der sich angemessen teuer verkaufen lässt. »Sehen gut aus, deine Viecher«, sagt Steinbeiß sofort, und aus dem Mund dieses bekanntermaßen grummeligen Mannes ist das ein großes Lob. »Guot ists«, sagt sie zu ihren Tieren und klopft ihnen beruhigend auf den Nacken, schließlich stehen plötzlich Dutzende Männer und einige Frauen um sie herum. »Ich halte die Rinder jetzt nach dem sogenannten Prinzip des ›Mob Grazing‹«, sagt sie, »ich weiß, ein schreckliches Wort, aber eine kluge Idee, um die Äcker fruchtbar zu halten und die Tiere zu ernähren.« Sie erklärt, dass sie nun eigentlich imitieren würde, wie die Wiederkäuer in freier Wildbahn seit Ewigkeiten durchs Land ziehen: Die Herden bleiben selten lange an einem Ort und trampeln so nicht einen Teil ihres Futters nieder. »Auch ich treibe sie nun stetig weiter, nach einem Tag kommen sie auf eine andere Wiese.« Sogenannte Wechselweiden hatten einige Pferde- und Rinderhalter auch früher schon gekannt, aber viele Milch- und Fleischproduzenten bevorzugten lange Zeit die weniger aufwendige Stallhaltung oder zogen es vor, die Tiere, solange es ging, auf demselben Acker zu lassen. »Bei mir bleibt das Grün mindestens knöchelhoch stehen«, fährt Alina fort. Sie ist froh, dass ihre Herde gerade einen besonders guten Eindruck macht, die Kälber spielen miteinander, die Älteren stehen friedlich zusammen zum unermüdlichen Grasen. »Ich kann euch versichern: Diese gegenseitigen Attacken oder gar das Beißen von Nebenrindern wie früher bei der Dürre – das ist vorbei«, sagt Alina und merkt, wie ihre Erzählung die anderen langsam überzeugt.

Die Tierhaltung ist nämlich schwierig geworden, schließlich fressen die Kühe einfach wahnsinnig viel Gras, 130 Kilo brauchen sie davon täglich und rund 100 Liter Wasser am Tag. »Ich muss sie alle zwölf Stunden zu einer anderen Weide bringen, sie wieder neu einzäunen, aber mit dem transportablen Gatter und den kleinen Flächen dauert das nicht allzu lange. Und das Beste ist: Ich muss kein Futter mehr zukaufen.«

Abermals meldet sich Steinbeiß zu Wort: »Ich erinnere mich«, sagt der grauhaarige bullige Mann, »als im vergangenen Herbst Starkregen fiel und die Kühe mitten im Blitzgewitter aufgeregt hin und her sprangen, waren hier die Äcker noch ganz gut erhalten: Bei mir standen die Kühe schon in braunen Schlammlöchern auf den abgegrasten Flächen, aber hier war die Wiese noch grün und konnte das ganze Wasser gut aufnehmen.« Zustimmendes Nicken, Alina spürt, dass sie mit Steinbeiß den Tonangebenden auf ihre Seite gezogen hat. Sie erzählt, wie viel gesünder ihre Tiere inzwischen sind. Antibiotika dürfen ohnehin nur noch im Notfall gespritzt werden, um das sinkende Grundwasser nicht weiter zu belasten. Alina erinnert sich noch gut an die hohen Medikamentendosen früher im engen Stall, ständig hatten die Tiere was – Euterentzündungen, Papillomaviren, Mittelohrentzündungen, Ringelflechte – und erhielten dann Penicilline, Analgetika, Schmerzmittel, und das im Futter, mit der Spritze, als Spray auf Verletzungen – sie wurden regelrecht zugedröhnt. Heute müssen Tierärzte nur noch selten kommen. Die Gruppe zieht jetzt weiter durch das Feld. Aus den niedergetrampelten Gräsern, den Heublumen, dem Löwenzahn und den Ackermäulchen ist schon eine dünne Humusschicht geworden, »es ist eine Art flacher Riesenkompost«, erklärt Alina. Schon nach dem ersten Hitzesommer hatte sie den Unterschied sehen können: Ihre konventionell bis zur Wurzel abgegrasten Felder nebenan waren kahl und trocken, jeder Windhauch trug Sand zu ihr herüber, an heißen Tagen fühlte sie sich wie in der Wüste. Ihre Kinder trauten sich damals gar nicht mehr aufs Feld, nachdem sie ein paarmal staubige Erde eingeatmet hatten und die Sandkörner zwischen den Zähnen knirschten.

Die mit Mulch bedeckten Felder hingegen bleiben feucht, sie erodieren auch bei Starkregen nicht mehr. 1000 Quadratmeter Böden mit einigen Zentimetern Humusschicht bedeuten immerhin, 40 Kubikmeter Wasser mehr im Boden zu halten. Durchschnittliche Betonzisternen, die viele Bäuerinnen und Bauern vor 20 Jahren für viel Geld haben bauen lassen, fassen ähnlich viel. Nur haben sie meistens nur eine davon – wohingegen mit Alinas Methode viele Hektar Land, also Zehntausende Quadratmeter Böden, das Wasser speichern können.

Alina ist nun doch ein bisschen flau – die Gruppe ist dort angekommen, wo sie ihr Prunkstück versteckt, aber sie weiß: Die Toilette ist ein sehr sensibler Ort. Alina hat sich vor wenigen Monaten eine Trockentoilette angeschafft, als eine der Ersten hat sie eine Kloschüssel in den hausnahen Schuppen gestellt, darin wird vorne in einen Eimer gepinkelt, und alles Feste fällt weiter hinten in einen weiteren Eimer. Alle drei Tage sind beide Behältnisse voll – den Urin mischt Alina direkt dem Gießwasser bei, das vor allem die kleinen Gemüsesetzlinge päppelt, denn Urin enthält Stickstoff, Kalium und Phosphor und damit genau die Wirkstoffe von konventionellem Dünger. Fäkalien hingegen muss man ein bis zwei Jahre kompostieren, dann aber wird daraus bester Humus.

»Äh, und nun zu meinem hauseigenen Dünger«, sagt Alina nun etwas verschämt, und sofort beginnen ihre Besucher ahnungsvoll zu murmeln – über die Nutzung menschlicher Fäkalien wird inzwischen häufiger in den Nachrichten berichtet, aber die meisten reagieren immer noch skeptisch auf das Thema. Alina hatte es schon immer abwegig gefunden, ihre eigenen Ausscheidungen mit aufwendig gereinigtem Trinkwasser wegzuspülen, während sie selbst und alle Welt tonnenweise Kuhdung auf die Felder verteilte. Lange Zeit war es sogar rechtlich nicht möglich, sogenannte Recyclingdünger aus menschlichem Urin oder aus menschlichen Fäzes überhaupt in der Landwirtschaft zu nutzen, nicht einmal für Zierpflanzen. Mit der Düngerkrise wurde diese Lücke aber schnell geschlossen, inzwischen experimentieren schon einige Städte damit, ihre Toilettenabfälle in Verwertungsanlagen zu sammeln, zu kompostieren und schließlich auf den Feldern zu verteilen. Durch die Wärme beim Verrottungsprozess werden Bakterien abgetötet, auch von Medikamenten findet man nur noch geringe Spuren im fertigen Humus.

Alina lässt aus, dass ihre Trockentoilette auch die Abwassersysteme entlastet, schließlich stammt der Großteil der unerwünschten Nährstoffe in den teureren kommunalen

Kläranlagen aus Toiletten. Urin zum Beispiel macht weniger als 1 Prozent des gesamten Abwasservolumens aus, ist jedoch für bis zu 80 Prozent des Stickstoffs und 60 Prozent des Phosphats im kommunalen Abwasser verantwortlich. »Ich habe mir einige Studien angeschaut«, erzählt Alina weiter, »menschliche Fäkalien düngen hervorragend. Und das immerhin kostenlos.«

»Und, hast du sie überzeugt?«, fragt Philippe, Alinas Mann, am Abend. »Ich weiß nicht«, antwortet sie, »ich glaube, am meisten überzeugt sie gerade der Preis für Dünger.« Tatsächlich können die großen Schiffe für die Düngerfabriken am Rhein schon seit Längerem nur noch sehr unzuverlässig fahren, der Fluss steht auch in diesen Wochen wieder mal so niedrig, dass entweder keine oder nur sehr leicht beladene Schiffe das Ammoniak und Phosphat transportieren können, das Angebot wird also immer knapper. Schließlich brauchen die konventionellen Landwirte über das Jahr verteilt rund eine Tonne Dünger pro Hektar. Früher kostete sie weniger als 200 Euro, im Ukrainekrieg Anfang der 2020er-Jahre stieg der Preis erstmals auf fast 1000 Euro an. Inzwischen ist er bei mehreren Tausend Euro angekommen – denn die meisten Düngerzutaten müssen aus China importiert werden. Immer wieder hat Alina sich gefragt, ob sie sich mit den weißen Kügelchen bevorraten sollte, kaufte dann aber doch nur das Minimum, weil sie nicht glauben konnte, künftig noch mehr zahlen zu müssen. Heute kostet die Tonne Kalkammonsalpeter, der Standardstoff, mindestens 6000 Euro, mehr, als die gesamte Ernte einbringen würde. »Aber viel wichtiger wird noch sein, eure Felder hier zu verteidigen«, sagt Philippe nun zu ihr. »Ich weiß«, räumt sie zerknirscht ein, »das wird noch mal deutlich schwerer.«

Einige Monate nach ihrem erfolgreichen Feldrundgang wacht Alina schon vor den ersten Sonnenstrahlen auf. Sie weiß: Heute wird die Zukunft ihrer Familie und der gesamten Region entschieden. Beim Gedanken daran wird ihr noch heißer, ihr Laken ist schon ganz durchnässt. Geräuschlos steht sie auf, sie möchte Philippe nicht wecken, draußen ist es noch dunkel. Alina schleicht an den Kinderzimmern vorbei. Vor allem für sie, ihren Sohn und ihre Zwillingstöchter, muss sie künftig sorgen können. Sie gießt sich ein Weizenbierglas mit selbst gemachtem Kefir ein, ihr Lieblingsgetränk. Limonaden gibt es ohnehin nur noch für sehr viel Geld zu kaufen, ihre Produktion benötigt dreimal so viel Wasser, wie schließlich in der Flasche landet. Sie nimmt sich eine Scheibe selbst gebackenes Brot, eine Mischung aus Hartweizen, Dinkel und Sorghum, und bestreicht es mit Honig. Seitdem sie wieder eine »echte Bäuerin« mit vielen Produkten ist und nicht mehr eine reine »Maisklitsche«, kann sie auch wieder ihre eigenen Produkte essen. Sie hatte es schon immer bedrückend gefunden, Landwirtin zu sein, aber doch wie alle Büroarbeiterinnen ihre Lebensmittel im Supermarkt erstehen zu müssen. Schließlich hatte sie früher fast nur Energiemais angebaut und ihre Rinder an Schlachtereien verkauft, auf ihrem Hof war so nichts unmittelbar Essbares für den eigenen Kühlschrank entstanden.

Alina tritt mit ihrem Kefirglas auf die hölzerne Terrasse und atmet tief durch. Sie sieht die morgendlichen Nebelschwaden vom Weißensee die dahinterliegenden Hügel hinaufkriechen. Auch dieser Sommer war trocken, aber die meisten Bäuerinnen und Bauern haben mittlerweile längst verstanden, wie sie ihre Ernten retten können. Doch ein Landbesitzer macht ihnen zu schaffen, um ihn wird es heute Abend gehen. Er will sein fruchtbares Land an einen monegassischen Investor verkaufen, für ein Luxusresort direkt am See. Heute Abend geht es ums Ganze, denkt Alina. Mal wieder. Irgendwie tut es das ständig.

Sie schlendert zu ihren Getreidefeldern und prüft die Hirse-, Dinkel- und Sorghumpflanzen, bald müssen sie geerntet werden, die Halme neigen sich schon schwer. Es wird eine gute Ausbeute, denkt sie. Die Getreidesorten und das selbst gebackene Brot sind heute ihre Haupteinnahmequelle, neben den Gemüsekisten. Die Milchkühe sind mit den neuen Tierhaltungsvorschriften und den hohen Steuern auf Fleischprodukte weniger lukrativ, es gibt in Deutschland nur noch eine Million Rinder statt wie früher elf Millionen. Aber Alina kann sich trotzdem nicht vorstellen, einen Hof ohne Tiere zu führen.

Die meisten Landwirtinnen haben inzwischen keine oder nur noch wenige Tiere: Nach der Jahrhundertdürre mit großen Ernteausfällen im Sommer 2029 ist vielen klar geworden, dass Rinder, Schweine und Geflügel einfach viel zu viel Fressen brauchen, um Fleisch zu liefern. Schweine nehmen etwa dreimal so viele Kalorien zu sich, wie sie später als Schinken, Wurst oder Kotelett hergeben, Alinas Rinder brauchten sogar siebenmal so viel. Solange sie auf ungenutzten Berghängen grasen, ist das recht unproblematisch – aber Alina und die allermeisten ihrer Kolleginnen und Kollegen haben ihre Rinder früher mit importiertem oder eigens angebautem Mais ernährt, sie haben also fruchtbare Hektar für ihre Kühe genutzt. Land, das viel mehr Familien direkt hätte ernähren können anstatt über den Umweg des Tiermagens.

Es ist inzwischen zu ihrem Ritual geworden, erst zu den Rindern und dann zu den Gemüsefeldern zu gehen, schon von Weitem sieht sie den alten Theo auf ihrem Feld, heute ist Solawi-Tag auf ihrem Hof – neben Alina wirtschaften inzwischen fast alle Landwirtinnen und Landwirte nach dem Prinzip der Solidarischen Landwirtschaft: Menschen bezahlen am Anfang der Saison für einen wöchentlichen Korb voller Gemüse, eine bestimmte Menge Kartoffeln, und wer mag, abonniert dazu noch Brot und Käse. Zugleich verpflichten sie sich dazu, vier Stunden in der Woche auf dem Hof zu helfen – die Städterinnen und Städter kümmern sich um die Solawi-Läden, die Landbewohner helfen bei der Ernte, beim Pflanzen. Am Anfang haben viele Familien das nur gemacht, um weniger für die extrem teuer gewordenen Lebensmittel zu bezahlen, aber viele merkten schnell, wie das bisschen Feldarbeit auch ihren Alltag verbesserte: Sie wurden entspannter und körperlich fitter, die frische Luft tat den meisten wirklich gut.

»Hallo, Theo«, sagt Alina und schüttelt seine erdige Hand. »Wie immer früh auf!« Theo nickt, er ist einer der Dorfältesten und hat sich schon früh für das Solawi-Modell begeistern können. Meist arbeitet Theo viel mehr Stunden, als er muss, eigentlich sieht Alina ihn fast jeden Tag auf ihrem Hof, wie einige der Rentnerinnen und Rentner. Sie hofft, ihn davon überzeugen zu können, am Abend zur Versammlung zu gehen – dort soll es schließlich darum gehen, fruchtbares Land gegen einen Investor zu verteidigen. Das Dorf muss sich entscheiden, die Äcker selbst zu behalten, auch wenn der gebotene Preis hoch ist.

»Kommst du zur Versammlung heute?«, fragt sie also. Aber Theo winkt ab. »Ich koan die Herren nicht mehr sehen«, sagt er nur. Theo hat sich schon immer für eine radikale Ernährungswende eingesetzt. Er freute sich sogar, als das »depperte Dreckszeug aus Spanien« ausblieb, wie er das nannte, als die südeuropäischen Hauptlieferanten ausfielen. Seit 2030 bauen Spanien und Frankreich ihr Gemüse fast nur noch für die eigene Bevölkerung an. Schon Jahre zuvor hatten Millionen Spanier gegen den Massenanbau in ihrem Land demonstriert: Die Bewässerung für die kilometerlangen Gewächshäuser in Südspanien saugte das Grundwasser und die Flüsse leer, bis die Menschen um ihr Trinkwasser bangen mussten. Auch mit Portugal gab es ständig Streit – eigentlich durfte Spanien nur Wasser aus dem gemeinsamen Fluss Tajo pumpen und zu den Orangen- und Tomatenfeldern leiten, wenn genügend Kubikmeter durchflossen, aber immer häufiger umgingen die großen Agrarkonzerne diese Regel. Schließlich beschloss die Regierung in Madrid, ihr altes Modell, der Billiglieferant für die reicheren Nordländer zu sein, aufzugeben und das Wasser für die Ernährung ihrer eigenen Bevölkerung zu nutzen. Von einem Tag auf den anderen blieben die hiesigen Supermarktregale nahezu leer, und das, was Forschende schon seit vielen Jahren als »No-trade-Szenario« bezeichnet hatten – also einen massiven Rückgang der Importe –, trat tatsächlich ein. Kundinnen und Kunden mussten sich beim Einkauf auf saisonale und regionale Ware einstellen – es gab nicht mehr alles zu jeder Zeit.

Alina wandelte damals im Frühjahr viele Energiemaisfelder zu Äckern mit trockenresistentem Getreide wie Hirse, Winterweizen und Sorghum um und schuf Platz für Gemüse. Sie düngte die Aussaat mit Urin, bedeckte die Böden mit Mulch und konnte schon drei Monate später ihren Hofladen mit den am schnellsten wachsenden Sorten füllen – Salaten, Radieschen, Frühlingszwiebeln, jungen Erbsen und Bohnen, und kurz darauf konnte sie auch Kartoffeln, Möhren, Fenchel und süßen Mais anbieten und mit ihrem ersten Glasgewächshaus schließlich auch Tomaten und Gurken, in manchen Sommern klappten sogar die Auberginen. Zum ersten Mal konnte sie mit den Preisen in den Supermärkten mithalten, die unaufhörlich angestiegen waren. Nach ihrer ersten Saison war alles ausverkauft – und andere Bauern ahmten das Modell nach. Sie waren nun nicht mehr damit beschäftigt, Düngemittel zu bestellen und abzurechnen und riesige Maschinen zu fahren, die Hunderte Liter teuren Diesels in wenigen Stunden verschluckten, sondern standen wieder wie früher auf den Feldern, unterstützt von kleineren elektrischen Transportwagen und Sämaschinen.

»Ich kümmere mich mal um die Tomaten im Gewächshaus«, sagt Alina nun. Die Kinder haben Sommerferien, aber sie werden bestimmt bald die Reihen mit den Cocktailtomaten ernten wollen, die mögen sie am liebsten. »Okay, ich übernehme die Stangenbohnen«, sagt Theo und nimmt sich die Leiter: In Alinas humusreicher Erde wachsen sie regelmäßig bis zu vier Meter hoch.

Nachdem Alina mithilfe ihrer Kinder 50 Kilo Cocktail- und Flaschentomaten gepflückt hat, neue, trockenresistentere Sorten, klettert sie in einen der Pflaumenbäume, auch ihn hatte sie in weiser Voraussicht gepflanzt: Sie hatte sich vor einigen Jahren entschieden, genau das zu produzieren, was sonst mehrheitlich aus dem Ausland gekommen ist. Die Sonne klettert immer weiter den Himmel hinauf, sie muss sich mit den Früchten beeilen. Denn in der Hitze müssen Pflaumen und späte Kirschen täglich und möglichst früh geerntet werden, so schnell reifen sie. Früher produzierte Deutschland nur 4 Prozent dieser Früchte, obwohl sie in nahezu allen Landesteilen hervorragend hätten wachsen können, erst recht hier im Allgäu, und sie kommen auch mit Dürre zurecht.

Alina liebt ihre Arbeit, aber sie ist hart: Immer ist etwas anderes zu ernten, zu säen oder vorzubereiten, immer wieder setzen ein Starkregen oder besonders heiße Tage den Jungpflanzen zu, Urlaub zu nehmen ist praktisch unmöglich. Früher wurden große Maschinen eingesetzt, aber inzwischen bezuschusst die EU aus Klimaschutzgründen nur noch wenige und sehr effiziente Trecker. Pflüge und Düngemaschinen gibt es hingegen kaum noch. Schließlich hat sich auch herausgestellt, dass der so bearbeitete Boden und die Monokulturen mit Dürren besonders schlecht zurechtkamen, der Boden enthielt kaum noch Humus, der Wasser hätte speichern können. Also hat die EU ihre Förderpraxis so umgestellt, wie es Agrarforschende schon lange gefordert hatten: Subventioniert wurden letztlich nur Höfe, die für gesunde Böden sorgten: Alina erhielt nun Geld dafür, ihre Felder zu bedecken, ihren Stickstoffgehalt mit Leguminosen zu verbessern und möglichst unterschiedliche Feldfrüchte anzubauen, um die Erde nicht einseitig auszulaugen. Das alles war arbeitsaufwendig, und so wurden Lebensmittel trotz der weiterhin fließenden Subventionen teurer, sie hatten ohne die EU-Subventionen den Preis erreicht, der für angemessen entlohnte Feldarbeit bezahlt werden muss. Das machte den Bauernberuf, der lange Zeit nur wenige junge Leute anzogen hatte, wieder zu einer beliebten Wahl von Schulabgängern.

Als viele Importe damals ausblieben, engagierte sich Alina in der Politik, zum ersten Mal in ihrem Leben. Sie gründete die Partei »Weißensee mit Zukunft«, einen besseren Slogan konnten sie und Philippe absolut nicht finden, alles klang irgendwie abgegriffen. »»Weißensee – ganz grün?«, schlug er vor, sie schüttelte den Kopf, zu lahm. »»Wir retten Weißensee«, sagte sie, aber er fand das »zu apokalyptisch.« – »Wasser für Weißensee« war ihre letzte gemeinsame Idee, aber sie hatten Angst, das klinge so, als würden sie den übrigen Orten das Trinkwasser abgraben. Alina hatte sich damals erst mit dem Bauernverband überworfen. Das war gewagt, denn noch immer zählte er zu den einflussreichsten Lobbygruppen im Lande. Vor vielen Jahren hatte er auch Alina geholfen: Gegen große Widerstände der Touristenverbände durften die Bäuerinnen und Bauern die Seen für ihre Felder abpumpen. Das war das Verdienst des Bauernverbandes, aber er war sonst leider bekannt dafür, nicht weit in die Zukunft zu schauen: Immer noch trat er für große Maschinen, gesponserten Dünger und Monokulturen ein.

Alina aber war damals nicht mehr dieselbe wie noch vor ein paar Jahren, die Trockenheit hatte sie traumatisiert, und sie hatte das Gefühl, dass eine neue Zeit anbrechen würde, in der der Bauernverband untergehen oder sich neu finden würde, vielleicht auch mit ihrer Hilfe, wer weiß.

Ihre »Weißensee mit Zukunft«-Partei zog die Leute an, sie verstand es, ihnen leidenschaftlich von einer unabhängigen Landwirtschaft vorzuschwärmen, und so wurde ihr Hofladen zu einer Art Parteizentrale.

Alina geht in ihren kleinen Laden. Mit ihrem eigenen Dünger, dem Feld- und Heckenschnitt als Mulch und den Samen, die sie jedes Jahr bei der Ernte von Bohnen, Tomaten, Weizen, Karotten und Salaten aufbewahrt, ist ihr Hof nun komplett eigenständig. »Grüß Gott, Frau Mellmer«, sagt sie zu der Rentnerin an der Kasse. Diese war vor einigen Jahren zunächst als Kundin in Alinas Laden gekommen und übernimmt mittlerweile ein paar Stunden in der Woche den Kassendienst. Die Arbeit macht ihr Spaß, und sobald sie die Türglocke hört, beginnt sie, ohne Unterlass zu reden. Manchmal geht Alina ihr deswegen auch lieber aus dem Weg. »Hast du schon gehört«, die Tür ist hinter Alina noch nicht einmal zugefallen, »der Bürgermeister hat sich mit dem monegassischen Investor getroffen. Offenbar bringt er viele Geschenke mit.« Das hat Alina befürchtet. Die Auseinandersetzung am Abend wird hart werden. »Was für Geschenke?«, fragt sie genervt.

»Er verspricht, hier das luxuriöseste Wasser-Resort Europas zu bauen – und die Gemeinde damit zu einer der reichsten der Welt zu machen.«

»Aha«, sagt Alina nur und stemmt die Kisten voller Tomaten und Pflaumen in die Auslage.

Eigentlich sind landwirtschaftlich nutzbare Flächen seit den Hungerperioden tabu für Immobilieninvestoren. Noch in den 2020er-Jahren wurde jeden Tag eine Fläche von 76 Fußballfeldern bebaut und damit versiegelt. Obwohl schon damals allen irgendwie klar war, dass man offene Böden erhalten musste, wurden fleißig weiter Parkplätze, Autobahnen und Einkaufszentren gebaut. Dabei bedrohten die betonierten Flächen alle Bürgerinnen und Bürger dreifach: Bei Starkregen nahmen sie kein Wasser auf, bei Dürre heizten sie sich auf – und sie fehlten für die heimische Versorgung. Inzwischen gibt es bundesweite Versiegelungsverbote. Einige der größten Betonnutzer, Einkaufszentren auf der grünen Wiese, gehören ohnehin der Vergangenheit an. Aber leider kann das Verbot bei »besonderem öffentlichen Interesse« und einer Zweidrittelmehrheit im Rat noch umgangen werden. Darauf wird der Investor am Abend setzen.

Alina geht raus zu Philippe, auf das 500 Quadratmeter große Kartoffelfeld. Er steht dort gerade mit dem Wasserschlauch und spritzt abwechselnd die Pflanzen und ihre Kinder nass. Die Zwillinge schreien vor Freude, wenn der milde Strahl sie trifft, und rennen wild von links nach rechts. »Na, die werden heute supergut einschlafen«, sagt Philippe zu Alina. »Ich hoffentlich auch«, antwortet sie und lehnt ihre Stirn auf seine Schulter. Sie fühlt sich müde, jetzt rächt sich, dass sie heute so früh aufgestanden ist. »Der Investor wird denen das Blaue vom Himmel versprechen, ich habe Angst, dass er sie am Ende doch überzeugt.« Philippe sieht sie erstaunt an. »Das kann ich mir nicht vorstellen«, sagt er und richtet ihren Kopf behutsam auf. »Die Leute sehen doch, was du erreicht hast. Sie werden dir zuhören.« Sie will ihm glauben, aber die Angst lässt sie nicht los.

»Viel Glück«, sagt Philippe später, als Alina sich auf ihr Fahrrad schwingt. Sie fährt den Hügel runter zum Gemeindehaus. »Himmelherrgott!«, ruft sie, als sie in einer Kurve fast stürzt. Vor dem Holzhaus trifft sie auf Sabrina, ihre Nachbarin, das ist schon mal ein gutes Zeichen: Sie wird sie unterstützen.

Das Gemeindehaus ist brechend voll, es riecht schon jetzt nach Schweiß. Seit der großen Krise interessieren sich die Bürgerinnen und Bürger für den heimischen Landverkauf. Und der gewählte Rat folgt dem Votum der Bürgerversammlungen meist.

Heute steht eine wichtige Entscheidung an, die »wichtigste der letzten Jahre«, sagt der vom Investor gesandte Herr Nickelmayer ins Mikrofon. »Ihr Dorf wird zum landesweiten Magneten werden: Die reichsten Menschen der Welt werden hierherreisen. Sie werden einen natürlichen See vorfinden und frische Luft atmen wollen, sie lieben die Berge und das gute Essen aus der Region. Und sie werden dafür bezahlen, sehr viel bezahlen. Alle, wirklich alle hier Anwesenden werden davon profitieren, das ist unser Versprechen.« Nickelmayer lässt per Fernbedienung ein Bild an die Wand projizieren: Zu sehen sind weiße Villen mit eigenem Pool, direkt oberhalb des Sees. »Das sind unsere fruchtbarsten Flächen!«, ruft Sabrina in den Saal. »Oh ja, sie werden auch künftig finanziell sehr fruchtbar sein«, sagt Nickelmayer süffisant.

»Weißensee wird ein Ort der Millionäre sein. Sie werden nicht mehr Tag und Nacht auf den Feldern arbeiten müssen, sondern können Achtstundentage an der kühlen Rezeption des Resorts verbringen, wenn Sie das möchten. Zum Vierfachen des Mindestlohns.« Ein Raunen geht durch den Saal.

Anschließend tritt Alina ans Pult. »Liebe Freunde und Freundinnen, meine lieben Landwirtinnen und Landwirte! Wir haben es doch gerade erst geschafft, unsere Region weitestgehend selbst zu ernähren. Dank unserer Arbeit müssen wir heute nicht mehr bangen, ob die Schiffe uns Lebensmittel bringen können, ob die Ernten in Spanien vertrocknen oder nicht. Nein, wir sind selbstständige Bayern und Bayerinnen!« Einige fangen an zu klatschen. »Das Neubauprojekt würde diese Erfolge zerstören, uns das Wasser nehmen, die Arbeitskräfte unserer Region in sinnlosen Projekten binden.«

So redet Alina noch zehn Minuten weiter, mehr und mehr Menschen nicken zustimmend. Aber die entscheidende Frage stellt sie erst am Schluss: »Wie viele Kubikmeter Wasser, Herr Nickelmayer, wird Ihr Resort benötigen – können Sie garantieren, dass unser Grundwasser nicht weiter absinkt, oder können Sie das nicht? Können Sie das hier und heute unterschreiben?« Nickelmayer schweigt. Und Alina weiß, dass sie diesen einen Kampf gewonnen hat.

Quellen

Für dieses Kapitel wurden Interviews geführt mit: Bernd Kirschbaum (Wasserexperte beim Umweltbundesamt), Nils Ole Plambeck (Agora-Agrarwende), Felix Klickermann (Helmholtz Zentrum für Umweltforschung (UfZ)), Prof. Dr. Claudia Pahl-Wostl (Universität Osnabrück), Constant Brand (Europäische Umweltagentur), Prof. Dr. Andreas Hartmann (TU Dresden), Dr. Andreas Stahl (Leiter des Instituts für Resistenzforschung und Stresstoleranz am Julius Kühn-Institut), Martin Schulz (Schweinebauer bei Lüchow-Dannenberg), Prof. Dr. Gunnar Lischeid (Agraringenieur am Leibniz-Zentrum für Agrarlandschaftsforschung (ZALF)) und Prof. Dr. Dietrich Borchardt (Hydrologe am Helmholtz Zentrum für Umweltforschung (UfZ)).)

C. Jauch: Mit Windenergieanlagen gegen Dürre, Waldbrände und Wasserknappheit, Hochschule Flensburg, 10.8.2021

Die Anwendung der 3-D-Drucktechnologie zur Herstellung von Lebensmitteln – ein Überblick: L. Rong et al.: The application of 3D printing technology on starch-based product. A review, in: Trends in Food Science & Technology, April 2023

Studie zu den Risiken von Nahrungslieferketten in der Klimakrise: Stockholm Environment Institute: Impacts of climate change on global food trade networks, September 2021

Studien der Welthungerhilfe zur nachhaltigen Ernährung in der Klimakrise: www.welthungerhilfe.de

Weltklimarat zur Ernährung und Landwirtschaft und mehrere Studien zur Ernährungssicherheit: www.ipcc.ch

Übersicht EU-Agrarsubventionen: Landwirtschaftskommission Eu/Agri, www.europarl.europa.eu, 2021

PIK-Studie zu den Vorteilen lokaler Lebensmittelproduktion: Von Avocados bis zu Äpfeln. Lebensmittel lokaler produzieren könnte helfen, Klima-Emissionen zu senken, 29.8.2019

Mehrere Studien der Vereinigungen für eine bäuerliche Landwirtschaft »Arc2020« kritisieren das Konzept der »smarten Landwirtschaft«.

Studie zu Zukunft und Vorteilen von kleinbäuerlicher Landwirtschaft: World Development: The Future of Small Farms. Trajectories and Policy Priorities, Oktober 2010

Zahlen zur Selbstversorgerrate in Deutschland, Bundesernährungsministerium

M. Schreiner et al.: Forschungsprojekt »Food4future« zum Potenzial von Lebensmitteln aus Algen, Insekten und Quallen, Leibniz-Institut 2019

M. Qadir et al.: Global and regional potential of wastewater as a water, nutrient and energy source, Natural Resources Forum 44, 2020

Zahlreiche Studien zu neuem Pflanzenbau und den Klimaschutzeffekten von Hecken und Feldgehölzen, zu finden beim Thünen-Institut: www.thuenen.de

Dank

Dieses Buch ist unser drittes in vier Jahren – und wie jedes Mal können unsere vielen Reisen, Recherchen und Nachtschichten nur gelingen, weil unsere Familien uns zur Seite stehen und lange Abwesenheiten aushalten. Daher möchten wir vor allen anderen Holger, Louis und Noah, Margret, Heinz, Leandro, Bettina und Stefan von Herzen danken.

Unser Dank gilt aber auch den vielen Wissenschaftlern und Expertinnen, die uns unermüdlich aufgeklärt und überprüft haben, ob unsere Zukunftsszenarien plausibel und stichhaltig sind. Es sind viele Dutzende Menschen, die zu diesem Werk beigetragen haben, etwa Manfred Santen, Christian Rehmer, Nils Ole Plambeck, Bettina Schaefli, Klaus Lanz, Karsten Rinke, Irina Engelhardt, Grit Bürgow und viele mehr.

Besonders danken möchten wir noch Katarina Huth und Gesa Steeger für all die wertvollen Korrekturen.

Und last, but really not least: Charlyne Bieniek hat auch dieses Buch wieder bestmöglich lektoriert, wir sind sehr glücklich über unsere langjährige und fruchtbare Zusammenarbeit und das Vertrauen, das uns das gesamte Team des dtv Verlags für das »Durstige Land« entgegenbringt.

Register

Inhalte fremder Webseiten, auf die im Buch (etwa durch Links) hingewiesen wird, macht der Verlag sich nicht zu eigen. Eine Haftung dafür übernimmt der Verlag nicht.

Auf Basis gründlicher Recherche und wissenschaftlicher Fakten werden durch die Autorinnen Szenarien entworfen, die eintreten können. Die Beschreibung aller Figuren, Organisationen und künftiger Gegebenheiten ist rein fiktiv und dient der Veranschaulichung zukünftiger Lebensumstände in diesen Szenarien.

MIX
Papier | Fördert gute Waldnutzung
FSC® C014496

CERTIFIED cradle to cradle BRONZE

Cradle to Cradle® ist eine eingetragene Marke des Cradle to Cradle Products Innovation Institute.

Originalausgabe 2023

Umschlaggestaltung: hißmann, heilmann, hamburg
Umschlagmotiv/Kapitelaufmacher: Frank Ramspott/Getty Images
Satz: Uhl + Massopust, Aalen
Gesetzt aus der Charlotte und Charlotte sans
Druck und Bindung: GGP Media GmbH, Pößneck
Printed in Germany · ISBN 978-3-423-26372-6